欧亚古典学研究丛书

乌云毕力格 主编

明流道场

摩尼教的地方化与闽地民间宗教

尤小羽 著

上海古籍出版社

本书的出版得到中国人民大学国学院西域历史语言研究所"西域历史语言研究专项资金"资助

目　　录

绪　　论

第一节　选题缘起

新宗教的传入,往往发生于边陲之地、交通要道,民族杂居、风俗各异是需要文化认同的前提条件。民众宗教的兴盛往往与滨海地域密切相关,如传统的天师道,已由陈寅恪着重指出,"凡东西晋南北朝奉天师道之世家,旧史记载可得而考者,大抵与滨海地域有关。故青徐数州,吴会诸郡,实为天师道之传教区","地域风习影响于思想信仰者至深且巨","临近滨海,为道教徒众所居之地","溯其信仰之流传多起于滨海地域,颇疑接受外来之影响。海滨为不同文化接触最先之地"。① 陈先生的见解虽然专为道教而发,而且是仅就滨海地域与宗教发生发展的关系立论,但至今仍具有普遍的方法论指导意义。

如果说,摩尼教最初入华经由陆地丝绸之路,那么后期以明教相号召而南下闽地,则仍是在宗教于滨海地域尤其容易发展的旧辙之上。本书意欲探讨如下问题:作为一种外来宗教的摩尼教是如何进入闽地的宗教生活? 它在闽地获得进一步发展的传统文化水土条件为何? 在这个过程中,摩尼教又与闽地民间宗教发生了怎样的关系? 本书最基本的目的是对摩尼教在中国东南沿海地区的发展情况作详细的描述与考证,从种种细节中论证它在保障自身独特性的同时如何充分地方化,并对反映闽地宗教生活的文本《祷雨疏》作深入辨析,对其呈现出来的事实作出功能性的解释,并展示

---

① 陈寅恪:《天师道与滨海地域之关系》,初刊《中央研究院历史语言研究所集刊》第三本第四分,1933 年;收入《陈寅恪文集》之二《金明馆丛稿初编》,上海古籍出版社,1980 年,第 1—40 页。《陈寅恪集·金明馆丛稿初编》,三联书店,2001 年,第 1—47 页;并收入《陈寅恪史学论文选集》(胡守为序),上海古籍出版社,1992 年,第 150—189 页。

闽地的宗教生活秩序。基于这样的研究目的,本书从众多的历史
和地方志的材料中发掘详细而客观的证据,并从反映摩尼教与闽
地宗教文化关系的民间文书《祷雨疏》本身出发,对祈雨活动背后
的宗教组织作细致深入的考察,将之放在闽地宗教生活中进行
探讨。

　　摩尼教(又称明教)是佛教、基督教、伊斯兰教之外在中国历史
上留下印记最深、对中国社会影响最大的外来宗教。其二宗三际,
与中国周秦以来的阴阳二元论有貌合之处,所以易于为中国信众接
受、容纳。① 武则天曾借助摩尼教为其建立武周统治作舆论准备。
唐武宗灭法,摩尼教首当其冲,受损最重。正是以这次禁断为契机,
有"宗教变色龙"之称②的摩尼教开始了它在中华大地上的"出埃
及"大迁徙,从北向南,摩尼教向经济发达但距离政权中心偏远的东
南沿海地域转移。在教义理论方面,它实行了本质性的中国化,将
基本教理归纳为"清净、光明、大力、智慧"八个字,虽有摩尼教原典
的内核,但是大大地简化了,其思路类似于佛教华化过程中的疑伪
经制造。摩尼教适应中原主流文化的另一努力是致力于与道教关
系的协调,其一大成功是在宋代《明使摩尼经》被皇帝批准编入《道
藏》。宋代大儒朱熹晚年受人构陷,一个重要的指控是他参与"吃菜
事魔"。谈及摩尼教,今天的普通中国人会自然而然地想起《倚天屠
龙记》中的明教教主张无忌,虽然他只是一个虚构的人物。③

---

① Éd. Chavannes et P. Pelliot, 'Un traité manichéen retrouvé en Chine ', *Journal Asiatique*, 1911, pp.533 - 534, n. 4. 沙畹、伯希和著,冯承钧译:《摩尼教流行中国考》,商务印书馆,1933 年,第 85 页。
② Peter Bryder, 'The Zebra as a Chameleon. Manichaean missionary technique' (翁拙瑞:《当斑马作为变色龙:摩尼教的传教技巧》). In: H. Preißler / H. Seiwert (eds.), *Gnosisforschung und Religionsgeschichte. Festschrift für Kurt Rudolph zum 65. Geburtstag*, Marburg: diagonal-Verlag 1994, pp. 49 - 54. Antonio Panaino, 'Strategies of Manichaean Religious Propaganda'. In: D. Durkin-Meisterernst et al. (eds.), *Turfan revisited*, Berlin: Reimer Verlag, 2004, pp. 249 - 255.
③ 林悟殊:《金庸笔下的明教与历史的真实》,《历史月刊》1996 年第 98 期,第 62—67 页。

　　摩尼教是公元 3 世纪波斯人摩尼(Māni,216/7—277 年)创立的一种宗教,①在宗教类型学上一般被看作晚期诺斯替教(也称为灵智派)的一个变种,从宗教教义内涵上看则是以波斯本土的琐罗亚斯德教(中国史籍称祆教、火祆教)为基础,接纳了诺斯替教、基督教、佛教的一些因素,形成了自身以"二宗(明、暗两界)三际(初际、中际、后际)"为核心教义的信仰体系。② 摩尼创教之时抱有一个宏愿,就是用他的新宗教囊括以往各种宗教的精华并迈越之。摩尼本人就曾身体力行,游历了波斯帝国及周边的无数邦国,四处传播他的新宗教,还派遣弟子去罗马、北非和中亚建立教团。③ 创教之初,摩尼曾得到波斯萨珊王朝君主的垂青,摩尼也对其著述进行过有组织的翻译工作,并派弟子向北非、罗马、印度以及中亚传教,但终因主流国教琐罗亚斯德教的排挤,特别是身兼波斯王朝宰相之职的大祭司计多(Kirdir)的戮力构陷,摩尼教在 3 世纪后半期被定为异端,摩尼本人被凌迟处决,信徒逃难于四方,这在客观上实际推动了摩尼创立一个世界宗教的本意。

　　作为在其本土早已归于消歇的世界性宗教(the world religion),摩尼教经中亚向中国传播,其入华时间,一般认为系唐延载元年即 694 年,"波斯国人拂多诞持《二宗经》伪教来朝"。④ 另据记载,在此之前已有摩尼教"慕阇当高宗朝行教中国"。⑤ 唐高宗李治在位时间为 649—683 年。两说时间相差并不大。近年有外国学者根据北朝来华粟特人墓葬材料特别是墓棺浮雕的画像学分析,推测摩尼教最迟在北周晚期(公元 6 世纪 70 年代顷)已经随着操伊朗语的西胡

---

① 有关摩尼的生平,参 Werner Sundermann 为《伊朗学百科全书》(*Encyclopaedia Iranica*,New York)撰写的词条 Mani。网络版:http://www.iranicaonline. org/articles/mani-founder-manicheism.
② 参王媛媛《从波斯到中国:摩尼教在中亚和中国的传播》,中华书局,2012 年,第 1 页。
③ J. P. Asmussen, *Manichaean Literature. Representative Texts Chiefly from Middle Persian and Parthian Writings*(Persian Heritage Series 22), Delmar (New York):Scholars' Facsimiles & Reprints, 1975, p. 12.
④ 志磐:《佛祖统纪》卷三九,《大正藏》第 49 册,第 369—370 页。
⑤ 何乔远编撰:《闽书》卷七《方域志》,福建人民出版社,1994 年,第 172 页。

（主体是粟特人）进入北中国丝路北道一线。① 以新疆吐鲁番盆地为中心的地区,曾是"摩尼教最后的乐园"。② 但在中原地区,732年禁令、843 年会昌灭法,使得摩尼教在中原帝国的发展遭受重创,但也因此启动了它向南传播。摩尼教在流亡中再生,并经由走向民间的策略,借助所到之处的信仰传统,以偶像化、神道化的方式获得了立足之地。③ 对环境的不断适应——无论出于主动调整还是被动迎合,都保证了摩尼教在中国得以存续下去,不绝如缕。甚至到晚清时期,中国南方的历本中还可以见到摩尼教星期纪日法("密日历"),福建傀儡戏到晚近时期还有明教因素的影子。

摩尼教是一个早已消亡的宗教。有关它的记录,最初零星散见于基督教文献,其内容是从基督教的立场对摩尼教的挞伐,如圣奥古斯丁本人曾一度追随同时代的摩尼,后来归宗基督教,他对摩尼教的善恶二元论进行了批判,这是他作为希波主教一生中进行过的四次大教理辩论中的重要一起。琐罗亚斯德教的记载和伊斯兰教的史料对曾在中亚、西亚、近东有广泛传播的摩尼教遗存有一些出自各自视角的记录,但摩尼教的原典却是在该教沉湮了近 1 000 年后,在中国新疆(吐鲁番摩尼教寺院遗址、摩尼教绘画、多语种摩尼教写本文献)、敦煌(摩尼教写本"三经"文献等)地区以及埃及(科普特语摩尼教纸草写本)被发现,特别令人振奋的是 2008 年霞浦文献的发现,由中国民间有识之士与学界合作,被学界和媒体称为"明教的新发现"。

闽地历来是人文发达地区,宗教繁盛,有"泉南佛国"之称,道教活动亦十分活跃,由宋元时期闽地刊印的《政和万寿道藏》和泉州清源山老君像的雕刻可见一斑。伴随着海上丝绸之路的繁荣和

① Étienne de la Vaissière, 'Mani en Chine au ve siècle', *Journal Asiatique* 293 (2005), pp. 357 - 378.

② 荣新江:《西域——摩尼教最终的乐园》,《寻根》2006 年第 1 期,第 4—9 页。

③ 蔡鸿生:《唐宋时代摩尼教在滨海地域的变异》,《中山大学学报》(社会科学版)2004 年第 6 期,第 114—117 页。

外来商旅的到来,景教曾在此地盛极一时。此外,伊斯兰教、印度教也是多种族多民族共处大家庭中的成员。所以以泉州为代表的福建地区因宗教文化的多样性而被称为"世界宗教博物馆",可谓恰如其分,实至名归。位于闽东的霞浦,为福建宁德属县,地处福州通往浙南宁波的交通要冲,宋代以来的史料多有对这一地区明教繁盛的记载。闽地的海外交通贸易,至迟在五代时期就见于正史记载。从宋代起,以泉州为中心商贸勃兴,泉州以刺桐(Zayton)之名进入世界著名商港之列。[①] 外国商贾的往来、定居,给闽地人口成分带来了国际性的变化。[②] 中央政府设立市舶司专门负责管理涉外贸易事务,地方还为安置外人建设了蕃坊,以方便他们生活。生活方式除了物质文化性质的习俗,还有精神生活的因素,宗教无疑是来自近东、中亚地区商贾的一大"文化行李箱"(cultural luggage)。

这些一手资料的重见天日,为世界宗教史补写摩尼教史和复原各教势力、冲突提供了关键性的资料基础,也为外来宗教经由丝绸之路东传,在空间路线上,勾勒出丝绸之路中国段——新疆、河西走廊、华东、福建这一条绵延万里的"宗教之路",在时间序列上联缀出上起公元 7 世纪的唐代、下抵 19 世纪的清代这一绵延千年以上的光明之教的"主题与变奏",意义非凡。

汉文摩尼教在宗教史上已经属于"旁系传承"(secondary tradition),新近面世的霞浦文书以其科仪书的外表,涵括丰富而比较明确的摩尼教内容,既为学界提供了珍贵的新材料,同时也意味着新的挑战。新材料带来新问题,新问题激活旧材料。目前,学界多专力于在霞浦文书中寻找、甄别原始摩尼教的段落、文句、神名、概念术语,为霞浦文书含有摩尼教因素方面的研究做出了贡献,功不可没。[③]

本书研究的宗旨,是在对霞浦《祷雨疏》进行较完整、深入的文

---

① 　刘铭恕:《宋代海上通商史杂考》,《中国文化研究汇刊》1945 年第 5 卷第 1 期(上、下册);Paul Pelliot, *Notes on Marco Polo*, Vol. 1, Paris: Adrien Maisonneuve, 1959.

② 　桑原骘藏著,陈裕菁译:《蒲寿庚考》,中华书局,1957 年。

③ 　主要是林悟殊、马小鹤、杨富学等先生以及日本学者吉田豊教授对音译段落的复原研究。详见后文学术史综述。

献学研究基础之上,探讨摩尼教地方化/华化过程的具体情节。就霞浦文献整体而言,定性问题仍然是一个尚未摆上议事日程的大问题:在什么意义上,我们可以说霞浦文书是明教文献?对这个问题做肯定回答,现有的研究成果基本持支持态度,虽然没有直接、正面、明确地说出来。其实,我们可以发现,现在被学者甄别为摩尼教性质的部分,的确具备这样定性的要件,但如果整体考察霞浦文献,我们也可以发现,这些段落其实只是部分,也可以说具有摩尼教性质的引文,是被镶嵌在一个当地传统宗教系统中的新元素。在这个意义上说,对霞浦文书整体性质作判断,也许说霞浦文书包含摩尼教因素更为稳妥,也更接近事实。基于霞浦文书的科仪特征,本书着重使用比较的方法分析两者的异同,以揭示摩尼教(明教)在当地宗教文化传统当中的融入过程和方式,并在力所能及的范围内追索闽地传统文献(历史记载、方志、文集以及碑志材料)中的散见材料,力争立论谨慎,无征不信。"事实上,通过分析找出宗教幻象的世俗核心,比反过来从当时的现实生活关系中引出它的天国形式要容易得多。后面这种方法是惟一的唯物主义的办法,因而也是惟一科学的方法"。①

这里需重点说明一下为什么选择《祷雨疏》这样一个文本。首先,霞浦文书中科仪文献种类很多,《祷雨疏》是一个相对完整并且主题集中的文本,这在霞浦文书中并不多见。其次,求雨行为是农业社会中的一个主要集体活动,更是面对公共生产生活危机的一种宗教仪式。仪式活动中,在宗教或信仰的引导下,人们完全打破了平日里的生活界限,宗教此时发挥了一种凝聚力的作用。我们可以看到历代多种多样的祈雨活动中,儒家、佛教、道教无不努力发挥作用,以此进一步巩固对民众精神思想上的主导。《祷雨疏》当中也存在这样几股力量,既有地方官的儒家思想,也有佛教神明及道教仪式的加入,更引人注目的是,摩尼教的元素也在当中占有突出的一席之地。因此,这成为观察闽地传统文化与摩尼教关系的一个绝好的标本。

---

① 《资本论》第一卷,人民出版社,2004 年,第 428—429 页脚注 89。

另外,本书特意安排一章的篇幅,对宋元时代官方对明教态度的记载加以清理、耙梳,意在讨论霞浦文书产生土壤的政治文化生态条件。朱熹与吃菜事魔问题是学术界的一个古典题目,在一些问题的判定上还存在不同意见,争论之一是是否能够将有关史料归之于摩尼教。在新出霞浦文书的背景下,我们看到敬事摩尼光佛比比皆是,并没有看到吃菜的情节,这补充了民间材料对自身信仰实践的理解和自述(self-understanding and self-statement),为官方记载的妖魔化明教起到了一定的校正作用,使我们看到当时对一起宗教事件的双方陈述。对外来异质宗教持戒备之心,是古今中外官方的常态。在民众方面,我们却可以清楚地看到一种好奇、主动开放、吸收异质因素的态度。

在人类历史的相当长时间里,宗教曾是人民的精神鸦片,是心灵的镇痛剂。中国民众在信仰问题上,本质上属于功能—效果主义者,对于一切宗教包括正统观判定为"怪力乱神""淫祠"的非正统宗教及迷信小道实际都抱有姑且一试的态度。正如霞浦文书表明的,大段的伊朗语音译颂神赞文段落,佶屈聱牙,在汉语文层面上根本无意可会;实际上,它们出现在霞浦科仪文书中的意义完全不在于作为正常语句文章,而是被当作"咒"来看待。从颂到咒,这一"创造性的误解"(钱锺书语)正体现了中国人信奉有效为好原则的实践理性精神。

摩尼教是一个比较复杂的宗教,研究难度大,新出的霞浦文书内容又非常庞杂,董理非易。本书努力参考国内外学者的有关著述,在特别注意材料处理的方法论问题的同时,在对这一宗教学研究个案进行理论性的把握时,努力采取客观的、历史主义的态度,复原明教与闽地主流孔孟文化与民间固有宗教互动的实相。

第二节　学术史回顾

一、霞浦文书的发现

近年出自霞浦民间法师的一批包含摩尼教内容的科仪写本被

称作"霞浦文书"。① 这批写本因其中的摩尼教内容而受瞩目,但写本并不都属于摩尼教文献。其实与霞浦文书一同为公众所知的还有霞浦上万村的明代三佛塔石像、龙首寺(乐山堂)遗址、姑婆宫、林瞪墓及霞浦盐田乡北洋村的飞路塔,以上霞浦县的这些遗存在 2008 年第三次全国文物普查时被初步认定可能是摩尼教遗存,然在进一步的考证后,目前仅确认飞路塔一处为摩尼教遗迹,并在 2013 年成为省级文物保护单位。飞路塔是一单层造像塔,塔前左右刻有"清净光明、大力智慧"八字,确为摩尼教偈颂。②

霞浦文书发现的背后是乡贤林鋆的积极推动,不过早在 20 世纪 80 年代,连立昌已经注意到了霞浦的一份记载了"林瞪弃俗入明教"的族谱材料——《霞浦柏洋乡林氏族谱》,廉亚明 1997 年提交国际摩尼教学术会议的论文上提到这条材料,③后林悟殊亦有论及。④此外,林子周也在 90 年代初开始注意到林瞪之记录,拍摄了乐山堂的照片(其时乐山堂尚遗一柱体结构完整的庑殿,2006 年毁于"桑美"台风),并在《苍南林氏通览》一书中详述林瞪族谱材料及传说。⑤ 2008 年前后林鋆等人在霞浦多方搜寻相关的族谱材料,所获颇丰,包括柏洋乡上万村同治十一年(1872)所修《济南郡林氏宗

① 陈进国、林鋆:《明教的新发现——福建霞浦摩尼教史迹辨析》,《不止于艺——中央美院"艺文课堂"名家讲演录》,北京大学出版社,2010 年,第 343—389 页;陈进国、吴春明:《论摩尼教的脱夷化和地方化——以福建霞浦县的明教史迹及现存科仪文本为例》,台湾佛光大学"民间儒教与救世团体"国际学术研讨会,2009 年 6 月 9—11 日。

② 遗迹及文物的详细信息参见:孙庆容主编,黄世忠、吴春明、王兴明副主编:《霞浦文物》,《霞浦文史资料》第 27 辑,政协福建省霞浦县委员会,2010 年,第 106—107、313—321 页。

③ Ralph Kauz, 'Der "Moni gong" — ein zweiter manichäischer Tempel in Fujian?'. In: Ronald E. Emmerick, Werner Sundermann & Peter Zieme (eds.), *Studia Manichaica* IV. Internationaler Kongreß zum Manichäismus, Berlin, 14.-18. Juli 1997 (Berlin: Akademie Verlag, 2000), pp. 334-341. 廉亚明撰,徐达译:《摩尼宫是否为福建第二所摩尼寺》,《中山大学研究生学刊》2001 年第 22 卷第 1 期,第 49 页注释 27。

④ 林悟殊:《泉州摩尼教渊源考》,林中泽主编:《华夏文明与西方世界》,博士苑出版社,2003 年,第 87 页注释 58。

⑤ 林振法主编:《苍南林氏通览》,中国社会出版社,2006 年,第 762—767 页。

谱》、柏洋乡上万村共和辛酉（1981）重修《济南郡林氏宗谱》及柏洋乡神洋村民国壬申年（1932）的《富春孙氏宗谱》。同治林氏宗谱即连立昌早年已注意到的那份族谱。辛酉重修林氏宗谱中有一篇署名孙登鳌的《八世祖瞪公赞》，也说到林瞪入明教之事。孙氏宗谱中的《摘抄孙绵大师来历》记载了林瞪拜孙绵大师为师，并述及孙绵师承自西爽大师之事。其中更说到孙绵在上万村创建的乐山堂，其原名"龙首寺"，元时改今名，俗称盖竹堂。学者综合以上三条记载，认为上万村乐山堂等可能为摩尼教遗迹，惜一直未对这几个遗迹进行更深入的考古发掘，目前仍无实物证据证明这一假说。

　　科仪文献则是在族谱材料之后发现的，林鋆等人搜集到当地不同法师保存的法事文献，其中明显有摩尼教内容的科仪本多出自陈培生法师和谢道琏法师。遗憾的是，至今我们仍不清楚霞浦文书的数量有多少，具体包括哪些科仪文献。犹记得当年罗振玉公布藏于京师图书馆的摩尼教写本时，伯希和立即和沙畹着手翻译此件文书，不仅因该文书是他在敦煌藏经洞拣选的一大失漏，更因为摩尼教东传过程中留下来的汉文摩尼教写本十分罕见。① 霞浦文书是汉文摩尼教写本的又一次大发现，然而科仪本至今未完整公布。根据学者已发表的文章，先后有吴春明、张凤、陈进国进行过科仪本的拍摄，这些图片是目前学者开展研究的唯一来源。另外，确切知道的是《摩尼光佛》等存于陈培生法师之手，其他科仪本保存情况不明。

　　目前所知见的霞浦文书简目有两个，一个是樊丽沙、杨富学发布的（简称樊杨目录），② 另一个是康高宝（Kósa Gábor）发表的（简称 KG 目录）。③ 所列基本一致，归类稍有不同，KG 目录著录文书更多，子目更详细。（表 0 - 1）

---

① 此事前后及敦煌所出摩尼教写本的译注和对勘等学术史回顾请参见张广达《唐代汉译摩尼教残卷——心王、相、三常、四处、种子等语词试释》，《文本、图像与文化流传》，广西师范大学出版社，2008 年，第 303—312 页。

② 樊丽沙、杨富学：《霞浦摩尼教文献及其重要性》，《世界宗教研究》2011 年第 6 期，第 177—183 页。

③ Kósa Gábor, 'The Fifth Buddha. An overview of the Chinese Manichaean material from Xiapu（Fujian）', *Manichaean Studies Newsletter* 28, 2013/2014, News Bulletin, pp. 9 - 30.

表 0-1　霞浦文书著录表

樊　杨　目　录	KG 目录	
1 《摩尼光佛》(83 页，"陈培生存修")	1 《高广文》(4 页，清，陈培生)	12 《送佛赞》(3 页，清，陈培生)
2 《请神科仪书合抄》(拟名，清抄本，陈培生)	2 《冥福请佛文》(14 页，清，陈培生)	13 《送佛文》(8 页，清，陈培生)
2.1 《高广文》(4 页)	3 《乐山堂神记》(10 页，清，陈培生)	14 《奏申牒疏科册》(70 页，两钞本，清，谢道琏)
2.2 《冥福请佛文》(14 页)	4 《明门初传请本师》(17 页，清，陈培生)	15 《点灯七层科册》(又名《功德奏名奏牒》，谢道琏)
2.3 《乐山堂神记》(10 页)	5 《借锡杖文》(4 页，清，陈培生)	16 《凶科看贞明经毕用此文》(4 页，清，陈培生)
2.4 《明门初传请本师》(17 页)	6 《借珠文》(3 页，清，陈培生)	17 《兴福祖庆诞科》(清抄本 34 页，新近抄本 30 页，陈培生)
2.5 《借锡杖文》(4 页)	7 《付锡杖偈》(1 页，清，陈培生)	17.1　起大圣
2.6 《借珠文》(3 页)	8 《破狱好了送锡杖偈》(1 页，清，陈培生)	17.2　开坛文
2.7 《付锡杖偈》(1 页)	9 《四寂赞》(2 页，清，陈培生)	17.3　净口文
2.8 《四寂赞》(2 页)	10 《送三界神文》(4 页，清，陈培生)	17.4　净坛文
2.9 《送佛赞》(3 页)	11 《摩尼光佛》(82 页，清，陈培生)	17.5　天女咒
2.10 《送佛文》(8 页)	11.1　下生赞	17.6　请护法文
2.11 《凶科看贞明经毕用此文》(4 页)	11.2　吉斯咒	17.7　请三宝
2.12 《送三界神文》(4 页)	11.3　天王赞	17.8　五方建坛路师咒语
3 《奏申牒疏科册》(65 页，清抄本，谢道琏)	11.4　称扬礼拜大圣、世尊	17.9　召符官文
4 《点灯七层科册》(又名《功德奏名奏牒》，谢道琏)	11.5　启请诸法众	17.10　诵土地赞安慰
5 《兴福祖庆诞科》(清钞本 30 页，新近抄本 30 页，陈培生)	11.6　开坛赞	18 《摩尼施食秘法》(陈培生)
6 《无名科文》(多件，部头最大者 163 页，陈培生、谢道琏)	11.7　恭敬十方常住三宝	19 《门迎科苑》(康熙五十四年钞本)
7 上万村部分林氏	11.8　三皈依	20 《吉祥道场申函牒》(90 页，清，陈培生)
8 上万村"阙下林"资料	11.9　依佛渐修，如法炷焚修	21 《吉祥道场门书》(乾隆五十一年钞本)
9 孙氏宗谱	11.10　大香赞	22 《雨疏》(又名《祷雨疏奏申牒》，71 页)
10　有关文物照片	11.11　对土地赞	23 《缴凭请职表》
	11.12　随案唱五雷子	24 《去煞符》(1 页)
	11.13　歇时做信礼	25 《无名科文》(163 页，谢道琏)
	11.14　随案唱莲台	
	11.15　五佛记	
	11.16　新明界	

以上目录中科仪书的名称有些原册封皮已有题名并题存修者（如《摩尼光佛》），也有称陈培生传用但未提撰写者名字的，还有一些是整理者拟定的名称（其实至今我们也不清楚整理者为何人），更有不少无名科仪书。其中有三本见于 KG 目录但不见于樊杨目录，这三本吴春明公布了部分科仪本图片：《门迎科苑》（清康熙五十四年）、①《奏申牒科册》（70 页）、《吉祥道场申函牒》（抄写年代待考，现存 90 页）。②

此外还需说一说"霞浦文书"一名，自霞浦的科仪文献公布后，学界对这些文献的称呼并不统一，有"霞浦摩尼教文献""霞浦科仪本""霞浦摩尼教科仪典籍"等说。"霞浦文书"为马小鹤首倡，用发现地"霞浦"及一个外延较广的词项"文书"来命名，客观而开放地指称一批形式各异、内容不一、属性不明的写本，因此我们沿用此称。

二、霞浦文书研究

霞浦文书自 2008 年为世人所知，2015 年又在相距不远的屏南县发现同类民间宗教文献，③称"屏南文书"，部分内容与霞浦文书所载同源，其中的主要两部文献录文业已刊布。④ 2017 年，学者公布福清也发现含有摩尼教内容的科仪文本的消息，⑤不过"福清文书"至今还未见具体面貌。截至 2020 年 9 月，中外学者发表论文约 143 部/篇，其中中文著作 2 部，中文论文 121 篇，英文论文 16 篇，日文论文 4 篇。2009 年初，陈进国公布了 12 张霞浦遗迹及文献的照

① "苑"字实为"范"字，笔者将在近期发表关于此科仪书的文章。
② 吴春明：《霞浦摩尼教史迹》，《霞浦文史资料》第 27 辑，政协福建省霞浦县委员会，2010 年，第 320 页。
③ 张峥嵘：《探寻降龙提线木偶》，《鸳鸯溪文艺》2015 年总第 5 期，第 73—75 页。《今日屏南》2015 年 10 月 28 日新闻稿，网址：http://www.todaypn.cn/Item/2558.aspx（2017 年 7 月 2 日读取）；图文版网址：http://www.pingnan.gov.cn/xxgk/gzdt/jrpn/201603/t20160322_54736.htm（2017 年 7 月 2 日读取）。
④ 王丁：《摩尼教与霞浦文书、屏南文书的发现》，《中山大学学报》（社会科学版）2018 年第 5 期，第 113—127 页。
⑤ 李林洲：《福清发现摩尼教经典科仪文本文物》，《福州晚报》2017 年 6 月 19 日报道：http://culture.fznews.com.cn/node/10763/20170619/59473908c4c6a.shtml（2018 年 1 月 10 日读取）。

片,其中 4 张为书影,8 张是浮雕、法器等照片,这次公布只有图而无文字,但题目"福建霞浦县发现明教遗物"已充分表明他将这些材料认定为摩尼教文献。① 后陈进国、吴春明在一次国际学术会议上公布了一部分科仪本的材料,并认为霞浦的这些科仪文献说明摩尼教在传入福建后,发生了"地方化"和"脱夷化"的转变。② 更多科仪本内容的刊布及阐析还见于陈进国、林鋆共同发表的文章,③当中已开始关注科仪本中涉及神霄雷法、天心正法、闾山巫法和瑜伽教法术等闽东民间宗教的内容,不过文章的重点仍放在论证文书的明教属性上,并未对民间宗教与摩尼教的比例、主次关系进行更多讨论。

　　值得一提的是,同年,马小鹤在都柏林的学术会议上向国际学界公布了霞浦的这一发现,他翻译并介绍多个遗迹及材料,并开始将霞浦文书中出现的神祇名与摩尼教神祇进行对勘。④ 随后他又发表了一系列文章,对霞浦文书中出现的摩尼教神祇名进行辨释,主要有以下几个结论:文书中的电光王佛是摩尼教中的电光佛,即光明童女;文书中的十天王是摩尼教传入华南后从伊朗语翻译成汉文,其间又加入了华南流行的佛教、道教神祇;文书中的"地狱"观念有对应的摩尼教概念。他主要进行的研究是识别霞浦文书中的摩尼教词汇,并探寻这些词汇的摩尼教渊源。⑤ 在这之后,学界的主要研究方向都集中在了对勘上,将霞浦文书与吐鲁番、敦煌摩尼教文

① 陈进国:《福建霞浦县发现明教遗物》,《世界宗教研究》2009 年第 2 期,第 159 页。
② 陈进国、吴春明:《论摩尼教的脱夷化和地方化——以福建霞浦县的明教史迹及现存科仪文本为例》,台湾佛光大学"民间儒教与救世团体"国际学术研讨会,2009 年 6 月 9—11 日。科仪本的情况还可参见陈进国、林鋆《明教的新发现——福建霞浦摩尼教史迹辨析》,《不止于艺——中央美院"艺文课堂"名家讲演录》,第 343—389 页。
③ 陈进国、林鋆:《明教的新发现——福建霞浦摩尼教史迹辨析》,《不止于艺——中央美院"艺文课堂"名家讲演录》,第 343—389 页。
④ Ma Xiaohe（马小鹤）, 'Remains of the Religion of Light in Xiapu County, Fujian Province'. In: Siegfried G. Richter, Charles Horton and K. Ohlhafer (eds.), *Mani in Dublin: Selected Papers from the Seventh International Conference of the International Association of Manichaean Studies in the Chester Beatty Library*, Dublin, 8–12 September 2009.
⑤ 详细论述请见马小鹤《霞浦文书研究》,兰州大学出版社,2014 年。

献和日本发现的摩尼教图像作比较,一是证实霞浦文书中的摩尼教内容,二是对其摩尼教内容进行溯源。在此阶段,除了以摩尼教为中心的研究,也不乏对霞浦民间宗教活动的考察,林子周、李剑秋二人就对当地的林瞪信仰活动进行观察与记录,①这对如何看待"林瞪入明教门一事"及当地民众对"明教"的理解等问题来说,是十分重要的基础性工作。

学者对霞浦文书的研究,几乎都集中精力在摩尼教范围内的考察,在林悟殊、马小鹤、杨富学等人紧锣密鼓地进行对勘后,初步产生了可观的成果:霞浦文书中几部相对完整、与敦煌摩尼教经典存在诸多相同之处的科仪文献被一一录出。经过校勘,刊布的录文共有以下五部(其中三部有多种录文):《乐山堂神记》(录文有杨富学、黄佳欣、林悟殊三种)、《明门初传请本师》(黄佳欣、林悟殊)、《摩尼光佛》(林悟殊录得 665 行,杨富学、包朗录得 673 行)、《兴福祖庆诞科》(计佳辰)、《点灯七层科册》(薛文静)。② 以上文献录文的完整刊布有利地推动了霞浦文书摩尼教研究的进展。其中之一是将《摩尼光佛》等与《下部赞》勘校时,发现多段文字与《下部赞》重合。林悟殊查实出 12 组,并据此认为"直接征引《下部赞》者惟《摩尼光佛》耳,其他两个科册不过是间接传袭之"。③ 这涉及的是霞浦文书中摩尼教内容的来源问题。早在霞浦文书公布初期,元文琪就将文书内容与敦煌摩尼教经典进行过系统的比较,得出《摩尼光佛》与《下部赞》一脉相承的初步结论。

---

① 林子周、陈剑秋:《福建霞浦明教之林瞪的祭祀活动调查》,《世界宗教文化》2010 年第 5 期,第 82—85 页。
② 录文请分别参见:黄佳欣:《霞浦科仪本〈乐山堂神记〉再考察》,广州中山大学"海陆交通与世界文明"国际学术研讨会,2011 年 12 月 2—5 日;收入陈春声主编《海陆交通与世界文明》,商务印书馆,2013 年 3 月,第 229—260 页;收入林悟殊《摩尼教华化补说》,兰州大学出版社,2014 年,第 227—240 页。林悟殊:《摩尼教华化补说》,第 447—486 页。杨富学、包朗:《霞浦摩尼教新文献〈摩尼光佛〉校注》,暨南中外关系史学术研讨会,2013 年 12 月;《寒山寺佛学》第 10 辑,甘肃人民出版社,2015 年,第 74—115 页。计佳辰:《霞浦摩尼教新文献〈兴福祖庆诞科〉录校研究》,西北民族大学硕士学位论文,2013 年。
③ 林悟殊:《摩尼教华化补说》,第 9 页图版 15.1—15.12。

不过,对来源问题的真正突破是吉田豊在语言上的考证。2013年他就指出:"霞浦文书中有相当数量的汉字音写的中古伊朗语术语。"《四寂赞》(包含两首赞美诗)是其中的代表。吉田豊通过两种手段确定赞美诗中汉文音译词的语源,一是从汉字的中古音推测其安息语词汇,二是在吐鲁番的伊朗语摩尼教文献中寻找安息语原本。在逐行逐字进行词源推定后,他找到了《四寂赞》第2—9行的伊朗语原本——M1367(该本同时还有回鹘文译本)。这一结果说明了两个问题:一是霞浦文书中应保存了大量的音译诗;二是从原本看,霞浦文书中有大量严重、明显的讹误,说明抄写使用赞美诗的人已经无法理解这些语句。另外,从霞浦文书的其他多个音译词来看,其音译系统与敦煌摩尼教经典相近,但不完全一样。四个音译特征明确地显示出霞浦文书的祖本要比敦煌摩尼教经典更古老一些。① 这是一个令人欣喜的论证。我们知道,吐鲁番的摩尼教残卷已经表明汉文摩尼教经典或存在"同本异译"的情况,②霞浦文书或可证实这一可能。2018年,吉田豊又找到了《摩尼光佛·天王赞》的对应中古伊朗语本 M19。③ 如若有更多这一领域的国际学者在文书语源的考订上持续助力,必会将霞浦文书的研究推至一个新高度。

可以说,通过与敦煌摩尼教经典对勘、摩尼教神祇溯源、音写文字的词源探究,基于霞浦文书的摩尼教研究取得了全新的进展。但仍存在诸多问题,至少艰深晦涩的外来语词就造成一种裹足不前的态势。大多数作品主要出自三位作者之手,相较于 20 世纪 30 年代

---

① Yoshida Yutaka,'Xiapu 霞浦 Manichaean text Sijizan 四寂赞 "Praise of the four calmness" and its Parthian original'. In:Durkin-Meisterernst, Desmond(ed.), *Memorial Volume in Honour of Werner Sundermann*, Wiesbaden:Otto Harrassowitz Verlag, 2017, pp. 719–736. 中译本参见马小鹤《霞浦摩尼教文书〈四寂赞〉及其安息语原本》,《国际汉学研究通讯》第 9 期,北京大学出版社,2014 年,第 103—121 页。

② 张广达:《唐代汉译摩尼教残卷——心王、相、三常、四处、种子等语词试释》,《文本、图像与文化流传》,第 306 页。

③ Ma Xiaohe & Wang Chuan,'On the Xiapu Ritual Manual Mani the Buddha of Light', *Religions*, 2018/9, 212(http://www.mdpi.com/2077–1444/9/7/212/pdf), 2018/7, pp.1–39.

以来中国摩尼教史研究多位国际学者的积极推动的局面,霞浦文书的研究目前仅有四名国外学者发表了相关文章。这种现象事出有因,那就是霞浦文书迄今没有正式公开刊布其图版,少数学者由收藏者及其关系人得到照片,才得以展开研究。同时受制于此的还有对文书中民间宗教内容的研究。因为就文书的主要用途——法事活动而言,我们很难确定其宗教属性。为了达到避祸趋吉、解厄度亡等目的,这些科仪文书在包含摩尼教因素的同时也吸收了多种宗教成分。学者对这些成分多以佛教、道教、民间宗教等说一概而论,对文书中丰富芜杂的宗教内容的解读及厘清着力甚少。因此,我们十分期待霞浦文书的全面整理、甄别及编目归类,在此基础上进行文书的释读及考证,才有可能产生划时代的成果。

第三节 解题与架构

一、解题

本书写作使用的《祷雨疏奏申牒状式》(简称《祷雨疏》)册子本存 72 页,全文约 17 230 字,694 行。

题中摩尼教的地方化,指的是摩尼教在入华后,经历了译经、传播、遭到禁断的历程,转而向东南地区转移,走向民间,以原始摩尼教中固有的开放基因,借助佛教、道教有用于自身存活、发展的因素,找出社会需要,发展出一套既葆有自身基本特点特征,又不显得异端进而遭致官方迫害的新面貌。闽地宋、元、明时期政治平稳,经济发达,文化水平较高,佛教、道教发展状况良好,门派林立,信众众多。这些有利条件为明教在闽地的立足提供了适宜的土壤,发展出了"清净光明、大力智慧"这样简明扼要、易于记诵的文本语言风格。霞浦文书是明教在闽地地方化的典型文本标本,其摩尼教的原初性特别体现在音译赞颂("咒")的准确与系统性上,其数量之大、内容之丰富为敦煌三经所不及;地方特征则体现在闽地传教有相当成形的教团组织"明门""明教门",有祖师、法师,并有很长的信众名录登记(《明门初传请本师》)。地方化的最大体现在于神祇系统,佛、道、明三家众神比肩而立,而往往以摩尼光佛居于主尊地位。

题中的闽地民间宗教,指的是流传、活跃于闽地一带的多种民间宗教,以法师行法术进行解厄、驱邪、度亡等法事,这些宗教既吸收宋元以来的道教法术传统,又融合了佛教科仪形式,还保留了原始巫术的特征,因其浓厚的法术特征,学界统称为"法教"。因地域、所奉神明不同而产生了多样复杂的民间宗教,如闾山教、法主教、夫人教、瑜伽教、徐甲教、梨园教等等。因其道坛众多,科仪仪式上又互相借鉴融合,对其分类建立在对民间道坛科仪的细致解读上,解读则须以数量庞大的科仪文献为依据。叶明生、劳格文已在这方面做出了贡献,他们整理出版了闽地两个道坛的科仪文献,这些科仪文献作为地区性相对容易确定的宗教史料,是本书在论述摩尼教与闽地民间宗教关系的重要材料。

二、架构

本书共四章,立足于对霞浦文书《祷雨疏》的文献学研究,并结合明教(摩尼教)唐代以后在中国的衍变,探讨摩尼教地方化的具体过程,把握明教与闽地宗教之间的互动关系。霞浦文书的出现不是偶然的,明教历经唐、宋、元几个世纪的发展与传播,已产生了不可小觑的影响。因此本书的前两章重在耙梳明教在中国的发展与衍变,并论述其在地方化进程中表现出来的诸多特征,后两章则以祈雨这一古老的宗教活动为中心,观察明教与闽地民间宗教的互动。

第一章《从天山到泉南的摩尼教》论述明教从北到南几个世纪的衍变。第一节集中分析"明教"这一称谓的使用,以多条史料强调"明教"是一个译名,但并非摩尼教在宋代寻求发展而改变教名的结果,而是早在唐代就开始使用的教名。第二节则说明摩尼教虽然唐代已开始传教,但真正形成汉人教团组织则是在宋代。宋代的"明教会"史料就涉及教团组织的男女信众及与其地位相应的着装。"明教斋"史料则详及明教的宗教场所、宗教仪式及明教徒所使用的经典及画像。宋代明教在东南沿海地区的发展壮大也由福建晋江草庵出土的"明教会"碗证实了。同时霞浦地区的族谱材料及霞浦文书也表明闽地存在着一个"明教门"(明门)。第三节中,笔者对四个确定无疑的明教寺院进行分析,从对寺院的记述中考察明教的寺院模式。虽然寺院选址偏僻清幽,但并不意味着明教的传教人群发生了从上层人群到下层人群的改变。第三节还论及明教的十六字偈颂,这一偈颂是对摩尼教教义的凝练,分别在福建四个地方发现了偈颂铭文,充分证明摩尼教教义以汉化形态表现后得到广泛流传。综合第二、三节则可以看出,摩尼教在保持自身独特性的同时也考虑如何世俗化、大众化。

　　第二章《华夷之间的摩尼教》是在第一章明教在闽地及其附近地域发展的基础上集中论述其地方化的进程。第一节在以往学者研究的基础上再次对摩尼教与吃菜事魔的关系进行探讨,以此说明在面对民间与官方的不同对待时,摩尼教进行调整与适应,逐渐加入到民间宗教当中。该节首先考证了"吃菜事魔"一词的形成和使用时期,并说明极有可能是因为明教徒对外强调素食之戒律才被归入"吃菜事魔"。此外还重点分析朱熹被人诬陷为"吃菜事魔"这一事件,借此阐明摩尼教等民间宗教其时所处的政治气氛和文化背景。第二节则从明清时期民间宗教的发展脉络出发,从中寻找摩尼教作为外来宗教融入当地的时代背景及客观条件。第三节笔者从祷雨作为巫术的一支这一角度,探求摩尼教在祈雨之事上的有关理论与实践记录,从摩尼教咒语材料入手,揭示数术在其地方化进程中的作用。福建晋江水尾宫的祭祀活动和霞浦文书中的咒语则为摩尼教融入民众生活提供了鲜活的材料。

　　第三章《祷雨活动中的明流》不同于前两章单向、偏重概貌性地考察摩尼教衍变的角度,该章以霞浦文书《祷雨疏》为中心,分析该册文书的结构与内容,讨论摩尼教内容在文本当中的比例和作用,以此为依据判定摩尼教与闽地民间宗教之间的互动关系。第一节中笔者对《祷雨疏》的内容进行分类,对其中的文书术语进行说明,并根据文书中的三个地名判断文书年代。第二节归纳祈雨人员的成员构成及分工,讨论光明正教在祈雨当中所起的主导作用,论述龙井祈雨之流程,说明《祷雨疏》对地方祈雨传统的继承。第三节论述文疏所反映出的祷雨神谱。《祷雨疏》在尊崇道教规制的同时,又援引摩尼教的神名,并结合佛教神祇及民间祠神,构建出了一个等级森严、职能分明的神谱。这个神谱也是"光明正教"可作为一个教派立足于民间的重要依据。第四节综述历代的祈雨制度与祈雨文的格式内容的流变,同时分析与《祷雨疏》时代相近的《全元文》中的祈雨文,明晰祈雨文的基本体例与主题思想,以此为基础进行《祷雨疏》祈雨文的源流探析。

第四章《闽地多元化宗教生活中的摩尼教》从闽地宗教生活记录出发,寻绎多地多种文献中的"摩尼光佛"之记载,以此展开讨论。第一节在历时和共时两个维度上对闽地宗教的"杂诸道法之辞"进行梳理,分析摩尼教中的"摩尼光佛"在闽地万神殿中的特殊地位。将霞浦文书与闽地其他宗教的科仪文献进行对比,论述它们在多个方面的一致性,着重分析法事制度的名称、教名、法名、特殊人员称谓等涉及教派组织形式的术语,进行宗教文化制度疑点的梳理、解释,以此探究"明教门"的基本架构与形成方式。第二节则重点论述闽地其他宗教是如何看待"明门",又将"摩尼光佛"放在万神殿的何种位置上。首先分析闽东瑜伽教中的"明门祖师",结合历史上的两教渊源探讨两者至今仍存的紧密关系。其次论及屏南降龙村傀儡戏班的摩尼教成分,这可以说是继霞浦文书后闽东的又一次涉及摩尼教内容的民间文书的新发现。第三节则关注摩尼教中的护法神,中古波斯语原典中的神名出现在闽地民间宗教文书中,又因摩尼教的传播遁入地方祠庙中,种种至今仍存的信仰表明这一宗教在中国的发展史仍有许多探求的空间。

本书的探求目标有两方面:一方面是摩尼教自身的努力。摩尼教在唐代进入中国,命运可谓一波三折,但到会昌灭法被禁止,后来也没有跟随佛教一起被宣布恢复名誉。它能够此后几百年在"明教"的名义下,作为潜流继续流行在中国民间,本身就表明它已成为众多民间宗教的一门一派。恐怕也正是着眼于此,马西沙先生在他的《中国民间宗教史》中专门辟出章节,给予明教在中国民间宗教大家庭中的一席之地。另一方面,探讨中国信仰体系的哪些派系主动向摩尼教开放包容。它们以拿来主义的态度吸收为我有用的外来宗教,取舍之间如何抉择,何者照单全收,何者加以改造,改造的方略如何,所采取手段有怎样的中国传统文化的大背景和地方人文传统与民众信仰体系的小气候。

第一章　从天山到泉南的摩尼教

会昌三年(843),唐武宗发动了一场灭佛运动,取缔了当时的所有外来宗教:佛教、景教、火祆教和摩尼教。史载摩尼教教徒四散出走,呼禄法师是其中的一支,他(们)来到大海之滨的闽地,开始了"流亡中再生"的历程,①这是摩尼教进入闽地宗教的机缘。以闽地为发展中心的摩尼教在东南沿海遂呈星星之火之势,开始了长达六个世纪的发展与衍变。

第一节　明教在中国的发展与衍变

摩尼教最初如同佛教(释教)、祆教(祆、火祆教)一样,有一个带有明显外来语味道的汉文名称"末摩尼法"。② 开元十九年(731),摩尼教大德拂多诞以"奉诏译"的名义署名撰写《摩尼光佛教法仪略》,"摩尼光佛教法"这一短语实际是"末摩尼法"更中国化的表述方式。这是摩尼教初传中国时期最早的两个名称。此后至会昌灭佛前,"摩尼教"见于《太平广记》中越人吴可久"唐元和十五年居长安,奉摩尼教"的记载,③及《赐回鹘可汗书意》中的"摩尼教天宝以前中国禁断,自累朝缘回鹘敬信,始许兴行,江淮数镇皆令阐教"。④不过陆游《条对状》中有"两浙谓之牟尼教",或可归为直称"摩尼

---

① 蔡鸿生:《唐宋时代摩尼教在滨海地域的变异》,《中山大学学报》(社会科学版)2004年第6期,第114—117页。

② "末摩尼"即 mry m'ny,mry 义为"大"也,尊称;"末摩尼法"即以教主称号指称该教。唐开元二十年(732)七月敕令"末摩尼法,本是邪见,妄称佛教,诳惑黎元,宜严加禁断",参见杜佑《通典》卷四十《职官二二》"萨宝府祆正",中华书局,1988年,第1103页。

③ 李昉等编:《太平广记》卷一〇七"吴可久",中华书局,1961年,第727页。

④ 李德裕撰:《李卫公会昌一品集》卷五,《国学基本丛书》,商务印书馆,1937年,第31页。

教"之例,此后汉文史料中再未出现"摩尼教"一词的用例。会昌灭佛后,除以"摩尼佛""末摩尼(牟尼)"等教主称号指称摩尼教外,"明教"为最多见的名称。这一称谓出现得最晚,但流行最久、使用最广,屡见于中唐至清代与摩尼教有关的汉文史料中。① 本书使用"明教"概念,是在其历史意义上使用的,依据史料(包括胡语摩尼教文献)中的"摩尼教"(末摩尼法)、"明教"只是同一对象的不同称谓,而不取研究中仍然常见的认为"明教"是摩尼教入华后的发展形式甚至是中国人赋予摩尼教的一个中国化的称谓这一含义。

一、唐五代时期的明教

"明教"未见于敦煌藏经洞所出的三件汉文摩尼教写本残卷,在吐鲁番发现的六件汉文摩尼教残片中也未见使用。敦煌三经中仅《摩尼光佛教法仪略》有完整题名,《下部赞》应只是某部赞的一部分,只残存一部分经文,至今我们仍不知这两部经的全貌与确切名称。但这三部经典中的"明使""明界""明群"等,可以说与阐扬教旨的"明教"一词同属一个术语系统。目前发现的年代最早的记有摩尼教的石刻材料为汉语、粟特语、突厥语九姓回鹘可汗碑(808—840),"明教"见于汉文第十行:

> [1] □受明教。薰血异俗化为蔬饭之乡。宰杀邦家变为劝善之国。故□□之在人,上行下效,法王闻受正教,深赞虔□□□□□□默侯悉德领诸僧尼入国阐扬。自后□慕阇徒众,东西循环,往来教化。②

说的是明教僧开教回鹘之事,明教逐渐成为其国教。胡三省注《资

---

① 本章引用迄今发现的所有有关"明教"(明确为摩尼教属性)的史料,文中特加序号标示。

② 碑文引自 T. Moriyasu, Y. Yoshida & A. Katayama, ' Qara-Balgasun Inscription '. In: T. Moriyasu & A. Ochir eds., *Mongorukoku genzon iseki, hibun chōsa kenkyū hōkoku* (Provisional report of researches on historical sites and inscriptions in Mongolia from 1996 to 1998), Osaka, 1999, pp. 209‑224. 最新碑文复原图见吉田豊《9 世纪东アジアの中世イラン语碑文 2件》,《京都大学文学部研究纪要》第 59 号,2020 年 3 月,第 237 页图版 4。另有录文稍异者,参林梅村、陈凌、王海城《九姓回鹘可汗碑研究》,《欧亚学刊》第 1 辑,中华书局,1999 年,第 160—162 页。

治通鉴》时引《唐会要》（今本《唐会要》无此文），其中"回鹘可汗王令明教僧进法入唐"，①所述之事与碑刻记载相合。"明教僧"证实了碑刻中的"明教"确指摩尼教。马夸特（Josef Marquart）在1898年考证出《九姓回鹘可汗碑》碑文中所提到的宗教为摩尼教。其后沙畹、伯希和1913年发表的《摩尼教流行中国考》首先使用了拉考斯特（B. de Lacoste）带到巴黎的碑刻拓片和粟特文残石研究碑文中的摩尼教问题。两位作者在文中直译"明教"为"religion de la lumière"，即光明之教。《九姓回鹘可汗碑》上，汉文保存得最完好，粟特文次之，突厥鲁尼文残缺最为严重。三语内容有对应之处，粟特文与汉文刻于同一碑面。汉文"明教"对应的粟特文转写为：*m'r m'ny δynh*（粟特文第10、11行），②直译过来正是"末摩尼教"，或者说对应于"末摩尼法"。《九姓回鹘可汗碑》立于808—824年间，我们可以确定，这个时候"明教"即是汉文中该教的名称。

不过，有关唐代摩尼教的史料中仅以上两例出现明教，这是因为唐时摩尼教流传受限，未在汉人中真正传播开，江淮一带所建摩尼寺也主要是为回鹘信徒而置。《册府元龟》卷九六七载：

> [后唐天成四年（930）八月]癸亥，北京奏葬摩尼和尚。摩尼，回鹘之佛师也。③

前文提到的胡三省注引《唐会要》[2]"回鹘可汗王令明教僧进法入唐"一条，其中"明教僧"应相当于后唐的"摩尼和尚"。此时摩尼教与回鹘关系仍然紧密，汉文史料中对摩尼教相关的人、事物的称呼都是摩尼师、摩尼院等。④ 其后有建隆二年（961）于阗国上贡的记

---

① 《资治通鉴》卷二二七《唐纪五三》胡注，中华书局，1956年，第7638页。
② 吉田豊：《カラバルガスン碑文のソグド語版について》，《西南アジア研究》，1988，No. 28，p. 33.
③ 《宋本册府元龟》卷九七六《外臣部・褒异三》，中华书局，1989年，第3887页。
④ 《宋本册府元龟》中有："贞元十五（799）年四月，以久旱令阴阳术士陈混常、吕广顺及摩尼师祈雨。"（卷一四四《帝王部・弭灾二》，第227页下）"关中大乱之后，彦图挈其族归太祖，赐宅一区。宅边置摩尼院以居之，至是卒"（卷九七六《外臣部・褒异三》，第3887页上）。

录,史料载"本国摩尼师贡琉璃瓶二、胡锦一段。……俗事妖神"之说。① 还有从高昌返回的王延德于雍熙元年(984)四月时记述"复有摩尼寺、波斯僧各持其法,佛经所谓外道者也",②将之与佛教比附,或直称波斯僧。凡此种种,说明其时摩尼教在唐人眼里主要还是一种外国宗教。

一直到五代,南唐徐铉《稽神录》所记一事才又见"明教":

[3] 清源人杨某为本郡防遏营副将,有大第在西郭。侵晨趋府未归,家人方食,忽有一鹅,负纸钱自门而入,径诣西郭房中。家人云:"此鹅自神祠中来耶?"令其奴逐之。奴入房,但见一双髻白髯老翁。家人莫不惊走。某归,闻之怒,持杖击之。鬼出没四隅,变化倏忽,杖莫能中。某益怒曰:"食讫,当复来击杀之。"鬼乃折腰而前曰:"诺。"杨有女二。长女入厨切肉具食,肉落砧辄失去。女执刀白父曰:"砧下露一大黑毛手,曰:'请斫!'"女走,气殆绝,因而成疾。次女于大瓮中取盐,有一猴自瓮突出,上女之背。女走至堂前,复失之,亦成疾,乃召巫立坛治之。鬼亦立坛作法,愈盛于巫,巫不能制,亦惧而去。顷之,二女及妻皆卒。后有善作魔法者,名曰明教,请为持经一宿。鬼乃唾骂某而去,因而遂绝。某其年亦卒。③

学者普遍将此条笔记看作是最早记述泉州摩尼教的材料。陆游在《老学庵笔记》中据此感慨"明教亦久矣"。④ 这里明教为"善作魔法者",与后来明代何乔远《闽书》"今民间习其术者行符咒,名师氏法,不甚显云"相合,沈曾植即称此事为"明教经禳鬼"。

《闽书》又说"会昌中汰僧,明教在汰中。有呼禄法师者来入福唐,授侣三山,游方泉郡",有可能"明教"一称早在呼禄法师来到闽地后就传开,即会昌三年(843)后已在泉州传播,因此有《稽神录》所载之事。敦煌《下部赞》多次出现的"明界""明身",与阐扬教旨的

---

① 《宋史》卷四九〇《外国六·于阗国》,中华书局,1977年,第14106页。
② 《宋史》卷四九〇《外国六·高昌》,第14112页。
③ 徐铉撰:《稽神录》卷三《清源都将》,中华书局,1996年,第45—46页。
④ 陆游撰:《老学庵笔记》卷十,中华书局,1979年,第125页。

"明教"一词同属一个术语系统。关于《下部赞》的年代,虞万里曾据写本中的避讳情况推定约在代宗朝(762—779 年)或德宗朝(780—805 年)。① "明教"等一系列术语很可能也是这一时期译出并使用的,这样大约在 808—840 年间勒石的《九姓回鹘可汗碑》中有"明教"之词就是很自然的事情了。

二、两宋时期的明教

宋代明教的主要活动区域已转移到东南滨海地域,传教网络有方勺所述"始自福建,流至温州,遂及二浙"之说。② 从儒士、僧人和道士的记载来看,明教的踪迹见于泉州、福州、温州、台州、明州等地,传播方向虽不必然是由闽地传往两浙,但在沿海诸多重要口岸开展传教活动却是无疑的。

宋真宗年间,福宁州盖竹上万村林瞪入"明教门",此事见于清同治十一年《林氏宗谱》:

[4] 瞪公,宋真宗咸平六年癸卯(1003)二月十三日生,行二十五,字　　,③娶陈氏,生二女。长女屏俗出家为尼,卒附墓父左。次女适,卒亦祔父墓左。天圣五年丁卯(1027),公年二十五乃弃俗入明教门,斋戒严肃,历二十有二年,功行乃成。至嘉祐四年己亥(1059)三月三日密时冥化,享年五十有六,葬于所居东头芹前坑。④

《福宁府志》《霞浦县志》等方志也载有林瞪其人,《林氏宗谱》中另有一篇《八世祖瞪公赞》,为其裔孙林登鳌所撰,其中写道:

[5] 鳌敬仰瞪公之为人,正气塞乎两间,不屑屑于富贵,不戚戚于贫贱,固非凡人所可及。自入明教后,若无所表见……⑤

以上所引两条材料,浙江苍南《林氏族谱》亦有收载,不过存在异文,

① 虞万里:《敦煌摩尼教〈下部赞〉写本年代新探》,《敦煌吐鲁番研究》第一卷,北京大学出版社,1996 年,第 37—46 页。

② 方勺撰,许沛藻、杨立扬点校:《泊宅编》卷五,中华书局,1983 年,第 30—31 页。

③ 宗谱此处留空待填,其他处如"瞪公""陈氏","瞪"字和"陈"字以朱笔书写。

④ 柏洋乡上万村清同治十一年(1872)《林氏宗谱》。

⑤ 同上。

如"不戚戚于贫贱,固非凡人所可及",异文为"不戚戚于名利,固非凡人所可及",显然上万宗谱所记更合文理。浙江苍南的林氏是从上万村迁移出去的。人口迁移方面,还有 1919 年重修的《彭氏宗谱》记载彭氏先祖彭信于后晋天福五年(940)从长溪县赤岸(今福建霞浦县城东)迁到苍南。苍南县括山乡下汤村彭家山山麓曾发现一碑刻,题《选真寺记》,根据碑刻内容并结合《平阳县志》记载,可以确定,选真寺为明教寺院。按碑刻所述,该寺由彭任翁之先祖所建。林氏、彭氏都有明教徒,且都曾有从闽北迁往浙南的记录。历史上的人口迁移与明教在两地的传教网络是否有更深层的关系值得探究,因为在霞浦文书中,有"灵源传教历代宗祖"等长篇的法师名单,其中陈、林等姓氏高频度出现,表明地方大姓或在教团组织中发挥作用。

另外,大中祥符年间(1008—1016),有闽人林世长设法将明教经典编入有官方色彩的《道藏》,此事可由《云笈七签》中"朝廷续降到福建等州道书明使摩尼经"予以佐证。[①] 据《黄氏日钞》所说,不止福州如此,"政和七年(1117)及宣和二年(1120)两尝自礼部牒温州,皆宣取摩尼经颁入道藏"。[②]《佛祖统纪》载有:"富人林世长略主者,使编入藏,安于亳州明道宫。"[③]诸条史料共同证实了摩尼经入《道藏》之事,而在这件事情上,福州与温州两地的先后入藏似乎显示了两地明教组织的紧密联系。此后不久,又有天圣五年(1027)林瞪入明教门一事,令人不得不思考:林世长与林瞪是否存在宗亲关系。以上诸事表明,明教教团的壮大或立足于地方宗族,其组织有从宗教向宗族形态的社邑延展的可能。

明教在东南滨海地域积极活动,声势逐渐增大,以致引起官府的注意与弹压。宋代刑部法条和官员奏状中多见明教材料。宣和二年(1120),臣僚上言请废温州明教:

[6] 宣和二年十一月四日,臣僚言:"一、温州等处狂悖之人自

---

① 张君房编,李永晟点校:《云笈七签》序,中华书局,2003 年,第 1 页。
② 黄震:《崇寿宫记》,《黄氏日钞》卷八六,《景印文渊阁四库全书》第 708 册,台湾商务印书馆,1983 年,第 890 页上。
③ 志磐撰:《佛祖统纪》卷四九,《大正藏》第 49 册,大正一切经刊刻会,1924—1932 年,第 431 页。

称明教,号为行者。今来明教行者各于所居乡村建立屋宇,号为斋堂。如温州共有四十余处,并是私建无名额佛堂。每年正月内取历中密日,聚集侍者、听者、姑婆、斋姊等人,建设道场,鼓扇愚民,男女夜聚晓散。一、明教之人所念经文及绘画佛像,号曰《讫思经》《证明经》《太子下生经》《父母经》《图经》《文缘经》《七时偈》《日光偈》《月光偈》《平文策》《汉赞策》《证明赞》《广大忏》《妙水佛帧》《先意佛帧》《夷数佛帧》《善恶帧》《太子帧》《四天王帧》。以上等经佛号,即于道释经藏并无明文该载,皆是妄诞妖怪之言。多引尔时明尊之事,与道释经文不同。至于字音,又难辨认。委是狂妄之人伪造言辞,诳愚惑众,上僭天王、太子之号。”奉御笔:“仰所在官司根究指实,将斋堂等一切毁拆。其所犯为首之人依条施行外,严立赏格,许人陈告。今后更有似此去处,州县官并行停废,以违御笔论。廉访使者失觉察,监司失按劾,与同罪。”①

此次上言内容翔实,借此可一瞥当时明教的组织、成员和经典。摩尼教中的斋月最初落在中国阴历的正月,②“密日”是七曜日中的日曜日即今天公历的周日,摩尼教以此日持斋。“每年正月内取历中密日”指明教信徒斋戒之日,摩尼寺因此特点被人称为斋堂。侍者、听者、姑婆、斋姊是四种摩尼教教徒身份,富安敦认为这与男选民、男听者、女选民、女听者一一对应。③ 这与摩尼教的基本组织结构联系紧密。吐鲁番文书 M697A、柏孜克里克的三通粟特语书信及一件大谷探险队收集品中的纵幅写本都出现了一个复合词“二部教团”,对于二部,学界有两种看法,即僧俗二众或男女僧众。这个复合词的回鹘语形式茨默(Peter Zieme)释读为男女信众两个教部。④ 大谷

---

① 《宋会要辑稿·刑法》二之七九,中华书局,1957 年,第 6534—6535 页。

② 吉田丰:《粟特语摩尼教文献中所见 10 至 11 世纪粟特与高昌的关系》,《中山大学学报》(社会科学版)2017 年第 5 期,第 111 页脚注 3。

③ Antonino Forte, Deux études sur le Manichéisme chinois, Toung Pao, 1973, 59 (1/5), pp. 234 – 235.

④ Peter Zieme, ‘Ein uigurischer Text über die Wirtschaft manichäischer Klöster im uigurischen Reich’. In: L. Liegeti (ed.), Researches in Altaic languages (Bibliotheca Orientalis Hungarica 20), Budapest: Akademiai Kiadó, 1975, pp. 331 – 338.

探险队收集品中的写本则显示二部可能指僧俗二众。不过吉田豊仍然认为二部指男女僧众,依据是不仅摩尼教有此二分法概念,佛教也有。① 按富安敦的看法,显然温州明教僧众既分僧俗又分男女,两种二部说都包括在内。不过,姑婆、斋姊指向女性信众这是没有疑问的,②至于他们对应的僧俗身份,除了听者是已知的,其余暂无法确定。

汉文摩尼教史料中另有三处专门提及女性信徒:

唐元和十五年(820),越人(吴可久)居长安,奉摩尼教,妻王氏亦从之。③

会昌三年(843)……敕天下末尼寺并令废罢,京城女末尼七十人皆死。④

[7]为首者紫帽宽衫,妇人黑冠白服,称为明教会。⑤

会昌三年灭佛之时遭遇灭顶之灾的女性信徒数量已经不小,宋代史料显示他们还穿着统一服饰,可见明教中的女性信众一直具有一定规模,这或与摩尼教中的性别观念有关。陆游在《老学庵笔记》中说:

[8]闽中有习左道者,谓之明教。……至有士人宗子辈众中,自言:“今日赴明教斋。”予尝诘之:“此魔也,奈何与之游?”则对曰:

---

① 吉田豊:《粟特语摩尼教文献中所见 10 至 11 世纪粟特与高昌的关系》,《中山大学学报》(社会科学版)2017 年第 5 期,第 109—110 页。
② 林子周曾对苍南的“姑婆神”信仰做过探究,为当地尊称的“姑婆”是妈祖林默娘。“姑婆”即“姑奶奶”,后变成一种尊称。苍南在温州的南面,也有摩尼教遗迹留存,“姑婆神”这一信仰提醒我们明教的“姑婆”一词应与浙南称呼女性神明的传统有关。至于霞浦有“姑婆”宫,有学者据“姑婆”二字推定其信仰与摩尼教有关这样的反向论证值得再考虑。详见林子周《姑婆神信仰与拜干娘现象探析》,叶明生主编:《贤良港妈祖文化论坛:海峡两岸传统视野下的妈祖信俗研讨会文集》,宗教文化出版社,2013 年,第 313—321 页。
③ 《太平广记》卷一〇七“吴可久”,第 727 页。
④ 《佛祖统纪》卷四二,《大正藏》第 49 册,第 385 页。卷五四作“七十二人”,第 474 页。另参见《大宋僧史略》卷下,《大正藏》第 54 册,第 253 页。
⑤ 《佛祖统纪》卷四九,《大正藏》第 49 册,第 431 页。

"不然。男女无别者为魔，男女不亲授者为明教。明教遇妇人所作食，则不食。"①

其中说到明教"男女不亲授"，意即男女信徒有所区别。但"明教遇妇人所作食，则不食"一句则费解，不食妇人所作之食是否与摩尼教教规有关还有待详考。

曾任宁德主簿的陆游又有《条对状》：

[9] 自古盗贼之兴，若止因水旱饥馑，迫于寒饿，啸聚攻劫，则措置有方，便可抚定，必不能大为朝廷之忧。惟是妖幻邪人，平时诳惑良民，结连素定，待时而发，则其为害，未易可测。伏缘此色人处处皆有，淮南谓之二桧子，两浙谓之牟尼教，江东谓之四果，江西谓之金刚禅，福建谓之明教揭谛斋之类，名号不一。明教尤甚。至有秀才吏人军兵亦相传习，其神号曰明使。又有肉佛、骨佛、血佛等号，白衣乌帽，所在成社。伪经妖像，至于刻版流布，假借政和中道官程若清等为校勘，福州知州黄裳为监雕。以祭祖考为引鬼，永绝血食，以溺为法水，用以沐浴。其他妖滥，未易概举。烧乳香，则乳香为之贵；食菌蕈，则菌蕈为之贵。更相结习，有同胶漆。万一窃发，可为寒心。……许人告捕。其经文印版，令州县根寻，日下焚毁。仍立法，凡为人图画妖像及传写刊印明教等妖妄经文者，并从徒一年论罪，庶可阴消异时窃发之患。②

此条材料为学界重视，因为其中透露出了许多完全是摩尼教属性的信息。"其神号曰明使"，我们注意到与"明教"同时流传开来的还有"明使"一词。明使，即光明的使者。《摩尼光佛教法仪略》开篇即说明摩尼名号："佛夷瑟德乌卢诜者（本国梵音者），译云光明使者，又号具智法王，亦谓摩尼光佛，即我光明大慧无上医王应化法身之异号也。""光明使者"是帕提亚语 fyštg rwšn 的意译，其前之名号为音写。具智法王、摩尼光佛是其别称，三个名称是在强调摩尼不同的神性上使用的。《云笈七签》"明使摩尼经"，《海琼白真人语录》"毗

① 陆游撰：《老学庵笔记》卷十，第 125 页。
② 陆游撰：《渭南文集》卷五，《陆游集》第五册，中华书局，1976 年，第 2015 页。

婆伽明使者""一曰天王、二曰明使",《闽书》及《名山藏》"具智大明使"等处都与摩尼教经典中的说法相符。"肉佛""骨佛""血佛"这三个名号,刘南强曾提出一种解释:它们是受难耶稣的佛教化术语,在粟特文中称为"佛种",在汉文摩尼教《下部赞》中有一个类似的术语——"夷数血肉"。因为在东方摩尼教文献中,耶稣常被称为佛,故"骨佛"等术语的形成是很自然的。①

另外,陆游在奏状中还强调一事,他提出通过焚毁经文印版消除隐患。《宋会要·刑法》《佛祖统纪》也列举了多部明教经典。明教一贯看重经典传播,既通过入《道藏》提升影响力,自身也组织印经活动。诵经、写经是摩尼教徒的主要工作,摩尼本人及后来传教者都十分重视经典的书写。摩尼教素有看重书法、图解、书籍装帧的传统。高昌曾出土过一幅抄写僧的画作,画中是摩尼教僧侣抄写经文的场景。传入中国的明教发展至南宋,正是雕版印刷业空前繁盛的时期,两浙、福建一带印刷业发达,临安附近的温州、明州,福建的福州这几处明教的主要传教地区当时都聚集了大量刊工。明教在这些地区发展,不仅有雄厚的经济实力作保障,更能充分借助印刷业带来的便利进行传教。从陆游的奏状可以看出,刊印数量不小,包括画像、经文。他自己说"尝得所谓明教经观之",并能说出多个明教神祇名号,可见当时明教经典传播甚广。

陆游之后的道士白玉蟾,不仅熟知明教神祇,对其教义也十分明了。《海琼白真人语录》中有如下记录:

[10] 耜问:"乡间多有吃菜持斋以事明教,谓之灭魔,彼之徒且曰太上老君之遗教,然耶? 否耶?"答曰:"昔苏邻国有一居士号曰慕阇,始者学仙不成,终乎学佛不就,隐于大那伽山,始遇西天外道有曰毗婆伽明使者,教以一法,使之修持,遂留此一教,其实非理。彼之教有一禁戒,且云尽大地山河草木水火,皆是毗卢遮那法身,所以不敢践履,不敢举动;然虽如是,却是在毗卢遮那佛身外面立地。且如持八斋、礼五方,不过教戒使之然尔。其教中一曰天王,二曰明

---

① Samuel N. C. Lieu, *Manichaeism in the later Roman Empire and Medieval China*, Manchester, 1982, p. 246.

使,三曰灵相土地,以主其教,大要在乎清净光明、大力智慧八字而已。然此八字,无出乎心。今人着相修行,而欲尽此八字可乎?况曰明教,而且自昧。"①

同书中的《万法归一歌》也论及明教:

[11] 明教专门事灭魔,七时功德便如何? 不知清净光明意,面色萎黄空自劳。②

彭耜说明教徒自称"太上老君遗教",这个说法实与《老子化胡经》有关。老子化胡说是在佛道之争中形成的,说的是老子西出函谷关后教化胡人的事。化胡一说最早只针对佛教,后来渐渐包括其他源自外国的宗教。《佛祖历代通载》中引《老子八十一化图》"名清净佛,号末摩尼",《辨伪录》引八十一化图"道成类佛陀,号末牟尼"。在米维礼(F. W. K. Müller)发现的《金阙玄元太上老君八十一化图说》中也有老子化末摩尼之图。③ 20 世纪伯希和在敦煌发现《老子化胡经》残卷,卷一就有"老子化摩尼"之记述。④

我乘自然光明道气,从真寂境飞入西那玉界苏邻国中,降诞王室,示为太子。舍家入道,号末摩尼。转大法轮,说经诫律定慧等法,乃至三际及二宗门,教化天人,令知本际。上至明界,下及幽途,所有众生,皆由此度。摩尼之后,年垂五九,金气将兴,我法当盛。西方圣象,衣彩自然,来入中洲。是效也,当此之时,黄白气合,三教混齐,同归于我。仁祠精舍,接栋连甍。翻演后圣大明尊法。中洲道士,广说因缘。为世舟航,大弘法事。动植含气,普皆救度。是名总摄一切法门。⑤

同一时期发现的敦煌《摩尼光佛教法仪略》亦引用《老子化胡经》,所

① 谢显道编:《海琼白真人语录》卷一,《道藏》第 33 册,文物出版社、上海书店、天津古籍出版社,1988 年,第 114—115 页。
② 《海琼白真人语录》卷四,《道藏》第 33 册,第 134 页下。
③ 沙畹、伯希和著,冯承钧译:《摩尼教流行中国考》,第 87 页。
④ 刘屹:《敦煌十卷本〈老子化胡经〉残卷新探》,荣新江主编:《唐研究》第 2 卷,北京大学出版社,1996 年,第 101—120 页。
⑤ 《老子化胡经》卷一,《大正藏》第 54 册,第 1267 页下。

说与残卷记述相近,其卷首题"开元十九年(731)奉诏译",所谓译显非事实,仪略从文体到内容、术语都应该是汉文"原创",其包含《化胡经》的语句也是一个旁证。一般认为,敦煌本《老子化胡经》非王浮原本,成书年代在712—731年。① 老子化摩尼是道教抬高自身地位的说辞,《摩尼光佛教法仪略》沿用这一说法,也是借道教肯定摩尼教在中国的正统性,这一两教相互借重以自高的关系到崇道的宋代更加紧密。明教多条史料显示这种做法未曾改变,方志中因此有"苏邻国教"之称。不过与上文道士白玉蟾说法却不太一样,并未提及"老子化摩尼",而是说慕阇遇西天外道得受教法而创,这表明他对弟子"太上老君遗教"之提问的回答是持否定态度的。这个变化可能是因为白玉蟾不认同老子化摩尼之说,也有可能是明教后期壮大到一定程度时,只说从苏邻国而来,而不再强调与道教的渊源。

三、元代的明教

元代对宗教事务实行开放的政策,明教有了长足发展。1940年在泉州通淮门城墙下挖出"元皇庆二年(1313)管领江南诸路明教秦教的失里门主教墓碑",其后一段时间佚失,至1954年重新被发现。碑右阴刻叙利亚文字两行,为叙利亚文拼写的突厥语;左阴刻汉字两行,共53字。1956—1981年,前后有7位学者对碑文进行释读。② 汉文碑文如下:

[12] 管领江南诸路明教秦教等也里可温马里失里门阿必思古八马里哈昔牙

皇庆二年岁在癸丑八月十五日帖迷答扫马等泣血谨志

叙利亚文部分汉译如下:

---

① 成书时间的推定,参见:沙畹、伯希和著,冯承钧译:《摩尼教流行中国考》,第89—90页;陈垣:《摩尼教入中国考》,《陈垣学术论文集》第一集,中华书局,1981年,第344—345页;刘屹:《唐代道教的化胡经说与道本论》,《唐代宗教信仰与社会》,上海辞书出版社,2003年,第84—124页。
② 吴文良著,吴幼雄增订:《泉州宗教石刻》,科学出版社,2005年,第395—397页。

　　这是教区（maḥi ail-lar）的圣主教（mar-i ḥasya）失里门先生（mar-i šlimun）大德（episqupa）之墓。癸牛年八月十五日扫马率人前来并题铭。①

叙利亚文内容基本与汉文对应一致，语序略有不同。汉文"马里"对应的拉丁转写为 mar-i，意为"师、主"，哈昔牙为 ḥasya，僧职人员，《镇江大兴国寺记》里也有一位"马里哈昔牙"。"阿必思古八"对应的转写为 episqupa，意为"主教"。叙利亚文中的"癸牛年"即对应"岁在癸丑"。汉文中的"帖迷答"或为 Timothy 的对音，叙利亚文部分并无对应音节。② 两种文字互校后句意明确，碑刻为失里门一人之墓，其身份为也里可温，管领江南诸路明教秦教等。"也里可温"一词见于《元典章》及地方志，是元代对基督教或其信奉者的称呼，元时基督教包括唐代的景教及首次传入中国的罗马天主教。此碑所说秦教，即"大秦之教"的景教。这部分内容仅汉文所有，叙利亚文部分无对应字句。元代设有崇福司专管也里可温，见《元史·百官记》：

　　崇福司，秩二品，掌领马儿哈昔、列班也里可温十字寺等祭享等事。③

《元典章》中有相近记录可参考：

　　大德八年，江浙行省准中书省咨：礼部呈奉省判：集贤院呈：江南诸路道教所呈：温州路有也里可温，创立掌教司衙门，招收民户……④

---

① 此译文参村山七郎及夏鼐文而成，括号内为突厥语转写。见：S. Murayama, 'Eine nestorianische Grabinschrift in türkischer Sprache aus Zaiton', *Ural-altaische Jahrbücher* 35（1964），S. 394–396。夏鼐：《两种文字合璧的泉州也里可温（景教）墓碑》，《考古》1981 年第 1 期，第 59—62 页。另参牛汝极《十字莲花》，上海古籍出版社，2008 年，第 152 页。

② 吴文良著，吴幼雄增订：《泉州宗教石刻》，第 398—403 页。

③ 《元史》卷八九《百官志五》，中华书局，1976 年，第 2273 页。

④ 陈高华、张帆、刘晓、党宝海点校：《元典章》卷三三，中华书局、天津古籍出版社，2011 年，第 1143 页。

这是一份报告温州路道教与也里可温发生冲突的奏状。集贤院专管道教事务,下设有"江南诸路道教所",江南诸路中的温州路有也里可温的"掌教司"。泉州在皇庆二年(1313)时行政规划上为泉州路,属江浙行省下的福建道。据此前的大德八年(1304)这一奏呈,能够明确中央的崇福司下设"江南诸路"管领者,具体到某一路则有分司机构掌教司。1984年在泉州发现的一块墓垛石也可证实这一点。墓志的撰写者应是上述皇庆二年(1313)碑刻中失里门主教的下级,石上阴刻竖行汉字六十一字,十四行:

> 于我明门,公福荫里。匪佛后身,亦佛弟子。无憾死生,升天堂矣。时大德十年岁次丙午三月朔日记。管领泉州路也里可温掌教官、兼住持兴明寺吴唵哆呢嗯①书。

可见泉州路也里可温掌教司至迟大德十年(1306)已有,掌教官还兼任十字寺住持。兴明寺为基督教堂,又称十字寺,如北京房山十字寺、镇江十字寺。关于此寺,地方志没有更多材料。然而在日本东京内阁文库所藏的元人诗文集珍本中有一部《南游寓兴诗集》,作者是金哈剌。萧启庆对此书细加研析,提到了文集中《寄大兴明寺元明列班》一诗,②他认为大兴明寺就是吴唵哆呢嗯所书墓石上的"兴明寺"。③ 同时他还考证哈剌生年在大德九年(1305)左右,④这样的话,诗题中的"元明列班"应该就不是兴明寺的吴住持。列班,即rabban,有"教师、长老"之义。

另外,大兴明寺这个寺名令人想起著名的《镇江大兴国寺记》,"大兴明寺"与"大兴国寺"仅一字之差。《至顺镇江志》里又有一个

---

① 此字漫漶,吴文良录为:嗯,并据此推测"吴唵哆呢口嗯"是Antonius的音写;根据字形判断还有可能是"嗯"。

② 诗全文为:"寺门常锁碧苔深,千载灯传自莆林。明月在天云在水,世人谁识老师心。"

③ 萧启庆:《元色目文人金哈剌及其南游寓兴诗集》,《汉学研究》1995年第13卷第2期,第1—14页;《内陆亚洲历史文化研究韩儒林先生纪念文集》,南京大学出版社,1996年,第165—184页;氏著《内北国而外中国蒙元史研究》,中华书局,2007年,第749—765页。

④ 萧启庆:《元色目文人金哈剌及其〈南游寓兴诗集〉》,《汉学研究》1995年第13卷第2期,第9页。

"聚明山寺",是马薛里吉思所建的七座也里可温寺之一,与"兴明寺"相近。同在镇江,还有一座安马吉思所建的"大光明寺",这令我们想起唐代摩尼教建的"大云光明寺"。① 以上寺名取法与摩尼教相仿,秦教与明教一向关系匪浅,在术语的汉译上多有共通之处,如兴明寺碑刻中的"明门"一词,亦是明教术语,如九姓回鹘可汗碑"况法师妙达明门"之语,福建霞浦文书的摩尼教文献中也有一部叫《明门初传请本师》的科仪文献。再联系到"江南诸路明教秦教"碑,种种无法忽略的关键处都提醒我们可将两者材料进行对照研究。

镇江南面的温州也有也里可温寺,同时还有一座摩尼寺。元人陈高《竹西楼记》记载了苍南的一座"明教浮图之宇",他在至正十一年(1351)记述:

[13] 其中得平地,有田数百亩,二十余家居之,耕焉以给食,有潜光院在焉。潜光院者,明教浮图之宇也。明教之始,相传以为自苏邻国流入中土,瓯闽人多奉之。…… 其学明教之学者,盖亦托其迹而隐焉者钦?若其孤介之质,清修之操,真可以无愧于竹哉。②

此记称颂明教人之学高妙、品行高洁,大不同于前文所引指斥明教"吃菜事魔"之论调。这说明元代官方宗教宽松政策下民间的包容,明教得以立足,教外人甚至对明教中人崇敬有加。

四、明清以降的明教

明代统治者恢复儒家思想的主导地位,宗教政策上主要支持佛、道两教,对于活跃的民间教派的态度则保守审慎得多。洪武初年,熊鼎上奏毁温州大明教,此事在宋濂为熊鼎所撰写的墓志铭里有所提及:

[14] 明年改元洪武,上即皇帝位,凡创制更革之典,君多预闻。……温有邪师曰大明教,造饰殿堂甚侈,民之无业者咸归之。

---

① 以上三寺详见:脱因修,俞希鲁纂:《至顺镇江志》卷九《寺观》,《宋元方志丛刊》第三册,中华书局,1990 年,第 2740 页 a16、b8、b16。

② 此据林悟殊校勘本,引自林悟殊《元〈竹西楼记〉摩尼教信息辨析》,《中古三夷教辨证》,中华书局,2005 年,第 147—148 页。

君以其瞀俗眩世,且名犯国号,奏毁之,官没其产,而驱其众为农。①

大明教即明教,并"犯国号"一句与万历末年的何乔远所述明教事一致。熊鼎奏毁之,获明太祖同意。但据何乔远载,另有高官奏留之:"户部尚书郁新、礼部尚书杨隆奏留之,因得置不问。"②此次温州明教得以留存,但就在洪武元年(1368),还有开国功臣李善长也请禁民间淫祀,其中包括"明尊教":

[15]高帝幸汴,善长复留守,得专杀生封拜焉。帝还,诏定封建诸王宫属国邑及大赏平中原将士功有差。请置司农卿,于河南课耕垦。又请禁淫祀白莲社、明尊教、白云、巫觋、扶鸾、祷圣、书符、咒水、邪术。诏可。③

李善长为律令总裁,此次的奏文后来写进律例。先有洪武三年(1370)一条明确的禁令:

[16]其僧道建斋设醮,不许奏章上表,投拜青词,亦不许塑画天神地祇,及白莲社、明尊教、白云宗、巫觋、扶鸾、祷圣、书符咒水诸术并加禁止。庶几左道不兴,民无惑志。诏从之。④

后在洪武六年(1373)左右订入律条,内容有所扩充:

[17]禁止师巫邪术。凡师巫假降邪神、书符咒水、扶鸾祷圣,自号端公、太保、师婆,及妄称弥勒佛、白莲社、尊明教、白云宗等会,一应左道乱正之术,或隐藏图像、烧香集众、夜聚晓散、佯修善事、煽惑人民,为首者绞,为从者各杖一百,流三千里。⑤

明律有多种注本,每家对此条的解释不尽相同,我们的重点在"明尊教"(明律误作"尊明教")。应槚《明律释义》说"明尊教谓男子修行

---

① 宋濂撰:《芝园续集》卷四,《宋学士文集》卷六四,《四部丛刊初编·集部》247,上海书店,1989年,第6叶下。

② 何乔远编撰:《闽书》卷七《方域志》"华表山"条,第172页。

③ 王世贞撰:《名卿绩纪》卷三《李善长》,《明代传记丛刊》,明文书局,1991年,第78页。

④ 《明太祖实录》卷五三,上海书店,1982年,第1037—1038页。

⑤ 《明律集解附例》卷十一《礼律》,光绪三十四年重刊本,第9叶下。

斋戒,奉牟尼光佛教法者",①摩尼教汉文史料中出现过"末牟尼"
"牟尼教"等写法,此说证实明尊教就是明教。"明尊"一词,沙畹、伯
希和认为"明使、明尊义相近",陈垣解释得更明确,他说:"犹佛氏之
称世尊。"②《摩尼教残经》曰:"其明父者即是明界无上明尊。"明尊
虽非摩尼,但作为光明父也居于无上独尊的地位,这一称呼显然是
与"明教"一名相匹配的,明尊即明教之尊。

　　尽管有此禁律,明教仍在流行。在万历四十年至四十四年
(1612—1616)成书的《闽书》就提供了证据。《闽书》材料的发现是
摩尼教研究史上的一大突破。有关作者何乔远,陈垣曾说"以其人
非佛教徒,故其言独持平而无贬语"。以上已列举的 14 条明教材料
中,多条有贬低或禁绝之意,撰者无非佛教徒、道士及儒士。相较之
下,何乔远的这一记载不仅客观、无击难明教之语,且记述翔实可
信,对明教来历、摩尼生卒、传教过程及明代的发展情况都一一述
及,如陈垣所说,"言之甚详,为前此载籍所未有",尤其是对明教的
经典、义理、教职人员,何乔远的记录相当详尽:

　　[18] 泉州府晋江县华表山,与灵源相连,两峰角立如华表。山
背之麓有草庵,元时物也,祀摩尼佛。摩尼佛名末摩尼光佛,苏邻国
人,又一佛也,号具智大明使。云老子西入流沙五百余岁,当汉献帝
建安之戊子,寄形于栴晕。国王拔帝之后,食而甘之,遂有孕,及期
擘胸而出。栴晕者,禁院石榴也。其说与攀李树,出左胁相应。其
教曰明,衣尚白,朝拜日,夕拜月。了见法性,究竟广明,云即汝之性
是我之身,即我之身是汝之性。盖合释老而一之。行于大食、扶菻、
火罗、波斯诸国。晋武帝太始丙戌,灭度于波斯,以其法属上首慕
阇。慕阇当唐高宗朝行教中国,至武则天时,慕阇高弟密乌没斯拂
多诞复入见。群僧妒谮,互相击难。则天悦其说,留使课经。开元
中作大云光明寺奉之。自言其国始有二圣,号先意、夷数,若吾中国

①　应樾撰:《大明律释义》卷十一,《续修四库全书·史部·政书》,上海古籍
　　出版社,2002 年,第 89 页上。
②　沙畹、伯希和著,冯承钧译:《摩尼教流行中国考》,第 80 页;陈垣:《摩尼教
　　入中国考》,《陈垣学术论文集》第一集,第 374 页。

之言盘古者。末之为言大也。其经有七部。有《化胡经》,言老子西入流沙,托生苏邻事。会昌中汰僧,明教在汰中。有呼禄法师者,来入福唐,授侣三山,游方泉郡,卒葬郡北山下。至道中怀安士人李廷裕,得佛像于京城卜肆,鬻以五十千钱,而瑞相遂传闽中。真宗朝,闽士人林世长取其经以进,授守福州文学。皇朝太祖定天下,以三教范民,又嫌其教门上逼国号,摒其徒,毁其宫。户部尚书郁新、礼部尚书杨隆奏留之,因得置不问。今民间习其术者行符咒,名师氏法,不甚显云。庵后有万石峰,有玉泉,有云梯百级及诸题刻。①

如上所云,何乔远编纂《闽书》的明代尚有明教法师行走民间,但以"师氏法"自称,画符诵咒,行迹非常公开。近年新发现的霞浦、屏南文书中,数册包含摩尼教内容的文书带有术法性质,同时两份含有法师名录的文书证明法师团体的存在,从侧面印证了明教在明代的新变化。

　　另有一条材料出自《镜山全集》,其刻本国内不存,因此以往学界未加注意。这一文集收录了何乔远所作的一首七言诗,题名《草庵》。②

草　庵

[19]　佛教摩尼又一宗,乌斯藏国是门风。
　　　　黑衣宰相参权要,白学先生让变通。
　　　　古桧枝高春转静,鸣鸠声暖谷方融。
　　　　沙石咽泉栏断砌,独余幽韵坐无穷。

　　黑衣、白学见《南史·天竺迦毗黎国》,其教为明,起宋孝武,来中国后,我太祖以其教门犯国号废之。

诗首句言摩尼教为佛教的一宗派,与《闽书》中"祀摩尼佛""又一佛也"等说法相近。这种认为摩尼光佛属佛教一派的误解直到今天仍然存在,与明教曾借助佛教宣扬自身的发展策略不无关系。"乌斯

---

① 　何乔远编撰:《闽书》卷七《方域志》"华表山"条,第171—172页。
② 　何乔远撰:《镜山全集》(上),福建人民出版社,2015年,第389页。

藏国"一句似指摩尼教与西藏、藏传佛教、密教关系匪浅,或可与下文的"明教瑜伽寺"材料相联系。次句用刘慧琳及其所著《白黑论》之典故,①僧人身居高位及儒释道三教的调和之典令人联想至摩尼教在中国的发展与遭遇。后两句写寺内景致清幽,值得一提的是,现今庵前仍存古桧一株。

诗后所附案语中的"起宋孝武"四字引人注意,这为"摩尼始通中国"的时间提供了一种新说法。学界对此曾有过诸多讨论,但囿于史料,目前所能确定的最早时间为延载元年(694),虽然《闽书》说高宗朝(650—683)已有摩尼教慕阇行教于中国,但因缺乏他证而无法证实。从摩尼教史来看,该教在3—4世纪往东西方传教,并取得成效,5世纪传入中国不无可能,有学者曾以4—6世纪间的中西交通往来不断、西域人移居中原等事实认为"中国内地可能在四世纪初已感受到摩尼教的信息"。② 理论上而言,明教在宋孝武间(430—464)就已入华是有可能的。另外,宋孝武帝曾在457年改年号为"大明",是否因此有"其教曰明,起宋孝武"之语值得考虑。

不过此说未见于《闽书》,因此令人疑惑。何乔远在《闽书》中言之凿凿是有所本的,③诗作及案语反映出来的何乔远对摩尼教的了解与《闽书》所见有所出入。当然,《镜山全集》为何乔远后人及门生整理编排而成,案语撰者是否就是何乔远需要再考察。同时,诗作的撰写时间也应考虑,何乔远在不同时期所掌握的不同信息及其造成的认识上的差异或是诗作所述与《闽书》"华表山"一条相抵牾的原因之一。

清律因袭明律,所颁对"不经之教"的禁令大体相同。不同者,

---

① 《南史·夷貊上》"天竺迦毗黎国"条,中华书局,1975年,第1964页;另参《宋书》卷九七,中华书局,1974年,第2388页。

② 林悟殊:《摩尼教入华年代质疑》,《文史》第18辑,1983年,第69—81页;收入氏著《摩尼教及其东渐》,淑馨出版社,1997年,第44—60页。此据后者,第49—57页。

③ 如刘铭恕所言:"何乔远在十七世纪所获得的这些知识,不拘是书本的或口碑的,都应有一个连续性、继承性……故在明万历年间,何乔远对摩尼教的某些问题,仍能言之凿凿。"参见刘铭恕《有关摩尼教的两个问题》,《世界宗教研究》1994年第3期,第136页。

学者发现《乾隆温州府志》中有"明教瑜伽寺""明教院"的记录,据此认为这可能是又一座摩尼寺。需要注意的是,年代较早的《弘治温州府志》也有相近著录。明教瑜伽寺在永嘉县:

> 明教瑜伽寺,在临江乡菰溪。石晋天福三年(938)建。① (《弘治温州府志》)

> 明教瑜伽寺。旧志石晋天福三年(938)建,按旧志又有储庆寺、灵瑞寺、天寿寺、兴福寺,以上俱临江乡。② (《乾隆温州府志》)

此条前后分别有"白塔瑜伽寺""大广化瑜伽寺"。温州有多处瑜伽寺、瑜伽院,寺庙建造时间都在宋前,但寺额多在宋元时改变。这些瑜伽寺可能是在元代崇奉藏传佛教的风气下而改的寺额。瑞安县还有一座"明教院":

> 明教院,在来暮乡,石晋天福年间建。③ (《弘治温州府志》)

> 明教院,晋天福间建,相近有招提院、感应院、正隐院,俱来暮乡。④ (《乾隆温州府志》)

有意思的是,在陈傅良为徐迪哲撰写的墓志铭中,记载徐迪哲是葬在明教院后山的:

> 卒于淳熙十年(1183)某月,以明年二月某日葬瑞安来暮乡明教院之后山。⑤

徐迪哲为徐谊之父,撰者陈傅良为徐谊之友。徐谊曾被列入庆元党籍,其人其事有黄榦《祭徐子宜文》等文详载。如上所引,明教瑜伽

---

① 王瓒、蔡芳编,胡珠生校注:《弘治温州府志·寺观·永嘉县》,上海社会科学院出版社,2006年,第428页。

② 《乾隆温州府志》卷二五《寺观·永嘉》,《中国地方志集成·浙江府县志辑》58,上海书店,1993年,第504页上。此条材料最早由周梦江检出,参见周梦江《从苍南摩尼寺的发现谈温州摩尼教》,《海交史研究》1990年第2期,第75—79页。

③ 王瓒、蔡芳编,胡珠生校注:《弘治温州府志·寺观·瑞安县》,第436页。

④ 《乾隆温州府志》卷二五《寺观·瑞安》,《中国地方志集成·浙江府县志辑》58,第508页下。

⑤ 陈傅良:《承事郎徐公墓志铭》,曾枣庄、刘琳主编:《全宋文》卷二〇六七,上海辞书出版社、安徽教育出版社,2006年,第268册第286页。

寺及明教院建于天福年间(936—943),几乎同一时期,徐铉所撰《稽神录》记载了"明教"禳鬼之事,如果说此时温州也有明教寺似乎不无可能。廉亚明(Ralph Kauz)认为,除了寺名以外没有其他证据证实这些寺庙与摩尼教的关系。[1] 还有学者认为当地瑜伽寺乃是元代温州密教兴盛时改寺额而留下来的。[2] 元代明教中兴,与当时统治者尊崇的密教之关系如何尚无人论及。不过,霞浦文书、屏南文书多处提及瑜伽教,闽地民间的瑜伽教文献亦有"明门祖师"的踪影,由此看来,明教与瑜伽教的关系不可忽视。

此外,《民国平阳县志》载温州的万全乡仍现明教踪迹:

[20] 有明教者,陆务观谓始自闽中。有明教经甚多,妄取《道藏》中校定官名衔赘其后。烧必乳香,食必红蕈,男女不亲授,遇妇人所作食,则不食。(《老学庵笔记》十)陈高谓相传自苏邻国流入中土,瓯闽人多奉之,其徒斋戒持律颇严谨,日一食,昼夜七时,呗咏膜拜。(《不系舟渔集·竹西楼记》)孔克表亦称为苏邻国教(《选真寺记》石本),盖即末摩尼教(《老子化胡经》云"我至苏邻国降为太子,号末摩尼")。今万全乡尚有其教,大较流为优婆夷塞矣。又有二祖、三祖、四祖(一名檀香教),无为、白莲诸教踪迹诡秘,皆为邪教。清康熙间饬禁创立无为、白莲等教,违者鞭责枷号(《大清会典》)。是则所宜屏除者已(《老学庵笔记》引徐常侍《稽神录》云"有善魔法者名曰明教,是明教亦为魔")。[3]

该县志为王理孚修、刘绍宽纂,所引《选真寺记》石本即 1983 年在温州发现的"选真寺记"碑刻。文中将檀香教等教与明教联系起来,与

① Ralph Kauz, ' Der "Moni gong" — ein zweiter manichäischer Tempel in Fujian?'. In: Ronald E. Emmerick, Werner Sundermann & Peter Zieme (eds.), *Studia Manichaica / IV. Internationaler Kongreß zum Manichäismus, Berlin, 14.–18. Juli 1997*. Berlin: Akademie Verlag, 2000, pp. 335–336. 汉译本:Ralph Kauz 著,徐达译:《摩尼宫是否为福建第二所摩尼寺》,《中山大学研究生学刊》2001 年第 1 期总第 22 卷,第 48 页。
② 严耀中:《汉传密教》,学林出版社,1999 年,第 59—60 页。
③ 王理孚修,刘绍宽纂:《民国平阳县志》卷四六《神教志》二"佛教"条,《中国地方志集成·浙江府县志辑》62,第 466—467 页。

宋代以降将明教与民间多种宗教混同的看法相类。

通过对历代明教史料的梳理及剖析,我们可以明确:明教是摩尼教的汉译名,最早用来自称。这个译名形式上参考了儒释道命名上的双音字结构,采用了一个直接反映教义的字"明",因此是一个形、音、义皆佳的教名。在摩尼教僧面向汉人传教的语境里,他们甚少采用"摩尼教"这一称呼,汉文史料中的"摩尼教"一词,多数是在指称胡人宗教的情况下使用的。这一名称五代已传至福建泉州(清源郡),主要在宋代广为传播。

第二节　东南沿海的明教会与明教门

虽然唐代已有"明教"之称,汉文摩尼教文书的存在也显示唐代有汉人摩尼教信徒,[1]但会昌禁断使其寺院停废、教徒四散,有规模的组织到宋代才重新形成。用来称谓摩尼教教团组织的"明教会"一词首见于《佛祖统纪》所引《夷坚志》:

> 尝考《夷坚志》云:吃菜事魔,三山尤炽。为首者紫帽宽衫,妇人黑冠白服,称为明教会。[2]

这一团体中有为首者,有妇人,足证教徒达到一定数量。但明教会一词也只出现这一次,其他史料未曾提及。另一条有线索的记述是陆游《老学庵笔记》"至有士人、宗子辈,众中自言:今日赴明教斋",

---

① 汉文摩尼教残片的情况请详见:Thomas Thilo, 'Einige Bemerkungen zu zwei chinesisch-manchäischen Textfragmenten der Berliner Turfan-Sammlung'. In H. Klengel und W. Sundermann ed., *Agypten-Vorderasien-Turfan*, Berlin 1991, S.161–170。王丁:《柏林吐鲁番特藏中的一件汉文摩尼教文书》,《京都大学 21 世纪 COEプログラム特别讲演会"唐代研究のために"报告书》,京都大学人文科学研究所,2005 年,第 1—19 页,后收入高田时雄主编《唐代宗教文化与制度》,京都大学人文科学研究所,2007 年,第 41—65 页。王媛媛:《新出汉文〈下部赞〉残片与高昌回鹘的汉人摩尼教团》,《西域研究》2005 年第 2 期,第 51—57、117 页。张广达:《唐代汉译摩尼教残卷——心王、相、三常、四处、种子等语词试释》,《文本、图像与文化流传》,第 303—312 页。
② 志磐:《佛祖统纪》卷四九,《大正藏》第 49 册,第 431 页。

王国维引用此条录为"今日赴明教会"，①所用版本原文有异或是误录，或是错印，但用来指称明教集会的词除了明教会就是明教斋。如果两词所指相同的话，就可以理解为斋会。宋代民间香会经社普遍，明教也有诵习明教经的斋会。宣和二年（1120）温州明教的教会组织已初现雏形，只是未见"明教会"之说法而只见"斋堂"：

> 臣僚言：一，温州等处狂悖之人自称明教，号为行者。今来明教行者，各于所居乡村建立屋宇，号为斋堂。如温州共有四十余处，并是私建无名额佛堂。每年正月内取历中密日，聚集侍者、听者、姑婆、斋姊等人，建设道场，鼓扇愚民，男女夜聚晓散。二，明教之人所念经文及绘画佛像，号曰《讫思经》《证明经》《太子下生经》《父母经》《图经》《文缘经》《七时偈》《日光偈》《月光偈》《平文策》《汉赞策》《证明赞》《广大忏》《妙水佛帧》《先意佛帧》《夷数佛帧》《善恶帧》《太子帧》《四天王帧》。②

斋堂就是"明教斋"，而温州有40余处，数量可谓惊人。森安孝夫考证"斋堂"即摩尼教回鹘文文献中的 čaidan。所建斋堂分布在各乡村，虽然佛堂无名额但是有绘画佛像。宋太宗至道年间（995—997），就有闽人在京城购得佛像，从"瑞相遂传闽中"一语看，此佛像应该是绘画佛像而非塑像，且摩尼教在庇麻节时就是悬挂摩尼像进行纪念仪式的。所列经及佛像一共六大类：经、偈、策、赞、忏及佛帧（绘画佛像），③其中有一些经有配套的佛像。经名在摩尼教经典和史料中都有迹可循，为摩尼教经典没有疑问，富安敦逐一作解，④此处不赘。需注意的是，霞浦的摩尼教文献增加了几条线索。霞浦文书中有一部《贞明经》，贞明是霞浦摩尼教文献中的核心概念之一，既有"贞明大帝"，又有"贞明法院"，在《天王赞》中有"贞明及惠明，

---

① 王国维：《摩尼教流行中国考》，《亚洲学术杂志》1921年第2期专著六，第10页。
② 《宋会要辑稿·刑法》二之七九，第6534—6535页。
③ 关于摩尼教画像，请参见古乐慈著、王媛媛译《一幅宋代摩尼教〈夷数佛帧〉》，《艺术史研究》第十辑，中山大学出版社，2008年，第139—189页。
④ Antonino Forte, 'Deux études sur le Manichéisme chinois', T'oung Pao, 1973, 59（1/5）, pp. 239‐251.

舍我诸愆咎",虽然霞浦文书显示贞明有可能源于道教的"九天贞明大圣",但从其在神谱中的位置来看,贞明对应的是摩尼教某尊神。摩尼教以往就借用佛教的佛名来说明其教内神祇,借用道教神名来对应也属自然之事。贞明很可能和上列经典中的《证明经》和《证明赞》有联系。霞浦文书《摩尼光佛》中有一节"下生赞",所说就是太子下生之事,提供了《太子下生经》《太子帧》具体内容的线索。霞浦《摩尼光佛》有"众唱登日宫、登月宫"内容,与《下部赞》的"此偈赞日光讫未后结愿用之"一样,可通过这些内容推想《日光偈》《月光偈》的大致面貌。另外,霞浦文书中多次提及四天王,马小鹤对此有深入研究,①《四天王帧》即是四天王的画像。以上所列经典包含了摩尼教创世说、摩尼生平、摩尼教主要神祇及忏悔、七时礼等修行方式,这些内容基本覆盖了摩尼教的基本教义教理,无疑是明教徒聚集在一起修习的主要内容。

多条史料显示,明教信徒有明显的外部特征:衣尚白。唐代史料始提及摩尼教徒皆着白衣,宋代官府对吃菜事魔的判定也包含这一特征。刘铭恕对摩尼教的白衣白冠由来作过一番考证,他认为是效仿有尚白传统的回鹘,所谓"衣冠素缟"。② 但需注意的是,称白衣者未必就是摩尼教。洪迈《夷坚志》有一则"蒋二白衣社":

> 鄱阳少年稍有慧性者,好相结诵经持忏,做僧家事业,率十人为一社。……多着皂衫,乃名为白衣会。③

白衣会、白衣社者不一定是摩尼教,况且名义上是白衣,实际穿的衣服却是皂色,刘铭恕说是"和尚的皂色衣服",④与白衣相去甚远。

① 马小鹤:《摩尼教四天王考——福建霞浦文书研究》,《丝瓷之路——中国古代中外关系史研究 III》,商务印书馆,2013 年,第 99—118 页;收入氏著《霞浦文书研究》,第 101—122 页。

② 刘铭恕:《有关摩尼教的两个问题》,《世界宗教研究》1994 年第 3 期,第 134—135 页;氏著《刘铭恕考古文集》(上),河南人民出版社,2013 年,第 647—648 页。

③ 洪迈撰,何卓点校:《夷坚志·三志壬》卷六"蒋二白衣社",中华书局,1981 年,第 1512 页。

④ 刘铭恕:《〈陈垣学术论文集〉第一集读后》,《刘铭恕考古文集》(上),第 661 页。

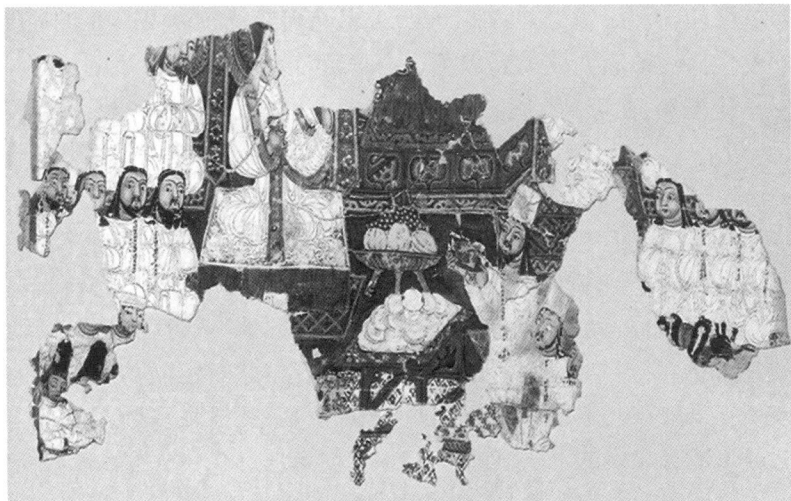

图 1 - 1　吐鲁番摩尼教细密画 MIK III4947

至于白冠,《佛祖统纪》引《夷坚志》文段里的"紫帽""黑冠"颜色皆深,陆游也说是"白衣乌帽",似乎与摩尼教徒一贯的白冠不相符。有一出自吐鲁番的摩尼教细密画 MIK III4947,画面上是教徒聚集到一起纪念摩尼之死(即庇麻节)的场景。其中可见白冠居多,黑冠较少,但不仅是颜色有别,冠的式样也不尽相同。图中左下角有两名黑冠白服信徒,右下角仅见黑冠。从人物大小及相对位置看,由上往下似乎代表教阶由高至低,画面中心的人物最高大,无疑是教阶较高者,而黑冠者地位低于白冠。又摩尼教僧侣不许剃发剃须,①草庵的摩尼有两条长须,可能是这一戒规的形象化表现。画像中有人物蓄须,有的则无,或可据此判断教徒性别。按照画面呈现的等级,紫帽、黑冠、乌帽可能是明教中教阶低者所戴冠式。又《摩尼教法仪略》的五级仪规定:"右阿罗缓已上,并素冠服;唯耨沙嗲一位,仍听旧服。"摩尼教内有五种教阶,耨沙嗲是最低的一种,这就是听者,即

---

① 森安孝夫:《ウイクル゠マニ教史の研究》,《大阪大学文学部纪要》第 31、32 卷合并号,大阪大学文学部,1991 年,第 73—75 页 58b。森安孝夫撰,白玉冬译:《黄文弼发现的〈摩尼教寺院经营令规文书〉》,《黄文弼所获西域文献论集》,科学出版社,2013 年,第 159 页。

在家信徒,因此无需"素冠服"。另外考虑到摩尼教会内原本并不存在女性高级神职人员,①所以黑冠白服的妇人可能只是平信徒。

1979年,在泉州草庵前20米处发掘出数十块黑釉碗残片,其中较完整的一块存有刻铭"明教会"三字,这是明教会存在过的实物证据。一起发现的还有60多块残片,其中13块分别刻有"明""教""会"字样,与上述碗内字形相同;另有其他残片刻有"宝""丰"等字,字体相近。其后文管会在晋江多处古窑址进行查访,1982年、1983年在大树威窑址发现了一块有"明"字字样的残片和拟"明"字字形的残片,两残片釉色、字形均与草庵发现的一样,学者据此断定"明教会"碗的烧制年下限在北宋政和年间(1111—1118)。此发现表明该教在宋代已形成有规模的宗教组织,其中一个固定地点在今草庵一带。

学者普遍认为明教会碗是一种统一的食具。② 通常定烧的瓷器多见在圈足、器物外侧刻字,在碗内刻画的情况较少。不过同在磁灶镇的宋元古窑土尾庵窑也发现了刻画方式相同、器形相近的黑釉碗残片。这些残片内刻有"济""庵""庙"等字样,③据推测其碗口径约15 cm,比明教会碗略小,文管会认为是茶碗。这就向我们提出一个问题:"明教会"碗是作为食器还是饮器使用的? 同时,刻有"庵"字样的残片上隐约可见其他字,排列方式和"明教会"碗相似,这说明当时有定烧寺庙庵观瓷器之风。历来出土的瓷器中,有不少是信徒为供奉寺庙定烧的,其中有法器、日用器皿,因此不排除成批的"明教会"碗是功德主捐资烧制的。那么,一个标示教会组织名称的器皿,而且刻铭特意置于显眼的碗内,说明不仅仅是标注器皿的所存者(或完全不是为标注所存者),而很可能是作为一种法器特地刻之,用于宗教仪式活动。

按志磐、陆游的记述,明教会不止于泉州存在,整个闽地都是其分布

---

① 森安孝夫撰,白玉冬译:《黄文弼发现的〈摩尼教寺院经营令规文书〉》,《黄文弼所获西域文献论集》,第150页。

② 黄世春:《福建晋江草庵发现"明教会"黑釉碗》,《海交史研究》1985年第1期,第73页。

③ 何振良、林德民编著,叶文程审校:《磁灶陶瓷》,厦门大学出版社,2005年,第110—111页。

区域。80年代连立昌就在邻近福州的霞浦的族谱材料中发现"明教门"：

> 天圣五年(1037)丁卯,公年二十五,乃弃俗入明教门,斋戒严肃,历二十有二年,功行乃成。[①]

上述材料出自《霞浦县盖竹村林氏族谱》,霞浦当地有多本据称是林瞪所传的包含摩尼教内容的科仪文献,其中就有一部《明门初传请本师》,连同这一本在内的多本摩尼教文献表明存在一个组织——明门。在一部题"陈道兴记"的文献中,首页标明"佛事文检",内容是进行法事时恭请神明的祷词,所请神明多达五六十尊,来源于道教、佛教及民间信仰。该文检的目录相当于一份佛名录,其中"明门"一派赫然在列,目录是这样介绍的：

> 明门教主宫(圆明宝阙)：大圣明门教主太上摩尼光佛。

与此条目相应的内容是：

> 明门。大圣明门教主太上摩尼光佛,莲座下,恭望佛慈,允俞奏请,光降道场,证明修奉,仍乞颁请明门会上一切圣贤,咸赐遥观,同垂纳恩,俾善功克就,斋主蒙恩。

这里引起我们注意的一是"明门教主",一是"明门会上一切圣贤"。明门教主是一个他称,说明该佛事文检不是明门中人使用的,且有一个教派称"明门"。所谓"明门会上",应指明门的法会。林瞪"入明教门"是在天圣五年(1027),修成正果是22年后即1049年,这远远早于"明教会"碗的烧制时间及《佛祖统纪》的成书时间。明门是另一个与明教会相同的教团组织之名,还是一个与明教相当的教名,又或是两者兼有之,这些都需要搜集大量材料再进一步探讨。从中国传统来看,门是教的别称,比如佛教、佛门,但使用"门"这个字,是为了凸显一种教化的意义,有一种门派的概念。因此我们可以说"明门"与"明教"相比,宗教的性质相对弱化,这是一个更为低调的名称,有利于减少传播过程中的阻力。另外,林瞪与明门等摩

---

① 霞浦柏洋乡上万村同治十一年(1872)《济南郡林氏宗谱》,此条材料连立昌最先发现。

尼教文献的关系还是个疑问,除了林氏族谱的记载证明他与明教有关外,其他材料都显示他更像是一位道教真君。族谱称他"血食于乡,祈祷响应",这说的是乡民以太牢等传统祭礼供奉林瞪,以此获得庇佑。陆游曾说明教"以祭祖考为引鬼,永绝血食",摩尼教的教义决定了杀牲这种祭祀方式是不当的。粘良图调查晋江苏内村的境主宫就提到一个事实,村民说摩尼光佛是菜佛,只能以香菇等素菜上供。① 这与摩尼教教义教理相符,林瞪的受封、享祀则都与摩尼教相背离。当然,这些记载只说明后人的看法,毕竟历史上有过托道教以掩盖摩尼教属性的情况。

以上材料证明草庵"明教会"、霞浦"明门"的存在,它们之间的直接联系是由粘良图揭明的。草庵至今传用一套共85签的签诗,粘良图搜集到了三个版本,其中晋江东石的蔡景丰所提供的版本错讹最少,遂录其文。粘良图在整理签文内容时发现,如果按顺序将签诗首句第一个字(有时包括第二、三字)逐签连缀起来,就形成了一段看似明教赞文的文字。这一推测为后来霞浦文书中的《兴福祖庆诞科》证实。②《兴福祖庆诞科》是庆贺兴福祖林瞪(他曾被封为"兴福真人"③)诞辰的法事活动时所用的科仪书,一共15页,包含若干段音写经文及汉文经文。其中一部分内容与敦煌摩尼教《下部赞》的一些经文完全相同,草庵签诗所连缀起来的文字相同的经文则未见于《下部赞》。通过查检,我们发现霞浦文书中的《摩尼光佛》也有近乎相同的段落:

清新喜庆大欢娱,愿从无上明尊降。加彼天仙善神辈,在此殿堂居住者。勤加跃踊相冥卫,一切灾祸永消除。内外安宁无障碍,广见欢荣新庆乐。(行128—132)

敬礼及称赞,勇健诸明使。助善尊神辈,护持正护法者。土地诸灵相,加勤相保护。护法威灵相,加勤相保护。(行137—139)

---

① 粘良图:《晋江草庵研究》,厦门大学出版社,2008年,第85页。
② 粘良图:《晋江草庵研究》(增订本),厦门大学出版社,2017年,第112—113页。
③ 殷之辂修,朱梅等纂:《万历福宁州志》卷十五《仙梵》,《日本藏中国罕见地方志丛刊》,书目文献出版社,1990年,第403页上。

上述文段位于《天王赞》一节,中间夹杂一段音写文字。据摩尼教经典特点,这段文字一般是其他语言赞文的音写。以上三个出处的文段异文很少,不存在实质性区别。屏南方册《贞明开正奏》也有同样的内容。可以说,这一勘同证实了经文所出同源。它们之间是不是"同源异流"的关系呢?我们知道"摩尼教中人抄写经典,讲究原原本本",①《下部赞》言"其写者,存心勘校,如法装治"。敦煌摩尼教经典及多件吐鲁番出土的汉文摩尼教残片都证实了汉文摩尼教经典有其原本。如果这些赞文是敦煌摩尼教经典所没有的内容,那么这些现存于福建的摩尼教经文的来源就非常值得研究了。

第三节　浮图之宇——明教的神圣空间

唐代的摩尼教借回鹘之势在江淮诸州置大云光明寺。② 会昌三年(843),江淮诸寺权停,此后摩尼寺的情形如何我们一无所知。直到20世纪30年代福建、浙江两地摩尼教遗迹的发现,始见摩尼寺院的冰山一角。廉亚明曾一一走访这些摩尼教遗迹,所撰《中国东南摩尼教的踪迹》一文列出了9个曾有过摩尼教活动的地名及现况,还有山东两处存疑的摩尼教遗迹。③ 下文我们将就其中有寺名、有建寺记载的4座摩尼寺进行探讨。

崇寿宫,位于今天的浙江慈溪市观海卫镇东罗村。据廉亚明调查,其寺已毁,旧址上建造了新房。《崇寿宫记》为黄震所撰,收在其文集《黄氏日钞》,这条材料最早由胡适发现。据说宋碑《崇寿宫记》已被砸毁填河埠。④ 另外《慈庆四明志》《慈溪县志》也有崇寿宫的记载。

① 茨默、王丁:《从吐鲁番考古到吐鲁番考证》,《吐鲁番学研究》2008年第1期,第130—131页。
② 参见:王媛媛:《从大云寺到大云光明寺——对中原摩尼寺额的考察》,《文史》2005年第4辑(总73辑),第199—210页;氏著《从波斯到中国:摩尼教在中亚和中国的传播》,中华书局,2012年,第161—167页。
③ 廉亚明:《中国东南摩尼教的踪迹》,《海交史研究》2000年第2期,第71—77页。
④ 陆永生:《崇寿宫与黄震〈崇寿宫记〉》,慈溪市方志办公室编:《慈溪旧闻》,浙江古籍出版社,2009年,第419—420页。

崇寿宫的建造时间约在黄震记述此事的 300 年前,即 964 年前后,一直以道院之名奉摩尼香火。嘉定四年(1211)张悟真建三清殿,其后张希声重修崇寿宫。张希声与黄震通信的主旨、黄震为之作记的缘由都说明了其时明教借儒者之说、释氏之言、道经之言来强调明教的正统。

崇寿宫有一位冲素太师陈立正,霞浦的林瞪也号立正,相同的法名可能只是一种巧合。另有一巧合之处,草庵前现仍有两株充满古意的桧树,这一景象早已为学者注意:"草庵之南有废寺址一处,废址之前有古桧二株,大约二人合围,老态龙钟,一竖一倒,吴文良《泉州宗教石刻》云相传为唐时所植。"[①]被认为是霞浦明门之寺院的上万村乐山堂遗址,也立着一株数百上千龄的桧树。记载明教寺院的《竹西楼记》也提到"楼之东植竹,其木多松楮桧柏",说明桧树可能是摩尼教徒喜爱的植物之一。

选真寺,位于浙江苍南县括山乡下汤村彭家山山麓,寺不存,仅存碑刻《选真寺记》,碑刻上的纪年为至正十一年(1351)二月十五日。该碑刻是林顺道依据《平阳县志》的记载在田野调查中发现的。碑文的释读及阐析方面,林顺道、林悟殊、周梦江、金柏东都进行了详细探讨,[②]所录碑文不完全一致。需强调的是,元代的明教寺在其寺名上不避其明教属性。选真寺一名与摩尼教中的"选民"一称取法相近。根据孔克表所撰碑文,选真寺为彭如山之祖所建。有一条值得注意的线索,1919 年重修的《彭氏宗谱》中记载彭氏先祖彭信于后晋天福五年(940)从长溪县赤岸(今福建霞浦县城东)迁到苍南。我们不是强调霞浦的明教有何特殊地位,而是要借此说明与此相关的明教传播线路。方勺说吃菜事魔盛行,包括明教在内,其"始自福

---

① 庄为玑:《泉州摩尼教初探》,《世界宗教研究》1983 年第 3 期,第 77—82 页。
② 林顺道:《苍南元明时代摩尼教及其遗迹》,《世界宗教研究》1989 年第 4 期,第 107—111 页;《摩尼教〈选真寺记〉元碑》,《中国文物报》第 30 期,1997 年 7 月 27 日第 3 版;周梦江:《从苍南摩尼寺的发现谈温州摩尼教》,《海交史研究》1990 年第 2 期,第 75—79 页;林悟殊:《宋元温州选真寺摩尼教属性再辨析》,《中华文史论丛》2006 年第 4 期,第 265—288 页;金柏东:《元〈选真寺记〉考略》,《东方博物》2005 年第 2 期,第 19—21 页,后收入金柏东主编《温州文物论集》,浙江人民出版社,2009 年,第 149—152 页。

建流至温州,遂及二浙"。① 唐季五代发生过一次闽东移民入温,很有可能明教的传播是由人口迁移带动的。② 这背后的社会历史背景与宗教传播的关系十分值得关注。另外,陈高文集中收有一篇《处士彭公墓志铭》,墓主正是彭仁翁,字如山。墓志铭中也提及"其先自闽迁温之平阳金舟乡",并说彭如山"曾大父弘,大父旦,父直道",他们应与选真寺的创建有直接联系。不过,除了赞颂彭公治家有道、乐善好施以外,墓志铭却没有提及他重修选真寺之事。据《竹西楼记》,陈高与明教徒有往来,与撰写此碑的孔克表亦为友人,曾诗《送孔子充赴戊子会试》《送孔正夫赴会试》两首为孔克表赴试送行。③ 陈高所结交者如何岳,既到过潜光院,也与彭如山相识,墓志铭里不提明教,或是陈高之曲笔。

潜光院,大概在今天浙江苍南县的炎亭镇,寺不存。最早是刘铭恕注意到陈高所撰《竹西楼记》。④ 按陈高所述,潜光院的建造时间在至正十一年(1351)七月之前。陈高撰写《竹西楼记》的时间与《选真寺记》碑的篆刻在同一年,考虑到至正年间温州也里可温寺的数量不小,明教与秦教关系也紧密,可以推测其时温州有两座以上的明教寺。

草庵,位于福建泉州晋江市苏内村华表山山麓,寺今仍存。1923 年,陈垣与伯希和分别检出《闽书》中的华表山草庵材料。这条材料提供了草庵地址的线索,借助地方志的记载,多位学者在泉州当地几番搜寻无果。最终于 1954 年,吴文良等多位学者发现并确认了世界唯一仅存的摩尼教遗迹——草庵。⑤ 另有 20 世纪 80 年代发现的晋江蔡永兼所著《西山杂志》中的"草庵寺"一条也提及草庵的建造。草庵的主殿有一座"摩尼光佛"雕像,像的左上角有题记曰:

① 方勺撰,许沛藻、杨立扬点校:《泊宅编》卷五,第 30—31 页。
② 林顺道:《摩尼教传入温州考》,《世界宗教研究》2007 年第 1 期,第 125—137 页;收入氏著《方志资料审核论稿》,方志出版社,2007 年,第 179—181 页。
③ 陈高:《不系舟渔集》卷七《七言律诗》,《元人文集珍本丛刊》,(台北)新文丰出版公司,1985 年,第 355、360 页。
④ 刘铭恕:《泉州石刻三跋》,《考古通讯》1958 年第 6 期,第 60—62 页。
⑤ 庄为玑:《谈最近发现的泉州中外交通的史迹》,《考古通讯》1956 年第 3 期,第 43—48 页。

　　谢店市信士陈真泽立寺,喜舍本师圣像,祈荐考妣早生佛地者。至元五年戌月①四日记。②

"喜舍本师圣像"一句不好理解,因为草庵的摩尼光佛像是依天然岩石凿刻的,非可搬动迁移之塑像,"舍"一字可能是强调供养之意。摩尼光佛右上角又有题记"兴化路罗山境姚兴祖奉舍石室一完"。按,兴化路罗山境在莆田境内。1988年,陈长城正是在莆田的涵江发现了明教的八字偈颂,③其碑早年竖立在荒冢荆棘遍布的坡地上,发现时已残,碑上刻有"大力智慧摩尼光佛"八字和可辨认的"明""真"字的残迹。1990年又发现一块残碑,断口正与1988年那块残碑一致,两碑拼合起来则为:

　　　[清]净光明大力智慧
　　　　[至]真摩尼光佛
　　　　□□都转运盐使上里场
司令许爵乐立

碑刻无确切纪年,陈长城根据"都转运盐使上里场司令"一职推定碑约刻于元延祐二年至明洪武二年间(1315—1369)。1991年,文史界人士在莆田县北高镇后积村万灵庙也发现一块断碑(图1-2),可大致识别出:

图1-2　莆田北高镇后积村明教偈颂碑刻

---

① "戌月"一词,森安孝夫认为可能是"戒月"[Moriyasu Takao,'On the Uigur čxšapt ay and the Spreading of Manichaeism into South China'. In: R. E. Emmerick et al. (eds.), *Studia Manichaica. IV. Internationaler Kongreß zum Manichäismus*, *Berlin*, *14.-18. Juli 1997*, Berlin: Akademie-Verlag, 2000, p. 431.],从摩尼教斋戒之教规而来,新出霞浦文书《四寂赞》中有"戒月结"一语,或为一佐证。

② 此据吴文良著、吴幼雄增订《泉州宗教石刻》,科学出版社,2005年,第441—444页。另承粘良图先生见告,2007年晋江博物馆请师傅重新传拓,所得录文有所不同。

③ 陈长城:《莆田涵江发现摩尼教碑刻》,《海交史研究》1988年第2期,第117—118页。

[光]明大力智慧
]真摩尼光佛

虽然碑是可移动的,但莆田的两次发现及草庵题记,说明摩尼教也流行于莆田一带。有意思的是,观察碑上偈颂,"明"字与"真"字对应,目前我们暂不得知霞浦文书中的"贞明"及《贞明经》何所指,不过"贞"通"真",如果说"贞明"即寓意"无上至真"的摩尼佛似可通。摩尼光佛若与"九天贞明大圣"一神相融合,在雷法盛行的闽浙一带,不失为扩大明教影响力的又一地方化策略。

2008 年,吴春明等人根据村民提供的线索在霞浦盐田畲族乡北洋村的公路边找到了一座飞路塔,塔前左右两侧共刻有 8 个字,后有 27 个字为落款及纪年(图 1－3):

图 1－3 霞浦盐田畲族乡北洋村明教偈颂石刻

清净光明
大力智慧
时洪武甲寅年太岁一阳月吉旦立
东峰兴□山人秋圖宗玄慕款造

该铭文为八字偈颂,而非十六字偈颂。洪武甲寅年为 1374 年,纪年上远比正统乙丑年(1444)所刻的草庵偈颂要早。草庵摩崖石刻已被凿毁,以下录文据吴文良昔年照片:

劝　念
清净光明
大力智慧
无上至真
摩尼光佛
正统乙丑九月十三日住山弟子明书立

林悟殊对草庵偈颂作过比较细致的讨论，①此不赘言。值得注意的是署名的"住山弟子"的法号：明书。"明"字无疑指向明教。这令我们想起《下部赞》题记中的"道明"："但道明所翻译者，一依梵本。"还需注意的是，以上偈颂中仅草庵在偈颂前刻有"劝念"二字，"念"字颇有深意。另外，学者在识别莆田碑刻的时候，根据草庵的十六字偈颂判定莆田两碑为残碑。其实，莆田两碑刻的现存十字偈颂从语义、语法上来说也是通的，并且莆田的碑刻有可能早于草庵偈颂石刻，因此不应以草庵偈颂为依据判断其他地方的偈颂是否完整。另外，碑刻偈颂这一形式本身，是否就是明教传播的一个重要手段，也值得探讨。在这四处偈颂发现之前，没有任何实物显示摩尼教有这样的传统，将核心教义镌刻于金石上，这可以说是一种相当汉化的做法。

除以上四座摩尼教寺院，还有一处疑为摩尼教寺院遗址的"乐山堂"。乐山堂坐标：N27°05′586″、E119°54′494″，海拔585米，坐东向西，确定其为遗址的根据详见本书绪论第三节，柏洋乡神洋村壬申年(1932)纂修的《富春孙氏族谱》：

> 宋太祖乾德四年(966)丙寅肇创本堂，买置基址而始兴焉，诚为本堂一代开山之师祖也。本堂初名龙首寺，元时改乐山堂，在上万，今俗盖竹堂。

如果乐山堂确为摩尼教寺院，那么就将是现存最早的摩尼教遗址了。关于元代所改"乐山堂"一名，有学者认为这是"光明堂"的隐语，②但缺乏证据，因而只能是一种猜想。上述两座元代明教寺院，其中潜光院之主石心上人之师曰"德山"，重修选真寺者彭仁翁字"如山"，霞浦乐山堂的改名是否与此有关值得探讨。

不过，我们要重点讨论的是以上四座明教寺院的管理模式，可资比较的是一件回鹘摩尼教寺院文书K7709，文书及研究情况请参

---

① 林悟殊：《福建明教石刻十六字偈考释》，氏著《中古三夷教辨证》，第5—32页。

② 杨富学：《〈乐山堂神记〉与福建摩尼教——霞浦与敦煌吐鲁番等摩尼教文献的比较研究》，《文史》2011年第4辑，第161页。

见第二章第一节。摩尼教教徒禁止从事农业、商业,生活必需品只能依赖俗家信众布施,寺院的经营等世俗事务也只能由听者负责,回鹘寺院文书充分体现了这一点。而从汉文明教寺院的记载中,我们也发现这一教规得以实行。《崇寿宫记》说"日惟一食,斋居不出户",虽然未及供养人情况,但明教徒这样的生活方式无疑是不能自给的,每日一餐的食物显然来源于外部。《竹西楼记》曰:"有田数百亩,二十余家居之,耕焉以给食,有潜光院在焉。"这一说法与回鹘文书中寺院有一座葡萄园的情况十分相近。虽然不能确定百亩田是否属潜光院寺产,但明教徒是不耕作的,因为农作会破坏土地中的光明分子,其粮食只能来源于二十余户农家。《选真寺记》:"又割田如千亩,赋其金,用供祀飨,而委其□□寺之他费焉。"则不仅选真寺出租田地用于维持寺院经济,还委托其他寺院管理账目? 草庵没有这方面的记录,但是其摩尼光佛像、寺院的建造都是信士供奉的。这些记录说明,明教不改原始摩尼教教规,在中国仍然保持一贯的修行方式。践行这一修行方式的前提是在家信徒(听者)须具备一定的财力。这一点陈垣已论及,他说:"摩尼教对于教徒经济,十分注意,故入其教者类多裕足。"①明教徒中不乏富人,这一传教策略也可由其他史料证实。廖刚曾批评事魔之人取人财物:

> 犯罪则人出千钱或五百行赇,死则人执柴烧变,不用棺椁衣衾,无复丧葬祭祀之事。……臣闻传习事魔为首之人,盖有所利而为之,诳惑愚民,怵以祸福,而取其财物,谓之教化,此最不可恕者。②

以上所述"事魔"者未必就是摩尼教徒,但料想明教情形相差无几,比如家中藏有《二宗三际经》的李氏"富而愿",且入狱后"赂钱五十万"给狱中小吏。③ 温州大明教"造饰殿堂甚侈,民之无业者咸归之",明教信徒财力雄厚可建造华丽寺院,且选址清幽,这并非穷苦互助、无肉可吃的人群可及。摩尼教传教,一向走的是"上层路线",

① 陈垣:《摩尼教入中国考》,《陈垣学术论文集》第一集,第 372 页。
② 廖刚撰:《乞禁妖教札子》,《高峰文集》卷二,《景印文渊阁四库全书·集部·别集类》,第 1142 册第 332 页下。
③ 洪适撰:《盘洲文集》卷七四,线装书局,2004 年,第 485 页上。

首先从一国一朝的最高统治者着手,但到宋代,明教不仅没有统治者支持,还一度受制于官府的"吃菜事魔"法条。那么哪些人能接受明教教义并支持其宗教活动就成为十分关键的事情了。

摩尼教传入中国后,儒、释、道中人甚少关注摩尼教教义,宋代明教还被列入吃菜事魔之类,并卷入了方腊起义、吕师囊等农民起义活动中。摩尼教的这一经历与道教近似。许理和在论述道教时曾说:"如果把道教看作通俗的运动,使之与有教养的上层社会的生活、宗教信仰和哲学相脱离,甚或与之对立,将是相当错误的。不应以道教的副产品(声势浩大的农民起义军)来评判。"另外,上述寺院的运转模式与摩尼教历来的寺院规制都表明这一宗教难以向底层群众传教,这一点与早期道教极为相近:"严格奉行支配道教内部生活的复杂戒规,服食相当昂贵的药物,并经常参与相当铺张的斋戒和净化仪式。这类活动正如教外的人所指出的,只能局限在那些既有闲有钱的少数幸运的阶层里,只有他们才可能实践道教所要求的生活方式。"①这话同样适用于明教,摩尼教与道教的关系远胜于其与儒、释的关系,不仅二宗与阴阳之说有暗合之处,老子化摩尼一说也曾为两教中人欣然接受,史料中尚未见摩尼教与道教之间的直接冲突。这种关系实为摩尼教融入汉地文化尤其是民间宗教生活带来了有利影响。

小结

明教、明尊教、明教会、明教门、明门都属于摩尼教称谓。摩尼教在唐代会昌禁断后仍进行传教,采用地道汉文词语是摩尼教法师译经工作中用力甚多的一个部分,这一努力大大推动了摩尼教在中国的发展。有学者曾认为摩尼教是"隐晦本教正名而改称明教",②这种说法颇与志磐之言论相近,志磐说:"今之魔党,仍会昌配流之后,故不名火祆;仍贞明诛斩之余,故不称末尼。"事实上,我们认为

①　许理和著,李四龙、裴勇译:《佛教征服中国》,江苏人民出版社,2005 年,第374—375 页。
②　林悟殊:《摩尼教华名辨异》,马西沙主编:《当代中国宗教研究精选丛书·民间宗教卷》,民族出版社,2008 年,第 41 页。

"摩尼教""明教"都是本有的称谓,不存在隐晦与否之别,而在于面对的传教对象有别。以"明"为中心构词而产生的诸多名相是摩尼教在汉地传教的特征之一,在敦煌摩尼教经典中就有多个这样的名相,如"明师""明宫"和"明群"。

那么明教有何主要特点或者说传播策略呢? 一是积极向儒、释、道三家靠拢。摩尼教从一开始就从多种宗教经典中汲取精华形成自己的大智慧。这一做法到了中国仍未改变,"为了自身教义的普及,主动向佛教格义",①即借用佛教术语特别是唯识论术语和表达方式译经;争取将其经典入《道藏》,采用"老子化摩尼说",强调摩尼教与道教渊源;说其教徒原是"素儒家子,幼诵六艺百家之书,趣淡泊而习高尚",后来"学明教之学"(陈高《竹西楼记》)。总之,以三教的标准检视自身,与许多宗教通过排他来树立正统相反,摩尼教通过建立与三教的联系而获得认同继而立足。这一策略成效并不显著,但至少获得了一些儒士的认同,宋末大儒黄震的文集中就留下了他与摩尼寺住持的通信记录。虽然佛教徒如同基督教徒一样对摩尼教进行猛烈的批评,但是明教在壮大中悄然转型,获得了民众的接纳。

二是教团组织的成形。宋代民间流行经社斋会,明教的主要宗教活动即念诵经文与持斋,高昌摩尼教团内部的通信提到教徒反复朗读和咏唱教规、赞美诗,这种传统正与当时的民间结社的发展模式不谋而合,因此明教发展出了规模不小的教徒组织,并建立了明教寺院。另外从闽地的史料来看,在闽地的明教会及明教门展现了"善魔法"的面向,这十分有利于它融入有尚巫传统的闽地宗教生活。

三是对摩尼教核心教义的概括。清净、光明、大力、智慧是"大明尊"的四个特性,清净是其神格,光明是神性,大力体现大明尊的威力,智慧则表现"大明尊"拯救灵魂的作用,这样重要的词汇在中国传播时被凝练成了八字偈颂。从闽地的四处偈颂石刻来看,这更

① 张广达:《唐代汉译摩尼教残卷——心王、相、三常、四处、种子等语词试释》,《文本、图像与文化流传》,第321—322页。

近乎口号。因此保障了明教在适应中国文化的同时仍然保持其自身的独特性和统一性。沙畹、伯希和说:"其教在闽浙诸地,虽具有佛道二教之外表,然尚不失为摩尼教,二宗三际,仍未变也。故至十四世纪,或此时之后,当其教西亚之信徒绝响已久之时,而中国之扬子江流域及三山一带,尚有信徒高颂明使摩尼不已也。"①明教看似隐没在主流人士的视线外,但其流行远远超过后人的想象,泉州的摩尼教遗存、霞浦文书中的摩尼教文献就呈现了这样一种事实。

① 沙畹、伯希和著,冯承钧译:《摩尼教流行中国考》,第85页。

第二章　华夷之间的摩尼教

从第一章我们可以清楚地看到,摩尼教成功地在民间社会中立足,并且在经济发达、文化包容的闽地形成了有规模的教团组织。但是从中国的传统来看,儒、释、道三教一直是一个稳固的体系,进一步说,在以儒家思想为统治思想的情况下,佛教、道教的力量尚有此消彼长、互相制约的局面。那么摩尼教这样一种在中国根基并不深的外来宗教,几乎不会被允许发展成一股独立的、有影响力的势力。因此,在统治集团及国家利益的考量中,摩尼教毫不意外地与多种民间宗教一起被视为一种异端或邪教。

荷兰汉学家高延(J. M. De Groot)认为,中国政府对待宗教持一种"双重"政策,一方面是不曾间断的宗教迫害,另一方面是宗教从未被彻底地铲除,根本原因在于宗教发挥了稳定、维护社会生活秩序的作用。儒家思想有一套庞大而系统的伦理价值体系,即使在一些学说或仪式中呈现出了宗教性的面向,但儒学本身是不是宗教、是否具备宗教要求的特性这些问题,一直是学界争论的热点之一,此种争论至少就说明,儒学在民众宗教生活中具有很大的局限性。这就必然导致民众自发地寻求或者说自然地接受能够满足他们需求的宗教。"吃菜事魔"一称的出现,事实上标志着摩尼教已经开始了它地方化的进程。我们在诸多官府对这些团体的指控中,看到了它们的结社模式及产生的不可小觑的影响。且明教在这些团体中独树一帜,因此佛教徒志磐引《夷坚志》说"吃菜事魔,三山尤炽",可以看出明教利用官府的"双重政策"巧妙地潜藏于民间社会中,以闽地为中心构建了一个辐射闽浙的传播网络。

另外,当我们探究闽地现今仍传用的摩尼教符咒及祈雨仪式时,发现可一直向上溯源到摩尼教中一直存在的数术小传统。这种小传统无疑成为摩尼教地方化的一个重要手段。在五代明教就自称"善魔法者",以"明教经"驱鬼,后来明教偈颂还成为近世晋江村民辟邪的"摩尼公咒",种种现象说明摩尼教法师借助闽人尚巫的心态进入民众生活。霞浦文书中的"明门"法师及"胡名"祖师则说明地方化已达到形成一种有规模的集体行为的程度,极可能是入闽的呼禄法师传教世系的传承,更可能是摩尼教的地方化进程发展到一定程度时衍生出来的一个新教派。

第一节　摩尼教与"吃菜事魔"

一、何谓吃菜事魔?

中世的宗教史在上层社会是儒、释、道的发展史,在下层社会则是源远流长、扑朔迷离的民间宗教史。宋代是一个宗教走向大众化的阶段,东南沿海宗教生活极其丰富。事实上,我们无法从某一教派经典了解其时的具体情况,因为很多教派在明清之前就已合流、湮灭、踪迹不明。但是正史材料、士人笔记、佛道典籍却有不少对于这些教派的记载,当然经常是作为反面例证留下来的。其中尤引人注意者"吃菜事魔",这是一个以教外人的眼光观察、状述持教者特征的称谓。该称宋代史籍才开始出现,频频用于东南诸州,具体所指学界早有讨论。陈垣曾言"然此等儒道以外之教,教外人每并为一谈",①即认为这是一个总称。竺沙雅章在 1974 年发表《论吃菜事魔》一文,②将宋代有关吃菜事魔的史料搜讨殆尽,澄清这一称呼并不特指某种秘密宗教,其用意在于攻击"邪教",中伤政敌。陈智超

---

① 陈垣:《摩尼教入中国考》(1943 年 10 月校订本),收入《陈垣学术论文集》第一集,第 363—364 页。
② 竺沙雅章:《吃菜事魔について》,《青山博士古稀纪念宋代史论丛》,省心书房,1974 年,第 239—262 页;收入氏著《中国佛教社会史研究》,同朋舍,1982 年,第 199—228 页。汉译本见:袁征摘译:《论"吃菜事魔"》,《世界宗教文化》1988 年 9 月第 3 期,第 24—26 页。李洋主译:《关于吃菜事魔》,刘俊文主编:《日本学者研究中国史论著选译》第七卷,中华书局,1992 年,第 361—385 页。

在 1985 年增加的两条新史料也支持以上看法。①

　　在涉及吃菜事魔的史料里，以《宋会要辑稿·刑法》比重最大，这方面的史料最早经牟润孙在《宋代摩尼教》中全面搜集呈现。②宋天禧三年(1019)始有禁断"白衣师邪法"的条法，其后也有不少禁止妖教传习之令，但并不为官府重视，仅是命有司多加警觉，如有发现者即行禁止或是弃毁刻版石刻等。直到宣和三年(1121)闰五月七日，"吃菜事魔"一词首次出现在尚书上言中，称："自来虽有禁止传习妖教刑赏，既无止绝吃菜事魔之文。"此次上言，首创了一个专门的称谓来指称某些团体及活动，之后便屡屡使用"魔贼""魔法"等词，并有"事魔条法"，其中以绍兴十一年(1141)出台的条文最为正式。宣和三年之上言，自与北宋末年的几次起义关系重大，直到专门条文出台，其间地方也发生过多次小的动乱，可知这一称呼及条法制定，针对的是可能构成威胁的地方势力。所谓"吃菜"，从臣僚奏状看，吃菜者多在州县山谷间，因干旱荒歉所致而素食。至于事魔之辞，则如张守所言："至于事魔之迹，则诡秘难察。以故事未发作，则无非平民。州县虽欲根治，却虑未必得实，别致骚扰生事。"因此对于朝廷而言，吃素并不是他们所担心的，他们忌惮的是用妖教蛊惑百姓"夜聚晓散"之徒，最令他们恐慌的是连军人、秀才、官吏当中都有人食素奉信。宋廷使用的这一专称影响甚远，致使其后史料凡用"菜食者""茹素"等都带有负面含义。清代左宗棠清剿斋教时，说斋教一种即宋时吃菜祀魔邪教。③ 事实上，素食这一行为本身并无过错，在宣和三年以前，刑部要求察觉的是"夜聚晓散、传习妖教及集经社香会之人"，④吃菜者未在其中，其时严格管理的对象是烧香斋会一类的团体。宣和三年后，"吃菜事魔"不仅成为罪行的主要特征，枢密院还称："温台村民多学妖法，号吃菜事魔。"按理不会有

---

①　陈智超：《南宋"吃菜事魔"新史料》，《北京师院学报》1985 年第 4 期，第21、29—31 页。

②　牟润孙：《宋代摩尼教》，《辅仁学志》1938 年第 7 卷第 1、2 期，第125—146 页。

③　同治五年(1866)五月初八日闽浙总督左宗棠奏折，《军机处录副奏折》，中国第一历史档案馆藏。

④　《宋会要辑稿·刑法》二之四八，第 6519 页下。

任何团体自称事魔,但将妖法、邪教径直与之挂钩,枢密院之说开启了凡是须禁断者,皆冠以"吃菜事魔"之名的做法。

《宋会要·刑法》所记吃菜事魔的指向并不明确,但从诸多士人记述来看,实际上存在着几种固定名目,以征引最多的陆游《条对状》为例:

> [绍兴三十二年(1162)]伏缘此色人处处皆有,淮南谓之二禬子,两浙谓之牟尼教,江东谓之四果,江西谓之金刚禅,福建谓之明教揭谛斋之类,名号不一。明教尤甚。

这里提到六种名号,并将地域不同、名号不一的人群视为妖幻邪人,但并未提及吃菜事魔这一称呼。二禬子,早在北宋仁宗至和二年(1055)以前就已存在,赵抃在奏状里说:

> 臣窃闻今日京城中有游惰不逞之辈百姓李清等,私自结集至二三百人,夜聚晓散,以诵佛为名,民间号曰经社。此风既盛,则惑众生事,如昔年金刚禅、二禬子之类,伏乞圣旨指挥,下开封府严行禁断,以杜绝妖妄。[①]

陈垣认为,"二禬"即是《九姓回鹘可汗碑》中的"二祀",[②]从摩尼教的明暗二宗而来,此说多为学者认同。陈高华对此则有所保留,他认为就赵抃上奏一条史料来看,"昔年"已在活动的"金刚禅、二禬子"是一种类似经社的团体,很难与摩尼教等同起来。[③]需要注意的是,仅陆游和赵抃的记载里用"禬"字,[④]在其他材料里该字都写作"会"。在以下三条材料中,二会子都是一种修行术法:

> 臣往在江西,见其所谓食菜事魔者,弥乡亘里,诵经焚香,夜则哄然而来,旦则寂然而亡。其号令之所从出而语言之所从授,则有宗师。宗师之中,有小有大,而又有甚小者。其徒大者或数千人,

① 赵抃撰:《赵清献公文集》卷六,线装书局,2004 年,第 767—768 页。
② 陈垣:《摩尼教入中国考》,《陈垣学术论文集》第一集,第 365 页。
③ 陈高华:《摩尼教与吃菜事魔》,《陈高华文集》,上海辞书出版社,2005 年,第 538 页。
④ 沙畹、伯希和引文作"禬",Éd. Chavannes et P. Pelliot, 'Un traité manichéen retrouvé en Chine', *Journal Asiatique*, 1913, p. 345.

其小者或千人,其甚小者亦数百人。其术则有双修、二会、白佛、金刚禅……①(王质《雪山集》)

至于贪财恋色,男女溷置,修二会子,说金刚禅,皆幻术也。②(俞成《茹蔬说》)

冤我白衣吃菜,龙华三会愿相逢。怎敢学,他家二会。③(张才甫《鹊桥仙》)

根据这几条材料,连立昌认为是陆游误写成“禬”,王质所述为确,“双修二会”即从二会修到三会之意,是源于弥勒净土异端“龙华三会”的教义。④

以上五条材料都不明确涉及摩尼教,仅《李守谦戒事魔十诗》中将之与二宗经并提:

莫念双宗二会经,官中条令至分明。罪流更溢三千里,白佛安能救尔生。生儿只遣事犁锄,有智宜令早读书。莫被胡辉相引诱,此人决脊尚囚拘。蚩蚩妇女太无知,吃菜何须自苦为。⑤

诗中有“胡辉”一词,是否就是指胡人的宗教——明教?这里“双宗”则应该就是摩尼教的二宗经。王见川认为存在“二会经”,可能是“二会子”所念经典。综合以上史料,笔者更倾向于二会子是一种与金刚禅相似的团体这一说法。然而用字上,“禬”字用意明显,《说文解字》“从示,會声,福祭也”,二禬确与摩尼教教义贴合,因此应当区别二禬子与二会子,不宜混为一谈。

----

① 此条引文从陈高华句读,另有他种断句:竺沙雅章“双修二会、白佛、金刚禅”及连立昌“双修二会、白佛金刚禅”之断句。王质撰:《雪山集》卷二《镇盗论二疏》,《宋集珍本丛刊》线装书局,2004年,第556页上。

② 俞成撰:《萤雪丛说》卷二《茹蔬说》,《丛书集成初编》影印《儒学警悟》本,中华书局,1985年,第22页。

③ 洪迈著,何卓点校:《夷坚三志》己卷第七《善谑诗词》,中华书局,1981年,第1352页。

④ 连立昌:《福建秘密社会》,福建人民出版社,1989年,第22—23页。

⑤ 陈耆卿纂:《嘉定赤城志》卷三七《风土门》二,明弘治刻本页20b7—21b7;嘉庆二十三年刻台州丛书页20b7—21b7,明本题为“李守兼戒事魔十诗”,清本题为“李守谦戒事魔十诗”。

多次与二会子一同出现的"金刚禅",据北宋及南宋的两处材料看,应是佛教的一个异端宗派:

青城县弥勒会妖人。弥勒会,北中金刚禅也。(《北梦琐言》卷四)

梁世,兖州有下猛和尚,聚徒说法,檀施云集,时号金刚禅也。(《北梦琐言》卷十二)[1]

近世江浙有事魔吃菜者,云其原出于五斗米而诵《金刚经》,其说皆与今佛者之言异,故或谓之金刚禅,然犹以角字为讳,而不敢道也。(《避暑录话》)[2]

不过,《太平广记》所记奉摩尼教的吴可久及其妻,其妻暴亡后告其请僧转经,转的是《金刚经》。[3] 这里《金刚经》成了摩尼教徒所诵之经,唐代摩尼教多引用佛经,《金刚经》是佛经还是一部借用佛经名命名的摩尼教经典,值得深入讨论。

"四果"一名,学者普遍认为是白云宗,[4]因白云宗立四果十地,造论数篇。但竺沙雅章对此仍持异义,因孔清觉在宣和三年被杀,传教的地域限于杭州和浙西的湖州、嘉兴府,所以其他地域如江淮、湖南出现的四果都令竺沙雅章怀疑。如《成忠郎冯君墓志铭》:

江淮间民亦合党夜集为妖,谓之四果,其索事神曰张公。君曰,是所谓张角者……其后,桐庐贼自号圣公,民皆神之。其所附皆异时事张公神者。叹曰:吾固知其不为贼也。[5]

但根据元代的另一篇墓志铭可知,孔清觉之后有人借四果之名传教,参见《茶陵州判官许君墓志铭》:

---

[1] 孙光宪撰,林艾园点校:《北梦琐言》,上海古籍出版社,1981年,第24、93页。

[2] 叶梦得撰,田松青、徐时仪点校:《避暑录话》,上海古籍出版社,2012年,第177页。

[3] 李昉等编:《太平广记》卷一〇七"吴可久",第727页。

[4] 吴晗:《明教与大明帝国》,《清华学报》第13卷,1941年,第59页;陈高华:《摩尼教与吃菜事魔——从王质〈论镇盗疏〉说起》,《陈高华文集》,第538页。

[5] 周紫芝撰:《太仓稊米集》卷七〇,上海古籍出版社,1987年,第496—498页。

太平山中有窃浮图氏四果之名以为教者，文衣高坐，日临其徒，泉南广东慕而趋之者，金帛填委，所聚男女，恒数百千人，不法之状，暴闻于官，而吏置弗问。君谓是将诖误吾民为大奸，巫列上于郡，杖其首百，其风遂衰。①

许君名晋，字伯昭，元至顺三年（1333）卒，所记太平山之事发生在他任南城县县丞时，南城县属江西。借四果之名传教，即使因地域问题不能认定是白云宗，至少可以说是白云宗的变体、余绪。

至于牟尼教，应是摩尼教别称。不过南宋时，明教才是使用最多的名称，牟尼教更像是不熟悉摩尼教者受佛教影响才有的称呼。同时，揭谛斋也可能是一种佛教的经社团体。

以上诸多名号在宣和三年前已经使用，其后多见于"吃菜事魔"的材料中。志磐亦在《佛祖统纪》中批判当时在他看来属于佛教异端的教派，他使用的词是"事魔邪党"，所述邪党末尼火祆、白云菜及白莲菜。虽然在对这三者的记述中他也说到"道民者吃菜事魔"，但在给予三者总称上，他强调的是"邪党"，而非"吃菜"，这可能是因为佛教徒也不荤食。他引《释门正统》之说："此三者皆假名佛教以诳愚俗，犹五行之有沴气也。今摩尼尚扇于三山，而白莲、白云处处有习之者。"②他将摩尼教、祆教当作一种，虽然我们以今天的知识水平可以视之为一种误解，但这未尝不可能是当时人对火祆、摩尼这两个本来就有源流关系的外来宗教不细加区分的一个实证。志磐引用的《夷坚志》，其中三山（即福州）炽盛的"吃菜事魔"无疑就是摩尼教，这应该是最早将吃菜事魔与摩尼教等同的一则材料，今本《夷坚志》不见此段。

志磐的记载为学者熟知，但道教典籍中的记载却多为人忽略。南宋金允中编著的《上清灵宝大法》中记载了吃菜之徒，与陆游、王质所记相近，对每一种教派特点的勾勒则更加清晰：

以今焚香摄召绝荤之众、吃菜之徒，或传二宗经，或称四果教，或

---

① 黄溍撰：《金华黄先生文集》卷三三，商务印书馆，1936年，第九册第7—8页。
② 志磐撰：《佛祖统纪》卷五四，《大正藏》第49册，第475页上。

云白佛法,或号金刚禅,或归二会子之师,习五来子之曲,或杂聚男女,或不祀祖宗,或眩左道以为功,或爇乳香以为礼,日散其迹,夜集其徒。或即释氏以为名,或引道教而掩伪,外托幻变,内事邪魔。[①]

此条是在《施食普度品》中,所谓"施食普度",指的是念咒施法,将供品化为甘露赈济,超度各类亡魂。在这条之前摄召(召请亡魂)的是"割烹之众、屠宰之行"等,后一条是"以今焚香,摄召产死妇人、孕亡人子"等魂。也就是说,施食的对象有杀牛者、难产妇人,因其生前所行所遇不佳,死后需要通过法事使其灵魂超度,得离苦海。显然,"吃菜之徒"在道士看来也是其中一种。金允中列举了六种不荤食、只吃植物性食物的宗教人群,他们的自我标榜有别,却往往托名于已在中国深深扎根的佛道二教。多种不根之说下有多种不经之行,因此说他们"外托幻变"。"内事邪魔"表明金允中将这些人看作邪道,他说"断荤而戒酒,本是善基。然叛道以遗亲,遂成恶果"。引文中的"传二宗经"者即摩尼教,"四果教""金刚禅""二会子"上文已提及。白佛,应与弥勒白佛有关。"五来子之曲",在金允中之前,志磐引《释门正统》中所列的不根经中包括此曲:

> 良渚曰:准国朝法令,诸以二宗经及非藏经所载不根经文传习惑众者,以左道论罪。二宗者,谓男女不嫁娶,互持不语,病不服药,死则裸葬等。不根经文者,谓《佛佛吐恋师》《佛说啼泪》《大小明王出世经》《开元括地变文》《齐天论》《五来子曲》之类。

当然,以上对"二宗"的解释说明显然存在问题,除了"不嫁娶""裸葬"之说尚符合摩尼教,其余不知所指。《五来子曲》与其他不根经并列,有学者认为这些经基本无涉摩尼教,具体如何还应再考虑。关于"五来子",又有一条刘铭恕最早引用的北宋材料:

> 建隆中(960—963),京师士庶及乐工、少年竞唱歌曰《五来子》。自建隆、开宝,凡平荆、湖、川、广、江南,五国皆来朝。[②]

---

① 《施食普度品》,金允中编:《上清灵宝大法》卷之三十八,《道藏》第31册,第604页。
② 《宋史》卷六六《五行四·金》,第1446页。

这条材料里,《五来子》曲为附会南平、吴越、后蜀、南汉、南唐归宋之谣谶,刘铭恕认为据此可确定志磐所引的不根经不全是摩尼教经典。五来子所指颇令人费解,但在近年发现的霞浦文书《摩尼光佛》,有"随案唱五雷子"之语,另一部《未名科仪书》也奏请"五雷子",①两处的五雷子都指摩尼教的五佛。如果"五雷子"与"五来子"所指相同,"五来子之曲"可能是一种法曲名。

二、从"灭魔"到"事魔"

上举三种史料说明,"吃菜事魔"包括至少七八种名称不同的教派。但历来许多学者都以为,吃菜事魔主要指摩尼教甚至专指摩尼教,因为教名中的"摩"音与"魔"同,容易产生事魔这种称呼。不过《宋会要·刑法》显示,早期官府是将明教(摩尼教)区别出来处理的:

宣和二年(1120)十一月四日,臣僚言:一,温州等处狂悖之人自称明教,号为行者。②

该年臣僚上言尚未对明教加以吃菜事魔等名称,但12年之后枢密院重提前事,说法已然不同:

绍兴二年(1132)十月二十九日,枢密院言:宣和间,温、台村民多学妖法,号吃菜事魔,鼓惑众听,劫持州县。③

对《二宗经》的处理也发生了相同的变化:

宣和三年(1121)八月二十五日,诏:诸路事魔聚众烧香等人所习经文,令尚书省取索名件,严立法禁,行下诸处焚毁。……除《二宗经》外,并焚毁。④

《释门正统》成书在绍定六年(1233)后,所引当朝法令增加了原本在

---

① 马小鹤:《光明的使者》,兰州大学出版社,2013年,第410页。
② 《宋会要辑稿·刑法》二之七九,第6534—6535页;《刑法》二之八三,第6537页。
③ 《宋会要辑稿·刑法》二之一一一,第6551页。
④ 《宋会要辑稿·刑法》二之八三,第6537页。

禁断名单之外的《二宗经》：

良渚曰：准国朝法令，诸以《二宗经》及非藏经所载不根经文传习惑众者，以左道论罪。①

对此有一种可能性极高的解释，二宗经最初得以作为例外免遭禁止的原因，是官方曾计划将摩尼经收入《道藏》：

政和七年（1117）及宣和二年（1120）两尝自礼部牒温州，皆宣取摩尼经颁入《道藏》。②

《二宗经》在宣和年间（1119—1125）尚被当作道教经典而免遭焚毁，但在绍兴年间（1131—1162）似乎为人发觉非道经。陆游就知晓这一情况，他在绍兴三十二年（1162）所上《条对状》就说："伪经妖像至于刻板流布，假借政和中道官程若清等为校勘，福州知州黄裳为监雕。"③又洪适在《先君述》中载有一事：

先君登政和五年（1115）进士第，主台州宁海簿。会令去，摄其事。……李氏富而戆，家藏妖书，号二宗三际经。时节集邻曲酿，香火祀神，元未尝习也。奸人诡入伍中，通其女。既泄，即告县，逮送狱。先君入食，有小吏偶语，喜甚。诘之，曰："李氏赂钱五十万，故喜。"先君曰："是下狱属耳，而赇吏若此，可缓乎？"即呼囚庭下，委曲问情，得，并告者平决之，吏骇顾失色。方腊反，台之仙居民应之，踪捕反党及旁县。一日，驱菜食者数百人至县，承、尉皆曰可杀，先君争不得。④

洪适之父为洪皓。此段两件事均与吃菜事魔有关。前一件李氏藏妖书而入狱，因向小吏贿赂被洪皓发现，察问内情后公平决断，彼时私藏二宗三际经尚不一定下狱。后一件事为方腊起义后朝廷到处

---

① 志磐撰：《佛祖统纪》卷三九，《大正藏》第 54 册，第 370 页。
② 黄震：《崇寿宫记》，《黄氏日钞》卷八六，《景印文渊阁四库全书·子部·儒家类》，第 890 页上。
③ 陆游撰：《渭南文集》卷五，《陆游集》第五册，中华书局，1976 年，第 2015 页。
④ 洪适撰：《盘洲文集》卷七四，《宋集珍本丛刊》影印傅增湘校清光绪刻本，第 45 册第 485 页。

捉拿反党，将百名菜食者赶至官衙，县丞、县尉打算杀掉这些人，洪皓时为主簿，无力改变其人命运。这两件事说明至少到宣和三年（1121），二宗经还不是非禁绝不可，也有人如洪皓者认为菜食者是无辜的、不该杀的。只是不少地方官并不加以辨别而草率处置，如王居正所言：

> 方腊以前，法禁尚宽，而事魔之俗犹未甚炽。方腊之后，法禁愈严，而事魔之俗愈不可胜禁。州县之吏平居坐视一切，不问则已。间有贪功或畏事者，稍从迹之，则一方之地，流血积尸。

事魔之俗愈盛实与官府在法令压力下盲目搜捕有关，因此"吃菜事魔"的外延也在扩大。

外延扩大约略发生在绍兴年间（1131—1162）。庄绰《鸡肋编》及方勺《泊宅编》《青溪寇轨》中记有绍兴年间的"食菜事魔"。三者行文基本相同，方勺所述或本自庄绰文，因为《鸡肋编》成书最早。不过，《青溪寇轨》所记最为详尽。三文所述种种特征如素食、戒酒，尤其裸葬皆可认定是摩尼教，只有将其源头误作五斗米道一条与摩尼教不符。庄绰、方勺所记说明"吃菜事魔"概念不仅扩大，而且主要指向了明教。明教在这过程中的转变应与其自身教法的传播密切相关。《海琼白真人语录》中有如下一条线索：

> 耜问曰：乡间多有吃菜持斋以事明教，谓之灭魔，彼之徒且曰太上老君之遗教，然耶？否耶？答曰：昔苏邻国有一居士号曰慕阇……①

彭耜是白玉蟾的徒弟，这一段对明教的讨论是在师徒二人间的一问一答中进行的，白玉蟾的回答说明他对明教教义十分熟悉。按彭耜所说，明教强调吃菜是为了事明教而灭魔。然而此种说法一经扩散，在认为明教不经的儒士眼里，便变成了"吃菜以事魔"。书中还有一处说法与此相近，题名《万法归一歌》的诗作首两句为：

> 明教专门事灭魔，七时功德便如何？不知清净光明意，面色萎黄空自劳。②

---

① 《海琼白真人语录》卷一，《道藏》第33册，上海书店，1988年，第115页。
② 《海琼白真人语录》卷四，《道藏》第33册，第134页下。

首句进一步确认了彭耜所言，当时的道士接收到的讯息是：明教徒的目标是灭魔，吃菜持斋、七时功德都是达到这一目标的修行手段之一，道士的这一认识显然是从明教的对外宣传中获得的。后两句则讥讽明教徒不真正懂"清净光明"的内涵，并因为吃菜而面色萎黄，所做的一切都徒劳无功。

实际上，"灭魔"确属于摩尼教的核心教义之一。摩尼教以二宗三际为主旨，二宗即光明与黑暗，三际是初际、中际、后际，三个阶段里的状态从明暗各自存在到暗侵入明、明暗相混，最后是明归于明，暗归于暗。教徒修行就是为了释放明性，但因肉身为魔囚缚，故须灭魔。为了灭魔，信徒须遵守戒律，其中一条就是不肉食。因为植物中富含光明分子，而肉体是黑暗的产物。饮食对摩尼教而言也是一个重要的仪式，即将食物中的光明分子释放，使之回到光明世界。摩尼教从波斯传到中国，这一条戒律从未改变过，即使是在以肉食为主的游牧民族地区也坚持施行。汉语、粟特语、回鹘语三语的《九姓回鹘可汗碑》中的汉文第十行即有"熏血异俗，化为茹饭之乡；宰杀邦家，变为劝善之国"，摩尼教改变了回鹘人"肉饭酪浆"的饮食习惯。据学者考定，勒碑时间大致在 808—824 年之间，在此之前摩尼教已开教回鹘，牟羽可汗改宗摩尼教，一份回鹘文文书中记有他斋戒的过程："第三天，天王斋戒，受到极大的痛苦，他的心灵才有所动。"① 斋戒得以推动要归功于天王的上行下效，虽然斋戒并不直接等同于素食，不过小麦等作物的传入也对当地饮食习惯有所影响。一份写作于 10 世纪中叶的回鹘文摩尼教寺院文书 K7709 有当地农民须供给寺院麦子、胡麻、石豆等食粮的规令。② 此外，文书还详细

① W. Bang und A. von Gabain, *Türkische Turfan Texte* II, pp. 7–9. 冯家昇等编：《维吾尔史料简编》上册，民族出版社，1981 年，第 35 页。

② 文书现存中国国家博物馆（前为中国历史博物馆），有 3 位学者曾进行释读，参见：Peter Zieme, 'Ein uigurische Text über die Wirtschaft manichäischer Klöster im Uigurischen Reich'. In：L. Ligeti （ed.）, *Researches in Altaic Languages*, Budapest, 1975, pp. 331–338。耿世民：《摩尼教寺院文书初释》，《考古学报》1979 年第 3 期，第 497—516 页；英译版 'Notes on an ancient Uighur official decree issued to a manichean monastry', *Central Asiatic Journal*, 1991, pp. 207–223。Peter Zieme, 'Ein Uigurischer （转下页）

规定了瓜农每日应供给摩尼寺甜瓜的数量。瓜类因为富含光的要素而极受摩尼教僧重视。以上是摩尼教斋食的记录,而关于"不得肉食"的禁戒,茨默先生赐示回鹘文中有两件文书有这方面的记录。第一件是戒律文书 M163,①现译成汉文如下:

ätkä kanka ičmäŋ yemäŋlär tepän kının ayıtdı

对于肉和血,他厉声说道:不得食饮!

另一件文书 U 63 则是较宽松的说法:②

münsüz kaddagsuz y(a)mrak kuzınıŋ ätin yeŋlär süŋükin sımaŋlar

可食清净柔濡羔,但不可断其骨!

其中 münsüz 义"纯洁的", kaddagsuz 义"无罪的",显与《下部赞》多次以"柔濡羔子"譬喻虔诚服顺的明教信从者一样,与行 78"放入清净濡羔群"意思相近。

汉文方面,有开元二十年(732)的记录。那年摩尼教借回鹘之势重入中原,史料载回鹘可汗携摩尼师入唐时提及教徒饮食:

其法日晏食,饮水茹荤,屏湩酪。(《新唐书》卷二一七)③

其法日晏乃食,食荤而不食湩酪。(《资治通鉴》卷二三七)④

其法日晚乃食,饮水茹荤,而不食乳酪。(《资治通鉴》卷二三七

（接上页）Text über die Wirtschaft Manichäischer Klöster im Drogenbuch der turkischen Manichäer'. In: P. Bryder (ed.), *Manichaean Studies*, Lund, 1988, pp. 221–228. 森安孝夫《ウイクル＝マニ教史の研究》,《大阪大学文学部纪要》第 31、32 卷合并号,大阪大学文学部,1991 年,第 35—126 页。

① Jens Wilkens, *Alttürkische Handschriften Teil 8. Manichäisch-Türkische Texte der Berliner Turfansammlung*, *VOHD*, Stuttgart: Franz Steiner Verlag, 2000, Nr. 65, S. 88–89; Larry Clark, *Uygur Manichaean Texts*, 2013, Turnout: Brepols, p. 98.

② Jens Wilkens, *Alttürkische Handschriften Teil 8. Manichäisch-Türkische Texte der Berliner Turfansammlung*, *VOHD*, Stuttgart: Franz Steiner Verlag, 2000, Nr. 51, S. 78; A. von Le Coq, *Türkische Manichaica aus Chotscho III*, *APAW*, Berlin, 1922, Nr. 22, S. 39.

③ 欧阳修、宋祁撰:《新唐书》卷二一七,中华书局,1975 年,第 6126 页。

④ 《资治通鉴》卷二三七《唐纪》五十三胡注,第 7638 页。

胡注)①

　　其法日晚乃食,敬水而茹荤,不饮乳酪。(《唐国史补》卷下)②

以上四条存在异文,但大义一致。《唐国史补》"饮水"作"敬水",伯希和、沙畹认为"敬"或是"饮"之讹误,林悟殊则提出摩尼教因视水为光明分子,"敬水"有教义之依据。③ 这里说日落后进食,其他汉文史料只说"其徒斋戒持律颇严谨,日一食"。④ 湩酪为奶制品,"屏湩酪"与摩尼教戒律一致。"茹荤"一说则令人困惑。《通鉴》胡注:"荤,许云翻,辛臭菜也。"沙畹、伯希和在1913年的《摩尼教入中国考》引用佛教徒记录来进行说明,⑤他们举王缙"不食荤血"之例,以"缙素奉佛,不茹荤食肉",⑥说明最早"荤"的本义只包括带有刺激性气味的蔬菜,如五辛。⑦《佛祖统纪》也说"食肉不茹荤",可见其时"肉"与"荤"是两个独立的概念。森安孝夫则利用回鹘文书加以说明,前文寺院文书第83—85行出现了一个词:songun,耿世民将之译作"葱",⑧白玉冬译作"大葱",⑨森安孝夫认为该词所指为"葱荤"。因为"荤"包括两种,一是大蒜、韭菜、葱等气味强烈的蔬菜,二是肉类。这里"茹荤"指的是前一种,如寺院文书中的葱,所以这并未破除摩尼教不肉食的戒律。另外他据《长春真人西游记》中的记载"回纥郊迎至小城,酋长设蒲萄酒及名果、大饼、浑葱、裂

①　《资治通鉴》卷二三七《唐纪》五十三胡注,第7638页。

②　李肇撰:《唐国史补》卷下,上海古籍出版社,1979年,第66页。

③　林悟殊:《摩尼教及其东渐》,第93页脚注25。

④　陈高:《竹西楼记》,《不系舟渔集》卷十二,《元人文集珍本丛刊》,第398页下。

⑤　Éd. Chavannes et P. Pelliot, Un traité manichéen retrouvé en Chine, *Journal Asiatique*, 1913, pp. 271–273.

⑥　《新唐书》卷一四五《王缙》,第4716页。

⑦　五辛所指有多种说法,如"韭、兰、葱、蒜、兴渠"一种,还有"蒜、慈葱、兰葱、革葱、兴渠"(《梵网经菩萨戒本疏》卷四,《大正藏》第40册,第636—637页)。

⑧　耿世民:《回鹘文摩尼教寺院文书初释》,《考古学报》1979年第3期,第508页。

⑨　森安孝夫撰,白玉冬译:《黄文弼发现的〈摩尼教寺院经营令规文书〉》,《黄文弼所获西域文献论集》,科学出版社,2013年,第145页。

波斯布"，[1]推测浑葱可能是"＊葱浑"的误传，并提到高田时雄认为就"葱荤"而言，存在回鹘文借用汉语词汇的可能。[2]

诸种材料都说明，斋食对摩尼教徒而言非常重要，"吃菜灭魔"作为教规与教义的双重体现，却反被教外人称作事魔，这恐怕是明教法师始料不及的，陷入同样境遇的还有朱熹。

三、朱熹与"魔"

绍熙元年(1190)二月中旬，61岁的朱熹前往漳州赴任。五月发布《漳州晓谕词讼榜》，六月张挂《晓谕居丧持服遵礼律事》，八月颁布《劝女道还俗榜》《揭示古灵先生劝谕文》《劝谕榜》。连续三四个月发布晓谕，可见朱熹整顿漳州礼教之迫切，其中引起学者热切讨论的是榜文中出现的"魔教""魔宗""魔佛"等字眼，这些词分别见于《劝谕榜》[3]和《劝女道还俗榜》。[4]《劝谕榜》所劝者一共十条，其中第三条曰：

> 禁约保伍互相纠察事件：常切停水防火，常切觉察盗贼，常切禁止斗争。不得贩卖私盐，不得宰杀耕牛，不得赌博财物，不得传习魔教。保内之人互相觉察，知而不纠，并行坐罪。

另外因民间违法私创庵舍，多为女道住持，所以朱熹还发布了《劝女道还俗榜》：

> 右今榜劝谕本州军民男女等。盖闻人之大伦，夫妇居一，三纲之首，理不可废。……降及后世，礼教不明，佛法魔宗，乘间窃发，唱为邪说，惑乱人心，使人男大不婚，女长不嫁，谓之出家修道，妄希来生福报。……岂若使年齿尚少、容貌未衰者各归本家，听从尊长之命，公行

① 李志常著，王国维校注：《长春真人西游记》，广文书局，1972年，第46页。
② 森安孝夫：《ウイクル＝マニ教史の研究》，《大阪大学文学部纪要》第31、32卷合并号，第82页83c。
③ 《晦庵先生朱文公文集》卷一百，《朱子全书》第25册，上海古籍出版社、安徽教育出版社，2010年，第4620—4622页。此公告文书又题为《宋郡守朱子谕俗文》，参见沈定均修《光绪漳州府志》卷三八《民俗》，《中国地方志集成·福建府县志》第29辑，上海书店出版社，2000年，第920—921页。
④ 《晦庵先生朱文公文集》卷一百，《朱子全书》第25册，第4618—4619页。

媒聘,从便婚嫁……息魔佛之妖言,革淫乱之污俗,岂不美哉!

彼时的漳州民风,按黄榦在《朱熹行状》中所说"以习俗未知礼,采古丧葬嫁娶之仪,揭以示之,命父老解说,以教子弟。土俗崇信释氏,释氏之教,南方为盛,男女聚僧庐为传经会,女不嫁者私为庵舍",①民间经社兴盛,崇拜至极的女信徒因此不婚,他无疑认为朱熹所指为佛教。但在1984年的宋代教育研讨会上,许理和(Erik Zürcher)等学者认为两榜中的"魔"指"吃菜事魔",即摩尼教。② 20世纪二三十年代伴随着敦煌摩尼教经典的深入研究及汉文摩尼教史料的衰集,摩尼教的研究进入一个兴盛阶段,当时普遍认为宋代史料中的"吃菜事魔"及"魔教"等就是摩尼教。又因在福建发现了摩尼教碑刻及遗址,表明该教在福建留下很深的印迹,这些都是学者认为"魔教"等字眼指摩尼教的学术气氛背景。不过陈荣捷力陈此处"魔"是佛教,"佛法魔宗"并非佛教与摩尼教,因为"魔"也有"妖邪魔鬼"之意。他的依据有四:两文不涉及教义教条,乃以社会改良为目标而非排教;佛教、道教均涉禳灾祈福,反佛教与摩尼教而不提道教不合实情,且朱子之时摩尼教于福建不盛行;朱熹门人陈淳关于民间宗教的论述最全,却并未提及摩尼教;王懋竑的《朱子年谱》中也将朱熹榜文的目标群体归为释氏之教。③ 林振礼对此一一进行了回应:文体为公告,因而不涉及教义;《劝女道还俗榜》中"从之者少",证明此处魔教并非"泉南佛国"盛行的佛教;陈淳未提及摩尼教则有可能因"庆元党禁"后慎言而有所避讳;王懋竑于清代修此年谱,仍是沿袭黄榦《朱熹行状》之说。范立舟认为"朱熹此处以魔佛相提并论,则魔与佛显然为两种类别的蛊惑性的精神因素"。④ 黄超云言:"女道是摩尼教女教徒,带发修道,异于佛教尼姑。"又说:"从朱熹文告

---

① 黄榦撰:《勉斋先生黄文肃公文集》元刻本卷三四,《宋集珍本丛刊》第68册,第122页上;清抄本卷三四,《宋集珍本丛刊》第68册,第712页上。
② 陈荣捷:《朱子新探索》,台湾学生书局,1988年,第345页;华东师范大学出版社,2007年,第229页。
③ 陈荣捷:《朱子新探索》,台湾学生书局,1988年,第346页;华东师范大学出版社,2007年,第230页。
④ 范立舟:《朱熹与吃菜事魔》,《中国哲学史》2014年第3期,第84页。

的频频示戒,可见漳州摩尼教的活动已达到官府不能容忍的地步,但朱熹的语气也很温和,不敢贸然惹起事端。"①除了陈荣捷以外,这三人都倾向于许理和的看法。

以上两种看法都是基于朱熹对于佛教的态度以及漳州当地的宗教信仰情况而进行的阐析。然而前文我们已经详析宋廷法令的调整与变化,这里有必要从全局观察下发此劝谕榜的社会背景。淳熙元年,就在朱熹发榜前的四个月,颁布了一道敕令:

> 淳熙元年(1174)四月二十八日,敕令所言:吃菜事魔或夜聚晓散,因而传习妖教,州县不行觉察,自当坐罪。缘系内令、丞、巡尉、都监、知、通、监司既有分立等第断罪,其后徒党已成者,若从言命官,即是监司、知、通、令、丞等皆合冲替,致无以分别。②

此条敕令十分严厉,州县若不察则坐罪,地方官因此不能怠慢疏忽。按之前绍兴二十年(1142)的诏令,要求"州县多出印榜晓谕","每季检举,于要会处置立粉壁,大字书写,仍令提刑司责据州县有无吃菜事魔人,月具奏闻"。发布劝谕榜是地方的通用手段之一,淳熙元年前已有至少 14 条相关诏令,其中绍兴二年至三十年(1132—1160)有 12 条诏令,可见形势严峻。因此可以确定,知州朱熹所发劝谕,是在四月法令直接压力下的行为。然而朱熹本人也早有改良当地风俗之心,《劝谕榜》中另有两条直指寺院:

> 劝谕男女,不得以修道为名,私创庵寺。若有如此之人,各仰及时婚嫁。
>
> 约束寺院,民间不得以礼佛传经为名,聚集男女,昼夜混杂。③

男女一条,与《劝女道还俗榜》用意相同,重在劝诫男女遵守人伦。寺院一条,则重在规范庵舍活动。结合法令及劝谕内容可以明了,

---

① 黄超云:《宋代漳州的摩尼教》,《漳州职业大学学报》1999 年第 2 期,第 50—53 页。

② 《宋会要辑稿・刑法一・格令三》,第 6486 页上,其中错字、衍文处等从点校本校改。参刘琳、刁忠民、舒大刚、尹波等校点《宋会要辑稿》,上海古籍出版社,2012 年,第 8262 页上。

③ 《晦庵先生朱文公文集》卷一百,《朱子全书》第 25 册,第 4620—4622 页。

朱熹所言"魔教"等确实指当时朝廷严令禁止的"吃菜事魔",且其时多以佛教名义进行种种活动,因此他除了禁止魔教外,亦约束佛寺。但是前文已经论述,"吃菜事魔"并不专指摩尼教,还包括了一些佛教的异端团体,笔者认为这里朱熹并无特指,他是在当时社会背景下泛指吃菜事魔一类团体的意义上使用"魔教"等词的。

朱熹出知漳州仅一年就匆匆离任,虽然府志及行状皆称"悉禁之",①但实际上劝谕收效甚微。五十余年后的嘉定二年(1209)七月四日,知漳州薛扬祖仍为此俗"相率成风"上言禁之。不仅朱熹所倡导"禁止传习魔教"未得到实行,他晚年还被冠以"吃菜事魔"之罪名。这是"庆元党禁"中诬陷朱熹的说辞之一。庆元元年(1195)二月,韩侂胄通过谏官上奏,致使赵汝愚遭贬,随后韩侂胄当政,开始了对朱熹一派的围攻。庆元二年(1196)斥道学为"伪学",称"伪学"者为逆党,《四书集注》《语录》等道学之书遭到焚毁,韩等人还置办"伪学逆党籍贯",罢黜了59人。庆元三年(1197)十二月,沈继祖上疏弹劾朱熹称:

> 剽张载、程颐之余论,寓以吃菜事魔之妖术,以簧鼓后进,张浮驾诞,私立品题,收召四方无行义之徒,以益其党伍。相与餐粗食淡,衣褒带博,或会徒于广信鹅湖之寺,或呈身于长沙敬简之堂,潜形匿迹,如鬼如魅。士大夫之沽名嗜利、觊其为助者,又从而誉之荐之。②

王懋竑曾怀疑此疏来历而未将之收入《朱子年谱》,他当时未见《道命录》及《四朝闻见录》中的记载,因此认为这或许是阳明后人诋毁朱子学派所伪。以上两书说明此疏非后来者所造,至于是否出于沈继祖之手,都不改变奏疏的性质。奏疏总结朱熹有六大罪:沽名钓誉不恤其母、辞小要大不敬于君、改卜他处不忠于国、辞免其职玩侮

---

① 万历府志劝谕一事乃是从黄榦行状转引而来,参见罗青霄修纂《万历漳州府志》卷四《秩官志·名宦》,《明代方志选》,台湾学生书局,1965年,第69页下。

② 李心传编:《道命录》卷七上,中华书局,1985年,第67页。另见:叶绍翁撰,沈锡麟、冯惠民点校:《四朝闻见录》丁集,中华书局,1989年,第143页。

朝廷、改寺为县学害风教等。此外，又有诱引二尼为宠妾、匿藏赦书、妄行经界等罪行。种种不堪之事或扭曲或编造，都是为了罢黜朱熹而罗织的罪名。虽为捏造，但称朱熹是"寓以吃菜事魔之妖术"却有一番原由。

朱熹不素食，但疏中说他"餐食粗淡"，对母亲也是"以仓米食之"。为沈继祖提供捏造事迹的胡纮曾因饮食与朱熹产生过嫌隙：

> 纮未达时，尝谒朱熹于建安，熹待学子惟脱粟饭，遇纮不能异也。纮不悦，语人曰："此非人情，只鸡尊酒，山中未为乏也。"遂亡去。及是，劾赵汝愚，且诋其引用朱熹为伪学罪首。①

理学一派强调节制欲望，极其自律的生活方式不仅显得特立独行，还易招致不近人情的误解，引来反对者的怨恨。另一方面，理学经过多年的发展，不仅树立起一种新的学说，朝野间亦形成一股力量。但他们看重义理之见、性命之学，轻视"实事实功"的一面，在政见上易与不同意见者产生冲突。疏文说朱熹"收召四方无行义之徒，以益其党伍"，这实际上与"吃菜事魔者夜聚晓散"的说法相似。外部形态上的相似是反对派用"吃菜事魔"一词的原因之一。如范立舟指出的那样，"吃菜事魔在外在的仪式行为所表达的符号意义上的确表现出与制度化宗教内涵全然不同的样式，让士大夫与正统宗教人士均感到不满。而朱熹理学远接北宋二程余绪，自称'道学'，给了反理学者以相当强劲的口实以攻击这种在组织机构上与'吃菜事魔'有几分相似的学派"。② 然而深层的原因在于道学者与菜食者一样，他们都标榜自身道德上的修养。这样的说法最令其反对者憎恶而称其伪，如俞文豹形容伪道学者之儒士"外示雍容，内实急于进取，口谈道义，心实巧于逢迎"，③方勺评论菜食者"原其平时不饮酒食肉，甘枯槁，趋静默，若有志于为善者"。④

---

① 《宋史》卷三九四《胡纮》，第 12023 页。
② 范立舟：《朱熹与吃菜事魔》，《中国哲学史》2014 年第 3 期，第 82 页。
③ 俞文豹撰：《吹剑录外集》，《景印文渊阁四库全书·子部·杂家类》，第 865 册第 477 页上。
④ 方勺著，许沛藻、杨立扬点校：《泊宅编》卷五，第 30—31 页。

尽管理学一派有着貌似"吃菜事魔"的特征，但这种儒士之间互相倾轧引起的政治迫害活动与儒士对"吃菜事魔"的民间教派禁断相比，性质是完全不同的。为此，太常博士叶适曾上封事为朱熹等人辩护："盖自昔小人残害良善，率有指名，或以为好名，或以为立异，或以为植党。近忽创为'道学'之目，郑丙唱之，陈贾和之。居要路者密相付授，见士大夫有稍务洁修，粗能操守，辄以道学之名归之，殆如吃菜事魔、影迹犯败之类。往日王淮表里台谏，阴废正人，盖用此术。栗为侍从，无以达陛下之德意志虑，而更袭郑丙、陈贾密相传授之说，以道学为大罪。文致言语，逐去一栗，固未甚害，第恐自此游辞无实，谗言横生，善良受害，无所不有。"①言语间直指郑丙、陈贾人等以"吃菜事魔"之辞陷害忠良。

至于朱熹是否与摩尼教有直接联系，学者往往引朱熹任同安县主簿时所作的一首诗为证据，诗名为《与诸同寮谒奠北山过白岩小憩》。以下是诗的全文：

联车涉修坂，览物穷山川。疏林泛朝景，翠岭含云烟。
祠殿何沉邃，古木郁苍然。明灵自安宅，牲酒告恭虔。
肹蚃理潜通，神蚪亦蜿蜒。既欣岁事举，重喜景物妍。
鲜带憩精庐，尊酌且留连。纵谈遗名迹，烦虑绝拘牵。
迅晷谅难留，归轸忽已骞。苍苍暮色起，反旆东城阡。②

这首诗作于绍兴二十三年（1153）秋，诗歌宗教意味浓厚，所用之词如"肹蚃""神蚪"似有所指。有学者认为此处朱熹所谒奠的是摩尼教呼禄法师，③这种说法是根据何乔远《闽书》中的一条记载："会昌中汰僧，明教在汰中。有呼禄法师者，来入福唐，授侣三山，游方泉

① 《宋史》卷三九四《林栗》，第 12031—12032 页。
② 《晦庵先生朱文公文集》卷一，《朱子全书》第 20 册，第 254 页。
③ 陈万里最早提出这种猜测，说"似有谒奠呼禄法师之可疑"，详见氏著《闽南游记》，开明书店，1930 年，第 49—50 页。其后学者径直肯定此说，参见：林悟殊：《泉州摩尼教渊源考》，《华夏文明与西方文明》，第 84—85 页；束景南：《朱熹年谱长编》（上），华东师范大学出版社，2014 年，第 172—173 页；林振礼：《朱熹与摩尼教新探》，《朱子研究》2004 年第 23 期，第 89—98 页。

郡,卒葬郡北山下。"①学者又认为"明灵自安宅"一句中的"明灵"指代明教法师之灵。然而这两条材料都不足以证明朱熹所祭奠的人是明教法师,因为"明灵"并非明教特有名相,而是指一切神明之灵或一切已逝者之魂灵。"明"即"冥",如古人随葬物既写作冥器,也写作"明器"。又至今未在泉州清源山及其附近发现过摩尼教徒的墓葬,因此以上两说仅为推测而未成事实。

陆游曾任宁德主簿,后转任福州,因此有充分时间熟悉当时当地业已存在的明教。朱熹一生讲学、仕官主要都在闽地,他对摩尼教应不会充耳不闻。《崇寿宫记》曰:"其事载于温公之通鉴,述于晦翁之纲目,则儒者之据又如此。"②但强调道统的理学家朱熹大概不会推崇这种异族的宗教,前往拜谒明教传教士的可能性并不高。朱熹十分看重古礼,对当时车服冠冕之制颇有微词,他认为"唐初已杂五胡之服",并说"今世之服,大抵皆胡服",胡服与古制不符,因此"而今衣服未得复古,且要辩得华夷"。③朱熹显是感受到外族文化对中原儒家文化正统的侵蚀,因此在服饰冠帽等日常习惯中就提倡恢复礼仪传统。

小结

一、综合事魔条法、明教及朱熹被诬为吃菜事魔的材料可知,"吃菜事魔"是一个蔑称,而这个称呼应是因明教传教时宣称"吃菜以灭魔"这一说法而产生的。

二、"吃菜事魔"一词自宣和三年(1121)首次使用后,数个世纪至清儒仍沿用该词,都是基于儒家正统立场而使用的。陆游认为"明教经诞谩无可取",陈垣曾将此与纪昀论天主教相等同,称"此中国儒者习气也"。明教越是强调斋戒持律颇严,强调清净光明的淡泊思想,越令主流的儒者士大夫反感。根本原因在于,它作为一种

---

① 何乔远编撰:《闽书》卷七《方域志》"华表山"条,第171—172页。
② 黄震:《崇寿宫记》,《黄氏日钞》卷八六,《景印文渊阁四库全书·子部·儒家类》,第708册第890页上。
③ 黎靖德编,王星贤点校:《朱子语类》卷九一《礼八·杂仪》,中华书局,1988年,第2327—2328页。

外来的宗教,在丧葬、饮食、人伦等理念上都有违儒家正统的礼仪及秩序。这样的宗教无法得到士大夫的承认却获得民众的崇奉,无怪乎士大夫称其为妖法、邪教。

三、宋代该词的使用对象包括了民间的许多教派,这是因当政者不关心民间教派的教义教理有何异同,只在意其组织是否壮大到威胁朝政的程度而产生的结果。有的学者称这些教派为"秘密宗教",实际上从朝廷的三令五申来看,这些教派从未真正地禁绝,还有愈来愈盛的发展。这恰恰反映了宋代宗教的一种走向:社会的上层是多种学派思想的百家争鸣,下层则是满足了民众实际信仰需求的百教齐放。

四、后来者往往受"吃菜事魔"一词的贬义性质误导而忽视民间教派教义与宋代学术思想的联系。沙畹、伯希和曾一言以蔽之地说过:"其二宗之义,与中国阴阳旧说相合,其教徒虽与中亚之教徒因问隔绝,尚能与他教结托以自存。"①陈垣亦有相近之论,他说:"嘉定《赤城志》卷三十七有知州李谦戒事魔诗十首,可知闽、浙沿海一带,如明、台、温、福、泉等州,皆盛行摩尼,不独南宋时闽学受其影响,即北宋时道学家所倡导之太极、两仪、阴阳、善恶、天理、人欲等对待名词,殆无不有多少摩尼教兴味也。"②

第二节　摩尼教与明清民间宗教

明教在元代获得了一度的兴盛,但明代开始它又与众多民间宗教一样进入了官方的禁绝名单。这看起来似乎与宋代被指斥为"吃菜事魔"的命运相差无几,但其实大环境已大不相同。明清两朝佛教、道教式微,表现为"数百年间没有出现伟大的宗教家、新的宗教

---

① Éd. Chavannes et P. Pelliot, ' Un traité maniché en retrouvé en Chine ', *Journal Asiatique*, 1911, pp.533 – 534, n. 4;沙畹、伯希和著,冯承钧译:《摩尼教流行中国考》,第 85 页。

② 陈智超编注:《陈垣来往书信集增订本》,生活·读书· 新知三联书店,2010 年,第 202 页。

教派和创新的宗教理论体系"。① 与此同时,民间则涌现出了大量教派,明末清初时至少有 251 种教门与组织在华北、江南等地区活动。这些民间宗教是宋元教派的延续和发展,有各自的信仰、组织与仪轨,但成分更为复杂。最突出的特点是这些宗教多有自己的经书文本,由此产生了一种全新的宗教文本——宝卷。据学者研究,5—8世纪的本土佛经、变文、讲经文、禅籍、净土宗文献、佛教的仪轨和忏法文本都可能对这种文本的内容及形式产生影响,可视为宝卷的文本先例。②

宝卷的产生主要是为了神话及教义的说教,神话的主题之一是一位至高无上的女神——无生老母。无生老母是造物者,也是救世主,她派弥勒佛等下凡拯救众生。明清的民间宗教几乎都以她作为最高神。马西沙、韩秉方曾认为这位女神的塑造除了受佛道两教的影响,还受到摩尼教中"善母"的启发。因为两者都不生儿育女,一个是"无生",一个是召唤出儿女对抗暗魔。这种看法除了源于神明特征的相似以外,还因为不少学者认为摩尼教中的多种概念对明清民间宗教产生了影响。如"三阳劫变说"似乎就受摩尼教的"二宗三际"说影响,"三阳劫变"说的是无生老母于青阳劫、红阳劫、白阳劫时派燃灯佛、释迦佛、弥勒佛处世普度众生。这三尊佛即佛教中的过去、现在、未来三世佛,青、红、白之三阳则是道教中的三气改运。摩尼教的过去、现在、未来三际的变换是由光明与黑暗两种力量的对抗带来的,看起来与"三阳劫变"确有相通之处。另一相近说法是白莲教中的"明王"与摩尼教的"明使"之说。这一说法的出现也因历史记载中白莲教常与明教一同出现有关,如宋代志磐《佛祖统纪》的"白莲菜"与"末尼"并举,明代禁律中"白莲社"与"明尊教"并列,可见教外者习惯于将二者合为一谈。连立昌等学者曾着力证实摩尼教的"明使"与民间宗教中的"明王"无关,主要依据是两者的来源及内涵皆不同,明使为光明使者,明王则为佛教中有威力能降魔的

---

① 马西沙:《中华珍本宝卷前言》,《世界宗教研究》2013 年第 2 期,第 85 页。
② 欧大年著,马睿译,郑须弥审校:《宝卷:十六至十七世纪中国宗教经卷导论》,中央编译出版社,2011 年,第 1—42 页。

尊神的称呼。①

我们的看法是,民间宗教的这些概念当不必来源于摩尼教。摩尼教的二宗三际说是吸收了琐罗亚斯德教而形成的,这一核心教义虽是摩尼教的独特性所在,但在多种文化中都存在着相近的说法。另外,摩尼教在汉文经典的翻译或撰写中有意借鉴或直接袭用了非常多的佛教术语,这也是不少说法看起来与民间宗教之说法十分相似的原因,因为这些民间宗教也取法于佛道经典。不过值得注意的是,自宋代起明教的流行确实强化了一些概念,如斋食、二元论、三际说,这些本也存在于中国的宗教行为及说法因明教的出现而凸显出来。

另外,明清民间宗教能够吸引信众的主要说法是末世论,因为末世即将到来,只有虔诚地信仰、抄写吟诵经文等修行才能得救。在摩尼教的创世神话中末世与救赎也是主要的场景,在取得光明对黑暗的胜利、接受审判后,这个世界将在一场大火中彻底毁灭,光明分子则升到天上。只有通过诵经等行为才能解救困在黑暗牢狱中的光明分子。摩尼教对其信仰的描述与宝卷中的讲述存在许多共通之处。所以是否存在摩尼教对民间宗教的影响这一问题十分复杂,但问题本身已经说明摩尼教完全混入了明清时代民间宗教的洪流中。

除了民间教派的宝卷,民间"道士"法师的科仪方册是又一种值得关注的宗教文献。科戴维曾指出:从宋朝到元朝,理学家只对江西至福建等个别地区发挥影响,且理学思想并未动摇民间宗教科仪书赖以普及的强大基础。"道士"等宗教礼仪师的科仪书册比理学家的著作更早渗透民间,一方面他们利用科仪书册扩大影响力,另一方面把地方原有的宗教行为重新演绎,收编到体系内。② 这种演绎与渗透在明清时期更为显著。本书后两章对霞浦文献与闽地民间宗教文献的对照研究也能说明,民间法师在演绎宗教仪式的同时

---

① 连立昌、秦宝琦:《中国秘密社会·元明教门》,福建人民出版社,2002 年,第 47—52 页。

② 科大卫(David Faure)著,卜永坚译:《皇帝和祖宗——华南的国家与宗族》,江苏人民出版社,2010 年,第 416 页。

编纂赖以生存的科仪书,以此树立自身正统性。

明清时期闽地的民间宗教也十分流行,包括金堂教、老官斋教、无为教等多种教派,闽地的民间宗教受道教影响极深,大量吸收了道教中的斋醮禳解等实用方术,与闾山派在闽地的影响不无关系。明代谢肇淛对闽地敬信巫觋有过一番描述与指责:

> 今之巫觋,江南为盛,而江南又闽、广为甚。闽中富贵之家,妇人女子,其敬信崇奉,无异天神。少有疾病即祷赛祈求无虚日,亦无遗鬼。楮陌牲醪相望于道,钟鼓铙铎不绝于庭,而横死者日众。惜上之人无有禁之者,哀哉![1]

以上是闽人对巫术的崇尚。摩尼教与这一风俗的联系,仍是见于何乔远《闽书》:"……今民间习其术者行符咒,名师氏法,不甚显云。"在霞浦文书发现之前,这是唯一一条提及摩尼教行符咒之事的材料。[2] 因此我们有理由相信,明教法师的这一转变,是受闽地民间宗教方术兴盛的影响。霞浦文书中记录了咒语的文献则展示了闽书所言"符咒"可能的具体面貌。摩尼教原本就存在的数术小传统正与闽地传统不谋而合,下一节中我们即对这个问题展开论述。

第三节　摩尼教符咒从波斯到阿拉伯和中国福建的流传

作为一种高度复杂、包罗丰富的宗教思想体系,摩尼教在数术方面以往不甚突出,但根据历史记载和出土发现,我们可以知道,摩尼教在大体系之外的确有小传统,巫术、咒语便是其中的一类。国际学者对中古伊朗语和阿拉伯符咒的研究,为进一步梳理语义解释和转译过程提供了基础。近年新发现的汉传明教系统的闽东霞浦文书中,有专门的祷雨仪式书,印证了唐代史籍中摩尼师参与地方

---

[1] 谢肇淛撰,傅成点校:《五杂组》卷六《人部》二,上海古籍出版社,2012年,第113页。

[2] 另外一条相关的材料是五代"明教经"禳鬼,其经可能是记有多个神名的文本,请参见本书第一章。

祈雨的事实。霞浦文书中屡见的中古伊朗语源的汉字音写咒语,使我们看到甚至在近古时代的中国东南沿海含有语言上和形态上的古摩尼教因素的符咒仍为人传用的事实,特别是使用它们的当地语境,揭示了数术在摩尼教的传递、嬗变过程中所显示出的适应新文化生态的生命力。另外,晋江苏内村五都水尾宫的祭祀法物也为摩尼教与数术活动的关系提供了鲜活的材料。

一、摩尼教与数术

摩尼教有"道德宗教"的美名,[1]并不以数术(占卜、巫术)著称,摩尼本人也并不提倡巫术,但在摩尼教的创世说中,却不乏神异之事。719 年,一位慕阇——摩尼教最高教阶神职人员——随吐火罗国使团到达长安之时,就被看成是一个"解天文人":

> 开元七年六月大食国吐火罗国康国南天竺国遣使朝贡,其吐火罗国支汗那王帝赊上表献解天文人大慕阇。其人智慧幽深,问无不知。伏乞天恩,唤取慕阇,亲问臣等事意及诸教法,知其人有如此之艺能,望请令其供奉,并置一法堂,依本教供养。[2]

"天文"在中古相当于广义的 astronomy,沙畹、伯希和译注这段摩尼教史料时是如此处理的。[3] 他们的做法固然不错,但具体到摩尼教教义,摩尼教慕阇掌握之中的"天文"应该指的是该教二宗三际论的核心部分——创世说(cosmogony)。[4] 据 6 世纪拜占庭宫廷文官普罗考皮厄斯(Procopius)记载,聂斯托利教长老 Barsymes,不仅"对巫师和恶神大感兴味",甚至还"深深地沉迷于摩尼教"。[5] 同样也是

---

[1] 陈垣:《摩尼教入中国考》,《陈垣学术论文集》第 1 集,第 370 页。

[2] 《宋本册府元龟》卷九七一《外臣部·朝贡四》,第 3848 页 b19—22;卷九九七《外臣部·技术》,第 4025 页 b16—19。

[3] É. Chavannes-P. Pelliot, 'Un traité manichéen retrouvé en Chine', *JA* 1913, p.177;沙畹、伯希和著,冯承钧译:《摩尼教流行中国考》,第 7 页。

[4] 有关学说,详见 Werner Sundermann, 'Cosmogony and cosmology in Manicheism', *Encyclopædia Iranica*, Vol. VI, pp.310–315。

[5] Jes P. Asmussen, *Manichaean literature, representative texts chiefly from Middle Persian and Parthian writings*, Delmar (New York): Scholars' Facsimiles & Reprints, 1975, pp. 44, 147 n. 38.

在宫廷，唐室因为天下大旱，曾求助于摩尼师的法术，上演了皇上希望外来的和尚能呼风唤雨以解旱灾的一幕：

> 贞元十五年（799）四月，以久旱，命摩尼师祈雨。

这一件事，历史记载有歧互之处。据《旧唐书》记载："贞元十五年四月丁丑，以久旱令阴阳术士法术祈雨。"①这里没有提及摩尼师。沙畹、伯希和曾表示疑惑，认为对同一事件的不一致记载，有可能暗示时人将摩尼师看做阴阳术士。但是，对此事也有同时提及阴阳人、摩尼师的记录。据《册府元龟》记载：

> 贞元十五年四月，以久旱令阴阳术士陈混常、吕广顺及摩尼师祈雨。②

岑仲勉先生就此作《摩尼师与阴阳人》予以考辨，认为收入《册府元龟》的记录是完整的因而也是可信的："阴阳人与摩尼师显分两途，《旧书》、《会要》各取其一节耳。"③阴阳术士两人留下了名字，未提名的摩尼师或许是入唐西域人。祈雨法术为回鹘人所习知善能，吐鲁番出土文献中多有涉及。④ 回鹘人对摩尼教在唐境内的传播起到很大的推动作用，与唐代官方关系密切，其间曾以一技之长受邀参与祈雨仪式也属可能。

摩尼教（明教）与数术曾有关涉的史实，还有一条时代较晚的材料证明：

> 会昌中汰僧，明教在汰中。有呼禄法师者来入福唐，授侣三山，

① 《旧唐书》卷十三，中华书局，1975 年，第 390 页。
② 《宋本册府元龟》卷一四四《帝王部·弭灾二》，第 227 页 b18。
③ 岑仲勉：《唐史余瀋》，中华书局上海编辑所，1960 年，第 130—131 页。
④ Peter Zieme, 'Alttürkische Fragmente über den Regenstein', Appendix to：Ádám Molnár, *Weather-magic in Inner Asia*. Bloomington：Indiana University Research Institute for Inner Asian Studies, 1994, pp. 147‑151.伯希和获敦煌粟特语写本 P3，是一部中亚当地制作的祈雨书。E. Benveniste, *Mission Pelliot en Asie Centrale*, vol. iii, *Textes Sogdiens, edites, traduits et commentes*. Paris：P. Geuthner, 1940；W. B. Henning, 'The Sogdian Texts of Paris', *Bulletin of the School of Oriental and African Studies*, 11/4（1946）, pp. 713‑740.

游方泉郡,卒葬郡北山下。至道中,怀安士人李廷裕得佛像于京城
卜肆,鬻以五十千钱,而瑞相遂传闽中。①

摩尼光佛的画像得之于北宋太宗至道年间(995—997)开封的算卦
店铺,可见当时民间对这一外来宗教画像的法力有特别的信仰。

事实上,摩尼教的占卜、巫术材料确有遗存:吐鲁番出土摩尼教
文书中有两件中古伊朗语的解除术法符咒(德藏摩尼教写本文献
M781 和 M1202)、一件征兆占文本(M556),还有一件阿拉伯语巫
方,出自大约 16 世纪成书的一部伊斯兰医书。汉文材料方面现有近
年发现的霞浦文书《祷雨疏》。

M781 和 M1202 是由恒宁于 1947 年首次刊布的。② M781 是一
件中古波斯语咒书残篇,包括了相对独立的两个文本:其一 M781i
是调伏热病的咒语,针对的神怪名为 Paškuč;其二 M781ii 是针对家
中恶灵的护身咒,着重于对保护神的描述。M1202 为一件帕提亚语
避邪护身符咒,针对的是家中恶灵,其背面主体内容为摩尼教夜叉
名录。书页的上半部分保存不佳,墨色较淡,多处难以辨认。恒宁
推断残片或写于 6 世纪。M556 征兆占文本是一块较小的残片,由
芮柯和宗德曼两位学者在 1997 年合作研究、刊布。③ 其写本格式特
别,以朱砂色栏线绘制成格,文字工整地填写在栏格内,文本配有非
常精美的彩绘插图,既具有摩尼教工笔画(miniature,又译为"细密
画")的特点,人物表现上也显示出相当明显的汉风绘画造型的
特征。

那件阿拉伯语的巫方,出自 Jalāl al-Dīn 'Abd al-Raḥmān al-
Suyūṭī(1445—1505)所纂医书汇编 *Kitāb al-Raḥma fil-ṭibb wa-l-*

---

① 何乔远编撰:《闽书》卷七《方域志》"华表山"条,第 172 页。

② W. B. Henning, 'Two Manichæan magical texts with an excursus on the
Parthian ending *-ēndēh*', *Bulletin of the School of Oriental and African Studies*,
Vol.12/1, 1947, pp. 39 – 66。收入 W. B. Henning, *Selected Papers*, II,
Leiden/Téhéran/Liège, 1977, pp. 273 – 300.

③ Chr. Reck & W. Sundermann, 'Ein illustrierter mittelpersischer manichäischer
Omen-Text aus Turfan〔M556〕', *Zentralasiatische Studien*, Band 27, 1997,
pp. 7 – 23.

ḥikma，其中有三个章节含有对治恶灵的咒方。施瓦茨在 2002 年发表的文章中指出，这些恶灵的名字终溯源到古犹太语中的坠落天使（看守者）和毁灭妇女的巨人，集中体现在医书中"对治 Tabiʾa（*Fī-ʿilāj-al-tābi-ʿa*）"一章中的一段辅助咒语。① 医书取材自伊斯兰阿拉伯语中的原始巫方资料，极有可能是经摩尼教阿拉伯语巫方文献中的医方辗转而来，该阿拉伯语版本译自摩尼撰写的叙利亚语《巨人书》的中古波斯语本，摩尼本重塑了亚兰文中看守者和巨人的传说。

霞浦文书《祷雨疏》，原题"祷雨疏奏申牒状式后学陈宝华存修"，传出自福建宁德地区霞浦县，目前存于私人之手。

二、热病咒与护身咒（M781 i-ii）

中古波斯语 M781 目前只有恒宁一家的英译，阿斯姆森 1975 年的《摩尼教文献》一书全文照引，本文也据恒宁译文转译为汉文。

（i 正面）因子……光明者（复数）。愿他永生。（上文结束）

抵御热病和［热病?］之灵的咒语：它的名字是以德拉（Idrā）。它有三种相和格里芬神怪一样的翅。它居住在……里和人的脑子（?）里。（如此）就有了热病的名字。它生于水中……和尘埃里……如此就……

（i 背面）［若热病之灵］不［主动］离开，那么它将从某甲之子某乙的［身体］出来，远遁消失，以友人耶稣之名义、以其最高的圣父之名义、以圣灵之名义、初人（First Reflexion，先意）之名义、以圣神颉利（Ēl）之名义、以报伯（Baubō）之名义、以诶里支（Ērič）的儿子摩泯（Mūmīn）②之名义、以弥诃逸（Michael）、卢缚逸（Raphael）和迦缚啰逸（Gabriel）之名义、以饕餮之名义、以万军之主（Sabaoth）和……［之名义］……

（ii 正面）富列董（Frēdōn）将摧灭……一切。我有三相，还有火

---

① Martin Schwartz, 'Qumran, Turfan, Arabic magic, and Noah's name', *Res Orientales* 14（*Charmes etsortilèges*），2002, pp. 231–238.

② 霞浦文书中有一本未定名、未刊布的施食科仪书（共 156 页），其上册第 14 页出现"嚧嘝逸天王。末斯信法王。摩泯明使"，"摩泯"正是 M781 中的 Mūmīn。

的腹(？)。我手握锋利灵活的斧头,身佩锐剑利刃。我有急速的话语和天使的耳力……那钢铁锻就的七把匕首我紧攥在手……强大……坚硬的那些……

(ii 背面)……家中的一切……家中的一切神冥,家中的一切恶灵,家中的一切怒贼:我将重击他们和他们的已然匍匐脚下的奴仆,他们无法举起手臂来抵抗我。我将吸走他们的光亮到我的光明里,我将取走他们的力量加添到我身中。攻击……的死亡……正谛视着他们……①

M781 抄写了两个彼此独立的文本,虽是残篇,但正面首行的"因子""光明者",指明了其内容具有摩尼教的性质,不容置疑。其后才是针对"热病"的咒愿文,所举的至少 12 个神灵名字都是为此而需求祈庇佑的对象,排场可观。热病的名字 Idrā,其波斯语词形ʾydrʾ,按照恒宁的意见,从词尾的特点看似乎是一外来词。而将热病之相描述为像格里芬一类的怪物,与摩尼教对黑暗之王(King of Darkness)的描述——狮头鹰翼龙腹鱼尾恶魔腿——相类。Paškuč 是一罕见词,但在其他语言中出现同样的用例。调伏热病咒语的第二部分为呼请诸神灵之号,这些名号都与摩尼教联系紧密。其中的初人,为摩尼教中善母(the Mother of Life)生出,初人又生出五明子。汉文摩尼教经《下部赞》中的"先意",即是恒宁释读中的 First Reflexion,②不过波斯语上并不完全对应。

有关热病的巫术治疗,有一件敦煌佛教写经可资比较:法藏敦煌文献 P. 3135 是一卷四分戒写经,前有题记:

乙卯年(895?)四月十五日弟子索清儿,为己身忽染热疾,非常困重,遂发愿写此《四分戒》一卷。上为一切诸佛、诸大菩萨摩诃萨及太山府君、平等大王、五道大神、天曹、地府、司命、司录(禄)、土

---

① 马小鹤译文参见马小鹤《摩尼教、基督教、佛教中的"大医王"研究》,《欧亚学刊》第一辑,中华书局,1999 年,第 243—258 页。

② P. van Lindt, *The names of Manichaean mythological figures: a comparative study on terminology in the Coptic sources*, Wiesbaden:Otto Harrassowitz, 1992, p. 124;并参林悟殊《唐代摩尼教"风"入神名考——夷教文典"风"字研究之二》,《西域研究》2014 年第 3 期,第 70 页。

府、水官、行病鬼王、疫使、知文籍官、院长、押门官、专使、可噬官并一切幽冥官典等，伏愿慈悲救护。愿疾苦早得痊平，增益寿命。所造前件功德，唯愿过去未来见在，数生已来所有冤家债主、负财负命者，各领受功德，速得生天。①

索氏为敦煌大族，出土的敦煌文献中有不少为索氏一族中人的写经。此律部佛典被选择来作为造功德福田的奉纳经，事由为希冀"热疾"痊平，所求祈的神祇不仅限于佛教万神殿，还容纳了道教和民间信仰中为民众信仰的功能神。病急投医，不避科门藩篱，东西宗教正同出一揆。

M781ii 是一段摧伏家中恶灵的护身咒，以描述保护神的形象和力量为主要内容。保护神名为富列董，如恒宁在文中引言部分所述："因为翻译者轻率地使用了一些名称，将与当地信仰相联的神祇随之引入，善知识与神侍者也一并带入。属于这类附加成分的有伊朗的大医圣富列董（Frēdōn，阿维斯陀经中称 Oraētaona），他在摩尼教祈祷辞中与琐罗亚斯德教符咒中同样普遍。"②咒语使用的语汇多数可在其他语言的摩尼教文献中找到对应形式，如其中的三变身与七把匕首。末尾处的吸走光亮云云，都是摩尼教经典习见的采集光明因子这一母题的变化形式。

三、大力咒与摩尼教的夜叉名录（M1202）

M1202 与 M781 性质一样，旨在驱魔辟邪，但 M781 着重保护神的描述，M1202 则是提供了一份摩尼教的夜叉名录。正面内容为符咒内容，反面为夜叉名单：

（正面）以你的名义，按你的旨意，遵从你的号令，凭借你的神力，主夷数基督。以救世主众神的使者末摩尼之名，以你的圣主之名，被赞颂被祝福的圣灵，他摧灭魔鬼和黑暗力量。以弥诃逸、瑟罗

---

① 参池田温《中国古代写本识语集录》，东京大学东洋文化研究所，1990 年，第 437 页。

② Henning, 'Two Manichæan magical texts', p. 39.

逸(Sera'el)、卢缚逸和迦缚啰逸之名……劫伤怒思①(Qaftinus)、天使巴西穆斯(Bar-Simus)……以唵逸(An-el)、达逸(Dad-el)、阿拔逸(Abar-el)、尼萨逸(Nisad-el)和罗福逸(Raf-el)之名义,[他们将毁灭]你们这些魔鬼、夜叉、裴黎(peris)、恶鬼(drujs)、罗刹、黑暗之相和恶灵。暗夜之子、恐与怖之子、痛与病之子、……和年长的,从大力和话语前……远离佩戴着辟邪符的这个人,逃吧,……,消失吧,畏惧吧,走的远远的……

（背面）……[他有]……千个儿子;他们食……

一天的第五时:一夜叉掌管它,名一切手(Bīs-pārn)。他占据蒲湿加勿(Puškavur)。他有两万个儿子。他们食盐。②

一天的第六时,一夜叉掌管它,名居刹图罗(Kucātr)。他占据[……]。他有两万五千个儿子。他们食……

一天的第七时,一夜叉掌管它,名 Naragān(那罗延?)。他守护脂那。他有八万个儿子。他们食果。

一天的第八时,一夜叉掌管它,名 Naragā[n?]。他领守迦湿弥罗。他有……儿子。他们食花。

一天的第九时,一夜叉掌管它,名……mīl。他占据 Džartabuhr。他有……儿子。他们食乳。

文本里明确直呼"末摩尼",将这篇咒语的摩尼教关联揭示无遗。文中还有几处术语的使用体现了明显的摩尼教特征。z'wr(zāwar)一词,恒宁认为是全文的关键字眼,咒语所针对的邪恶对象都将在 zāwar 面前逃离,在佩戴本符咒的人面前逃离,因此 zāwar 既是咒语所述"坚固力"(firm power),又是符咒本身。③ 在汉文摩尼教文献《下部赞》中有一段音译文字,其中有一句"夷萨乌卢诜,祚路爵于呐",吉田丰揭明"祚路"对应的原文: zwr,词义 power(力)。④ 该句

---

① 《下部赞》行 205 有"尊者即是劫伤怒思",请参本书第四章第四节。
② 徐文堪、马小鹤译文参见徐文堪、马小鹤《摩尼教"大神咒"研究——帕提亚文文书 M1202 再考释》,《史林》2004 年第 6 期,第 101—102 页。
③ Henning, 'Two Manichæan magical texts', p. 52.
④ Y. Yoshida, 'Manichaean Aramaic in the Chinese hymnscroll', *Bulletin of the School of Oriental and African Studies* 46, 1983, pp. 326‐331.

中的其他音译词也分别由不同学者读出，"夷萨"为 *yzd*，义 god、divinity（神、清净）；[1]"乌卢诛"为 *rwšn*，义 light（光）；[2]"于呬"为 *whyh*，[3]义 wisdom（智慧）。合并观之，这句音译文与汉文摩尼教文献中的"清净光明，大力智慧"八字偈语（七字韵语的下部赞作"清净光明大力惠"）完全符合。恒宁将这件辟邪符咒径称为 *zāwar*，我们姑且可译为"大力咒"。另一个恶鬼所要避走远遁的是 *sxwn*，恒宁译作 word（话语）。"话语"（*sxwn*）一词在摩尼教经典中有其特殊的用义与内涵，其在汉文摩尼教文献中的译名据考证为"语藏"，见于敦煌写本《摩尼教残经》，原句为"于语藏中加被智惠"，其语源由宗德曼揭明为帕提亚语 *saxwan tanbâr*，可能译自古叙利亚语 *gwšmʾ*，义近于拉丁文的 corpus。因此"语藏"在《惠明经》中"指代的是整个摩尼教教义文献"。这个词义更为柏林吐鲁番特藏中的摩尼教文书 M5794 再次证实，M5794 中篇章先述"由于有活的经典"，后言摩尼"由于有智慧和著作，将永存无疆"，这与"于语藏中加被智惠"语义上完全相合，因此印证了"语藏"在摩尼教术语系统内事实上和"摩尼教著作"同义。[4] 对 *sxwn* 一词，玛丽·博伊斯认为，该词用作摩尼教术语时，义为"词语/道（word），亦即摩尼的福音"。[5]《下部赞》中有一偈颂《初声赞文》，头两句为：于呬喝思嘿，苏昏喝思嘿。其中于呬为 *wcn*，义为声；喝思嘿为 *hsyng*，义为初（primeval）；苏昏即为 *sxwn*，义为语词（word）。因此在这件符咒中，*sxwn* 一词指的是符咒内容。

回到这件辟邪符本身，先称颂夷数（耶稣）后称颂末摩尼，这样

① Yoshida,'Manichaean Aramaic in the Chinese hymnscroll', p. 330.
② 石田幹之助：《敦煌发现〈摩尼光佛教法仪略〉に见ぇたる二三の言语に就いこ》，《白鸟博士还历记念东洋史论丛》，1924 年，第 157—172 页。此据氏著《东亚文化史丛考》，东京：东洋文库，1973 年，第 287—289 页。
③ E. Waldschmidt & W. Lentz, *Die Stellung Jesu im Manichäismus*, Abhandlungen der Preußischen Akademie der Wissenschaften, 1926, Nr. 4, S. 85.
④ 王丁：《陈寅恪的"语藏"——跋〈陈寅恪致傅斯年论国文试题书〉》，《科学文化评论》第 2 卷，2005 年第 1 期，第 69—70 页；收入氏著《语藏集》，上海文艺出版社，2021 年，第 185—215 页。
⑤ Mary Boyce, *A word-list of Manichaean Middle Persian and Parthian*, Leiden 1977, s.v. *sxwn*.

的先后顺序提示了夷数与符咒的关系更为紧密直接,宗德曼曾指出此处呼告的主夷数基督属于耶稣的第四种身份——末世耶稣(the eschatological Jesus),据吐鲁番文书 M35,他将作为救世主统治人类120 年。①

　　M1202 背面的文本主体为夜叉名录,恒宁参引烈维的研究对其结构做了详细的解释:名录中每一个小时都由一位占据某个国家的夜叉掌管,他拥有成千后代,以某种食物为食。这件原本应由 24 节构成的名录仅存 5 节,其残片与《月藏经》紧密相连。但目前看来,没有一部佛教文献如这件摩尼教残片一样,可以从中看到包含五种因素的名录:时刻、夜叉、国家、数目和食物。② 名录中的夜叉名及国家名都可在《月藏经》及《孔雀王咒经》中找到出处,徐文堪、马小鹤在恒宁释读的基础上,据《孔雀王咒经》将其中的 Puškavur 译作富楼沙富罗国(Purusapura),将 Džartabuhr 译作羯咤(Jatāpura),Kucātr 因无典籍着落,二位学者拟译成库查特拉。此外,他们还详析了第七、八时中的"食花""食果",分别引梵文、汉文、回鹘文、藏文及西夏文中佛经中的饿鬼名单中的"食华鬼"和"食果鬼"为例进一步强调这份夜叉名录与佛教的联系。③ 可以说,这份名录从结构到内容都是摩尼教借用佛教因素的表现,但其中颇可注意的是第七时掌管脂那的夜叉。

四、阿拉伯语咒语文献中的摩尼教内容

　　M781 和 M1202 中都出现了以-el 为词尾的天使名,出自犹太传统。伊斯兰阿拉伯医书中的巫方则表明了古希伯来的恶天使和巨人的名字,通过摩尼教的中古波斯语传承中介,逐渐变成《巨人书》里的摩尼教阿拉伯语译本,它们曾用于法术,终变成伊斯兰阿拉伯巫方医书源流的一部分。施瓦茨认为《对治 Tabi'a(*Fī-'ilāj-al-tābi-'a*)》一章

① Werner Sundermann, 'Christ in Manichaeism', *Encyclopædia Iranica*, Vol. V, 1991, p. 537b.

② Henning, 'Two Manichæan magical texts', p. 48.

③ 徐文堪、马小鹤:《摩尼教"大神咒"研究——帕提亚文文书 M1202 再考释》,《史林》2004 年第 6 期,第 101—102 页。

中的辅助咒语以伊斯兰教义为框架,咒语描述的是邪恶的天上窃听者。他逐字对译这篇咒语,同时尽力重现咒语中的原有音韵特点,如韵尾、头韵和谐音(rhyme, alliteration and assonance)的表现。对于咒语中出现的七个神祇名,他从年份较早的刊行本中的拼写着手,比较摩尼教中古波斯语版本或亚兰语构词形式重构潜在的阿拉伯语拼写。以下依据英译文迻译:

> 这是大卫之子所罗门之令:二者和平! 以真主的名义,凭藉安拉,来自安拉,归于安拉,认主独一,清真无二,没有胜利者惟有安拉,万物非主,惟有真主,更无他神。我命尔等,你们这些众所周知的灵怪,你们有武器和磨利的长矛,蹿到风中从天上窃听地上,你们这些带着闪电和旌旗的,我用威名真言命令你们,那些名字缠着你们的脖子,你们只能遵令 1. 玛忒辣逸(*mtryʾyl),2. 古拔逸(*kwkbʾyl),3. 斋珂逸(*zyqyl),4. 护拔阿毗施(hwbʾbyš),5. 以勒以弥施(jljmyš),6. 滥(rʾhm),7. 噶德来逸(*jdryʾyl)。① 你们这些住在北方和湿热南方的鬼精灵怪,不论大小长幼统统下来,下到地面,愿大地不支持你们,苍穹也不护佑你们。

施瓦茨对所列七个名字进行了词形重构及语义解释。第1、2、3的名字中的-yl,均屡见于亚兰文《巨人书》,为阿拉伯语、摩尼教中古波斯语继承,也是这两种语言天使名的常见词尾。1 和 3 属于堕落天使,它们教导人类;2 和 3 是邪恶艺术之师天使。这三个天使名还体现了其潜在的气象特质,这与咒语中对"乘风者"的描述相合,也与摩尼教对巨人后代的描述一致。1 中的 *mtr 在亚兰语和叙利亚语中义为雨;2 中的 kwkb- 为叙利亚语的星;3 中的 *zyq- 是叙利亚语的闪电。4 是一个错讹形式,可构拟为亚兰语的 hwbbš,是吉尔伽美什的恶魔对头胡姆巴巴(Humbaba)。5、6、7 是巨人名字,6 据其可能的阿拉伯语形式或义为连绵细雨,7 可还原成 gdryʾl,即《以诺书》(Enoch)中的 Gādreʾel(噶德赖逸)。② 第 4 和第 6 个名字的阿拉伯

---

① 以下七个阿拉伯语名字的转写只是表示其大略音值。
② Schwartz, 'Qumran, Turfan, Arabic magic, and Noah's name', pp. 233 – 234.

语拼写是建立在摩尼教中古波斯语的基础上,阿拉伯语名单表明了摩尼教包括《巨人书》在内所引用的原始素材都源于亚兰文的一系列文本。同时,该章还出现了将咒语所针对的"热病"按某个时间单位及气象状态区分的情况,如对治上午中段时间的热病"灰尘",对治中午的热病"阴云",对治下午的热病(未提特征),其咒语和结尾词各不相同。

五、闽地摩尼教中的数术

东南沿海地区的摩尼教流传至明代,闽地"民间习其术者,行符咒,名师氏法,不甚显云"。① 可以印证这一记载真实性的是福建霞浦文书,其中有摩尼教数术活动的发现,既有咒语,也包括一件明确含有摩尼教内容的祈雨文检。

霞浦文书《祷雨疏奏申牒状式》(以下简称《祷雨疏》),全册72页,行文遵循道教表文格式,使用敬空平阙书式,内容包括祈雨疏文的用语、所请神明称谓及表奏事项,附以夹行小字注明书写体式,前60余页书法谨严,此后似掺有其他书手字迹,略显潦草。首页破损,第2页标题"牒皮圣眼",为文检中关牒所呈请的神司目录("眼""目"同义),如福宁州和福安县城隍大王和雷公电母等与祈雨保苗直接相关的诸职能神。学者据福宁州、福安县这两个地名对抄本的成书年代进行了推测。② 第2页还写明"祈雨司额"作"大云祈雨坛",谢恩时写"电光植福坛"。全册按神祇地位分成奏、申、牒、状四类疏文,第3—7页是这四类疏文的封皮式样,第8—72页为各类疏文的具体样本,详列斋醮祈雨中诸项科仪如迎龙佛、谢雨中筵、谢雨完满等仪式的祝祷词。举行祈雨的地方叫瑞山堂。《祷雨疏》所列章奏为祈雨仪式中给帝尊的文书,文书所奏告的帝尊之一为道教的昊天金阙至尊玉皇大帝,另一奏告对象则为"摩尼正教"。所奏请的神明除道教系统中的众多神祇外,还可见佛教中的独觉佛、观音、势

---

① 何乔远编撰:《闽书》卷七《方域志》"华表山"条,第172页。
② 林悟殊:《霞浦科仪本〈奏教主〉形成年代考》,《九州学林》第31辑,上海人民出版社,2013年,第105页;杨富学:《林瞪及其在中国摩尼教史上的地位》,《中国史研究》2014年第1期,第115页。

至菩萨，尤为引人注意的是在"奏三清"一节中引入摩尼教的"苏醒活命夷数和佛、灵明大天电光王佛、太上真天摩尼光佛"，"申唤应"中列有俱孚大将、秦皎真人、四梵天王、八部护法，而洞天兴福度师、济南四九真人则指向闽东"明教门"系谱中的宋人林瞪。特别发人兴味的是，《祷雨疏》中多次将主持祈雨的术士称为"明流"，如《请龙佛祈雨谢恩词意式》（第30—31页）"于厶月厶日，命请明流赍持香信，远叩某龙圣井，祷请感应行雨龙王菩萨爰及随龙土地"，明流指闽地"明教门""明教会"中人，语言上盖脱胎于"缁流""道流"的构词法，他们的职业是"传教"，清初有明流吴法正与其子"传教"吴法广父子（《请龙佛设供词意》），可见明教中人在祈雨斋醮中所起的作用。现将第9—10页《安座请雨疏式》（图2-1）节录如下：

安座请雨疏式

传　太上清真摩尼正教正明内院法性灵威 精进意勇猛思部主行祈雨济禾乞熟法事 渝沙覩达臣厶　右臣厶一介么微，冒干天听，谨奏为祈雨事。

今据　通乡贯　奉

光明正教下祈雨济禾乞熟会首厶众等竭衷拜恩，俯历丹忱，冒干洪造，所称意者，言念生逢圣世，忝处人伦，蒙天地盖载深恩，感神明维持厚德，兹居霄壤，专……

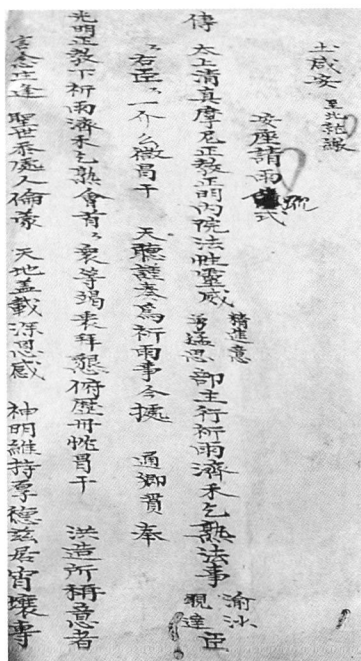

图2-1　《安座请雨疏式》

疏文首句标明"摩尼正教"，则摩尼教介入祈雨无疑。"正明内院"未见于现存汉文摩尼教史料及敦煌摩尼教经典，但在载有林瞪入"明教门"一事的《济南堂上万林氏宗谱》中记林瞪加封为"贞明内院立正真君"。① 贞训正,②"正明"当等同于"贞明"。究其原因,霞浦文书所据底本中该词为"贞明",因避宋仁宗(名祯)之讳写作"正明"。③ 成书于仁宗时期的《云笈七签》序中有言:"大中祥符年间,朝廷续降到福建等州道书明使摩尼经等。"后世多以此为据认为其时摩尼经假托道教名入《道藏》。因此"贞明内院"避帝讳改字极为可能。这种可能性则将此抄本所据底本的年代推延至宋仁宗迄后时期。主持祈雨的两位主事渝沙、睍达,这两个词不是人名,而是摩尼教的僧俗身份称谓。逾沙是你逾沙的省文,你逾沙是帕提亚语 ngwšʾg 的音写,④义为"净信听者",也就是摩尼教的在家信徒,见于《下部赞》第 410 行"你逾沙忏悔文"、屏南文书"你俞沙(健)"⑤(《屏南方册》F12101)。⑥ 睍达,即摩尼教僧侣称谓 dyndʾr⑦(参回鹘语 dentar),义为"持教者",在汉文摩尼教经籍中又音译为"电达",意译为"师僧"。《安座请雨》中这一僧俗联袂主持祈雨活动的模式,令人想起前述唐代祈雨活动中的阴阳术士和摩尼师。

《祷雨疏》对"看诵经咒""依教课,持经咒"叮咛再三(第 32、34、51、63 页),但没有列出具体的咒文。这类文本在其他霞浦文书中数量却相当可观。其中汉字音写中古伊朗语的咒语,有两段已为学者

---

① 参见陈进国、林鋆《明教的新发现——福建霞浦县摩尼教史迹辨析》,李少文、雷子人主编:《不止于艺——中央美院"艺文课堂"名家讲演录》,第 344—345 页。

② 《故训汇纂》,商务印书馆,2003 年,第 2174 页。

③ 参陈垣《史讳举例》,科学出版社,1958 年,第 154—155 页。

④ 吉田豊:《漢訳マニ教文献における漢字音寫された中世イラン語について(上)》,《内陸アジア言語の研究》2, no. 65。

⑤ "你俞沙健"显系耨沙喭(《摩尼光佛教法仪略・五级仪》"第五,耨沙喭,译云一切净信听者")的异译,原形为帕提亚语 ngwšʾg 及中古波斯语 nywšʾg 的复数形式 ngwšʾgʾn〔niɣošāgān〕暨 nywšʾgʾn〔niyošāgān〕。霞浦文书中渝沙、睍达两词的考证,承王丁老师教示。

⑥ 参王丁《摩尼教与霞浦文书、屏南文书的新发现》,《中山大学学报》(社会科学版)2018 年第 5 期,第 123 页。

⑦ 吉田豊:《漢訳マニ教文献における漢字音寫された中世イラン語について(上)》, no. 31。

刊布。其一见于《兴福祖庆诞科》中的《请护法文》咒语：[1]嘘缚诃逸啰、弥诃逸啰、业缚啰逸啰、啰嗶、娑啰逸啰、啰嗶遏素思悉嗶啼呴素思波沙邻度师阿孚林度师。其二见于无名科册中第 104—105 页"念咒降魔"：[2]弗里悉特健浑淡嘘缚逸、弥诃逸、喋啰逸、娑啰逸天王。文本清楚注明"咒语"的功用在于"降魔"。两段咒语为记音文字无疑，学者对其中若干神名加以讨论，认为是犹太传统中的四天使，包括也出现于前文讨论过的 M781 中的三位天使：卢缚逸（Raphael）、弥诃逸（Michael）和迦缚啰逸（Gabriel），即对应第一段咒语当中的弥诃逸啰、嘘缚诃逸啰和业缚啰逸啰，[3]第二段咒语中的弥诃逸、嘘缚逸和喋啰逸，[4]第四位天使娑啰逸啰即娑啰逸天王 Sərael。这四位在犹太传统中具有护法驱魔能力的天使，在霞浦文书中穿上佛装成为降魔的"四天王"。

摩尼教肇始于波斯，其数术文献发现在吐鲁番和阿拉伯地区，而远至中国东南沿海的泉州晋江苏内村，[5]亦有摩尼教的咒语流传。晋江文博专家粘良图先生曾在田野调查中做了如下记录：苏内村乩师在家奉祀摩尼光佛雕像。逢有人前来卜日问病时，他扶乩作法，"供给印有摩尼光佛形象、八卦形象的符纸，指定地方张贴或焚烧以镇宅驱邪"。苏内村民把刻于草庵的摩尼教十六字偈称为"摩尼公咒"，相信念此咒语可定心性、祛邪鬼，并附有一套"催咒"手诀。[6]霞浦文书中保存的汉字转写"咒语"，事实上很多属于宗教文体学中的祈祷文（prayer），称之为咒语，并不完全恰当。摩尼教的普通信从

---

① 马小鹤：《摩尼教四天王考——福建霞浦文书研究》，《丝瓷之路：中国古代中外关系史研究 III》；收入《霞浦文书研究》，第 125 页。马小鹤：《摩尼教耶俱孚考——福建霞浦文书研究》，《中华文史论丛》2012 年第 2 期，第 285—308 页；收入氏著《霞浦文书研究》，第 104 页。

② 林悟殊：《霞浦抄本明教"四天王"考辩》，《欧亚学刊》2015 年第 2 期，第 172 页。

③ 粘良图：《晋江草庵研究》，第 106 页。

④ 马小鹤：《霞浦文书研究》，第 106、104、125 页。

⑤ 参见王媛媛《中国东南摩尼教研究评述》，《中国史研究动态》2005 年第 7 期，第 11—20 页。

⑥ 粘良图：《晋江草庵研究》，第 88 页。

者不谙教理教义的究竟,在他们眼中,三际中的暗晦化明的"生出"(emanations)注定是多神论的舞台;摩尼教对神名加以"对译"(translating),虽则减低了传教的难度,但正是这一方便法门却又带来比附不当、牵强附会的风险。① 就像在祷文、符咒中植入外语语词或段落属于宗教生活中的普遍现象一样,②不仅术士、法师们借助这个手段可以增强其神学背景的正宗性,信奉者人群也往往在念诵他们不明其义的天语神咒之时,格外信其具有不可思议的神力。神灵魔鬼的名字佶屈聱牙,摩尼教初传中原之时,道明等译者就主张汉译摩尼教的偈、赞之文"义理幽玄,宜从依梵"(《下部赞》行 176),也就是说,唱祷之际应以摩尼教会官方原语为依归,真正的原因倒不是教理教义"义理幽玄"而不易翻译(深奥的《摩尼教残经》获得成功的意译便是明证),而在于成堆的神祇专名除了音译别无他法。摩尼教如此,佛陀释迦牟尼的宗教也是如此。垂至明清之际的霞浦明教内容抄本尚保存了若干在术语内容乃至音韵上相当古老成分的西亚摩尼教咒文面貌,为这一入华外来宗教能够延续千年的历史真相提供了新的例证。③

---

① Henning,'Two Manichæan magical texts', p. 39.

② Fritz Graf 著,王伟译:《古代世界的巫术》,华东师范大学出版社,2013 年,第 244 页。

③ 为了解福建民间摩尼教数术活动和其他信仰方式的遗存,笔者于 2016 年 2 月探访了粘良图先生首先发现的泉州晋江苏内村境主宫。经向村人了解,所谓境主宫,当地人称为"水尾宫"(笔者见到宫中悬挂有"五都水尾宫"锦缎横幅),为崇拜祭祀摩尼光佛、都天灵相、秦皎明使、境主公、十八真人之场所。每逢农历(当地称为"古历")三月二十三日举行秦皎明使生日纪念法会,其时尚有近三个月的时间,但村民已经开始为此募集功德金,张榜公布,标题为"秦皎明使圣诞捐资芳名",参与人数约有百人之众。水尾宫有红纸手书的联语"秦明共戴尧天舜日,皎使咸霑慧露慈风",句首用拆分重组的方式嵌藏"秦皎明使"这个名字。水尾宫神龛中的墨色手绘摩尼光佛像,造型完全因袭草庵的摩尼光佛形象。供桌上有一对筊杯,用于供前来祭拜的人投掷于地,以杯的正背面组合判断问卜成事的吉凶(参《晋江草庵研究》,第 93 页),上有契刻文字"草奄 2003 年",大约是表明该筊杯从一公里外的草庵请来的,这也表明五都水尾宫与明教胜地草庵之间的从属关系。

小结

在唐初新政权采取对外宽松政策的时代,主张"二宗"的摩尼教选择此时作为入华的契机。为了立足,它很快就面临着官方的接受和其他宗教的戒意这一双重考验。在官方方面,摩尼教被限制传教,只允许在西域侨民中奉行,而不允许向华民传播。即使如此,摩尼教还是在入华一个半世纪以后在会昌灭法中被正式禁止。即使佛教与摩尼教两个教团没有建立起一个和睦相处的关系,但是摩尼教团在入华伊始便打定主意,以佛教为样板展开自己的译经弘法活动。这虽然引起佛教方面的抗议,并通过唐廷被指斥为"妄称佛法"。恰恰这一对佛教的模仿,成为摩尼教迈向华化、取得立足机会的关键一步。

会昌灭法之后摩尼教以明教之名走向民间,在以后几百年间的中国历史上留下了虽然零星但却深刻的印记,在特定时期因"吃菜事魔""上逼国号"等指控引起官府的警惕和不快,但也留下"明教会""清净光明大力智慧无上至真摩尼光佛""摩尼佛帧"等为民间欢迎的组织与教条、形象。对摩尼教史料最早进行过全面纂辑、研究的法国学者沙畹、伯希和师徒对此有过精湛的判断,"吾人须知者,真正之摩尼教,质言之,大摩尼师自外来所传布之教,已灭于八四三年之敕;尚存者为已改之摩尼教,华化之摩尼教耳",①至今仍是我们理解摩尼教在中国文化中嬗变的指针。蔡鸿生先生指出:"泉州明教作为华化摩尼教的历史标本,可说已经有目共睹。至于进一步作出实证性和系统性的概括,则尚待群策群力。"②

---

① 沙畹、伯希和著,冯承钧译:《摩尼教流行中国考》,第53页。
② 蔡鸿生:《唐宋时代摩尼教在滨海地域的变异》,《中山大学学报》(社会科学版)2004年第6期,第114页。

第三章　祷雨活动中的明流

前两章我们主要是从摩尼教的发展历史脉络中把握其地方化的特点，这一章我们将以一个闽地的文本《祷雨疏》来实际说明这种地方化，并具体探析明教如何与闽地宗教相结合。该文本我们在第二章已有所提及、阐发，特别要说的是，在祈雨活动这个关系民生福祉的公共仪式里，明流与地方官不存在对抗的性质，更近乎是一种分工合作的关系。

此前已有学者使用《祷雨疏》内容来考证霞浦文书中的摩尼教内容，林悟殊、马小鹤曾引用书册中的"奏三清"一节来说明摩尼教的神祇结构，①杨富学、彭晓静则将文疏中的祷雨仪式与丝绸之路上的祈雨传统做比较，揭示摩尼教祈雨术走向民间的这一过程。② 不过以上先行研究并未详细论述《祷雨疏》的内容及结构，也未深入剖析摩尼教与闽地民间宗教如何在祈雨活动中融为一体这一事实。因此下文我们首先作出《祷雨疏》的全文录文，并通过梳理《祷雨疏》书写样式、年代等基本情况掌握其教团组织的基本架构，分析所使用的地域及人群，进而通过对祷雨神谱的溯源探讨摩尼教神祇与民间神祇如何共存于中古晚期的闽地社会。另一方面，本章通过追溯历代祈雨活动中儒释道三教的主张，分析比较其留传下来的祈雨文，据此把握《祷雨疏》疏文的特点。这两种疏文的内容侧重点不同，区别如同儒释道三教对祈雨活动的宗教性解释不同一样，反映了同一时期士大夫和宗教人士对祈雨活动的不同认识，然而这种差异却不影响他们出现在同一个祈雨活动中。

---

① 林悟殊：《霞浦科仪本〈奏教主〉形成年代考》，《九州学林》第 31 辑，上海人民出版社，2013 年，第 105 页；收入氏著《摩尼教华化补说》，第 388—422 页。

② 彭晓静、杨富学：《福建摩尼教祈雨与丝路沿线祈雨传统之关联》，《石河子大学学报》2016 年第 1 期，第 29—33 页。

第一节　霞浦文书《祷雨疏》

《祷雨疏》系纸质写本，抄写于白色抄书纸，墨书纵行，封皮题"祷雨疏　奏申牒状式后学　陈宝华存修"（下文简称《祷雨疏》）。书册首残尾全，最前面存在两页残片粘连现象，余下70页页面完整，字迹清晰，因此目前书册看似71页，实际上至少有72页。每页10行，每行30字以内，文中多处有双行小字夹注，注明用笺形式、书写体式，正文旁有朱笔圈勾符号，当为使用者所作标记。文疏遵"敬空平阙"书式，遇帝尊级别的名号即转行顶格书写，遇普通神名则空格。前61页书法谨严，出自同一书手，第62—64页出自另一书手，书法较前一书手草率，第64页后半段至第71页为第三位书手的笔迹，书法工整。由此可以推测，该书册并非一次性钞录并按大类归置的整理本，而是较长时段内陆续编纂祷雨范文而形成的汇编本。从现存首页第1—6列的书法及内容上看，该页紧连第71页，拟补为第72页，第6—9列则与第2页内容相近，应是因翻阅书册而致首尾卷连，后来者误作一页（参见图3-1）。因此叫将书册按72页的篇幅重新排列为三个部分：（一）第1—2页为目录；（二）第

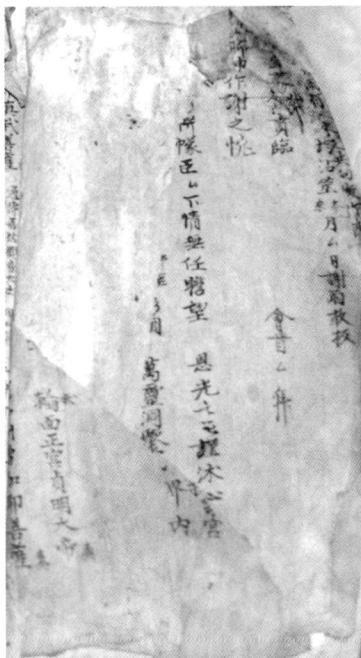

图3-1　《祷雨疏》首页

3—7页是文疏的牒尾、封皮式样；（三）第8—72页为正文，即祷雨疏文的具体样本，详列祈雨诸项科仪中的祝祷词，共计60篇，每篇皆有标题，第70—72页为末篇，但第72页残破无尾，仅余6行。全文约17 230字。

《祷雨疏》目录如下：

（一）疏文目录

1. 牒皮圣眼

（二）牒尾封皮式样

1. 谢恩申奏并牒尾	2. 奏申函皮式样	3. 内凭奏申皮
4. 牒皮式	5. 中筵疏皮	6. 请疏皮式
7. 谢恩奏申函皮式	8. 谢恩内凭奏申皮式	9. 谢恩牒皮式
10. 谢雨已筵疏皮式	11. 谢雨完满疏式	12. 请疏皮式
13. 符使状皮式	14. 道场完满奏申函皮式	15. 内凭奏申
16. 谢恩献皮	17. 安慰状皮	18. 奏申额式

（三）祷雨疏文

1. 取龙/佛安座牒式	2. 安座请雨疏式	3. 奏三清
4. 申东岳	5. 申地府	6. 申水府
7. 申五海龙王	8. 申唤应	9. 申三界
10. 申三元	11. 祈雨安座牒田园公母	12. 牒五谷
13. 牒当境	14. 牒夫人	15. 牒随佛土地
16. 牒城隍	17. 牒沿途土主	18. 牒雷公电母
19. 牒本坛	20. 牒龙井	21. 牒随龙土地
22. 牒境内诸宫土主	23. 符使状	24. 祈雨安座三界疏
25. 祈雨安座中筵疏	26. 祈雨安座完满疏	27. 请龙佛祈雨谢恩词意式
28. 祈雨谢恩牒式	29. 谢雨中筵	30. 谢雨完满疏
31. 申东岳	32. 申三界	33. 申龙王
34. 申水府	35. 奏昊天	36. 奏三清
37. 奏贞明	38. 谢雨进状	39. 谢雨献状
40. 谢雨解释疏式	41. 作保苗奏昊天	42. 奏三清
43. 申东岳	44. 申唤应	45. 保苗完满疏式
46. 保苗请圣疏式	47. 保苗符使状	48. 取龙佛词意
49. 祈雨疏式	50. 迎龙/佛疏式	51. 又疏尾式

52. 土主前乞雨疏式　53. 祈雨疏疏式　　54. 请龙/佛设供词意

55. 取真武帝疏意　　56. 又式州官龙请用　57. 又疏

58. 又祈雨疏　　　　59. 又祈雨　　　　60. 祈雨谢恩

从上述目录看,整部《祷雨疏》大体是参照道教章函制定的,对文疏的封函样式、封皮及书写内容进行了详细的说明及示范。根据封面题名,可以清楚得知文疏分成三类文体:奏、申、牒,这一分类方式是因循道教文检的。此三大类之外,又有衔接三者的"状"——符使状,即进状请使者向以上三种等级的神明传达奏章,即关通其事,可视为奏、申、牒外的第四类,这四类文疏共 31 篇。但从排列顺序看,它们是循环往复的状态,如《奏三清》一共 3 篇,却分布在不同的位置(页 12、40、47),将其内容进行对比,可发现在神明的头衔和奏请事项上有所区别。分析其差异,我们发现《祷雨疏》还存在第二种基本分类,即祈愿之事的区分,通过第 7 页奏申额式及文疏可知所求之事有三种:祈雨济禾、感雨谢恩、保苗祈熟,其法事程序稍有不同,仪式节次上所请神明有异。

　　第 1—2 页内容为奏、申、牒所呈请的天神目录,这是根据第 2 页第 4 行的小标题判断的。其题为"牒皮圣眼",眼与目同义,结合条目下的内容可断定为是关牒所呈请的神司目录,神司包括如城隍大王、雷公电母等与祈雨保苗直接相关的职能神,而第 1 页即为奏状所呈请的神司,第 2 页前半部分为申状所呈请的神明目录。

　　第 3—7 页提供了牒尾的套语及文疏封皮。奏、申、牒三类文疏共用同一种套语作结尾,即牒尾,但标题又说明"凭此式,不凭祈雨式",只是现存书册未见"祈雨式"。结合第 2 页末尾内容与第 3 页开头内容联系并不紧密的情形判断,写本很可能存在脱页情况。疏文外用纸封住,上写神明名号,是为封皮。奏、申合用一种封皮,为奏申皮,牒单独用牒皮。式样计计 13 种,按上述祈雨司额分作祈雨、谢恩两部分,奏申类封皮为体现恭敬需封两层,包括外函皮及内凭奏申皮,外函皮上写"重封"。此外,多处封皮注明"匡黄内写",应是封皮上有黄框,于框内写明文疏类别,如"牒皮式""谢恩献皮"。有封皮处标注用红签或黄签,[①]红、黄签指另用红纸或黄纸贴于封皮上

---

① 如第六页"谢恩献皮"标注"用红签"。

书写。13种封皮分别与60篇文疏对应,惟有"安慰状"未见对应文疏,不知具体何用。但封皮所示献状对象为:当境土主或当空境界列庙王侯,依此判断应是用于奏请当境土地神的疏文。另外,第7页规定了"奏、申额式",额为疏文开头部分,为奏明祈雨者身份的程式性话语。

关于抄本的年代,文疏本身无明确纪年,但有三处相对时间的记录:已己岁次(页10、30)、初十(页62)、大明(页66)。另外,虽然祷词多为套语,在可能涉及具体信息如人名、地名的地方往往留空,没有填出,但仍有三处具体地名,为判断年代提供了线索。第一个地名为福宁州福安县(页2、4、5、7)。案:(万历)《福安县志》,元至元二十三年(1286)到至正二十六年(1366)福安县属福宁州,明初隶福州府,成化九年(1473)改隶福宁州,雍正十二年(1735)隶属福宁府。[①] 光绪《福安县志》记载不同:"元至正二十三年升长溪县为州,县改属州。"参《福宁府志》《福宁州志》,此处应是将年号至元误写作至正。因此,文疏的文本形成年代应在1286—1366年或1473—1734年,这个区间内己己年有1329年、1509年、1569年、1629年这四个年份。

第二个地名为第65页的樟柏洋。今宁德境内仍有两处樟柏洋,一处为福鼎县磻溪镇炉屯村樟柏洋,另一处为霞浦县牙城镇樟柏洋村,两地直线距离约十公里。前者在地方志中可查得四条记录:

望海里。十二都原州九都一图原析其半:黄岗洋、桑园、溢溪、菁坑、庄边、仙蒲宫、水芰洋、芹洋。十三都原州九都一图,析其半:樟柏洋、乌杯、漆溪、五蒲、蒋洋、竹林下。[②]

卢屯庵,在十三都樟柏洋。[③]

樟柏洋溪,流自卢屯,达茶洋溢溪、赤溪,东南至杨家溪入海。[④]

---

① 陆以载等纂修:(万历)《福安县志》,《日本藏中国罕见地方志丛刊》,书目文献出版社,1990年,第117页。

② 朱珪修,李拔纂:《乾隆福宁府志》卷八《福鼎乡都》,(台北)成文出版社,1967年,第132页。

③ 谭抡纂修:《嘉庆福鼎县志》卷七《寺观》,(台北)成文出版社,1974年,第789页。

④ 谭抡纂修:《嘉庆福鼎县志》卷二《山川》,第173页。

黄冈之西南则樟柏洋,有溪焉。发源卢屯,出茶洋,合溢溪。①

这四条是福鼎樟柏洋在清代地方志里的记录,但向前溯源,明代(万历)《福宁州志》"望海里统图七"记:"九都:桑园、乌杯、漆溪、五莆、蒋洋、楮岭、半溪、车岭、菁坑、东古洋、南网。"②其中并无樟柏洋。

霞浦的樟柏洋,见于1993年的《霞浦县畲族志》的人口、地名录,属牙城镇东街头村。③牙城属霞浦县七都,即(万历)《福宁州志》里七都下的"牙里",条目下亦未著录樟柏洋一名。不过,据1871年重刊《福建通志》:"杨家溪,五六都。在县东,源出北山,南流经湖平铺,西折东流,合福鼎樟伯洋溪经三沙堡北,又东至牙城东南入于海。"④霞浦杨家溪与福鼎樟柏洋溪合流经牙城东南入海,两村应是因两溪流经故有樟柏洋之名,因此文疏的樟柏洋虽难确指为二者当中的哪一个,但应落在它们所在地区的范围之内。

第三个地名是第66页的"大明国福建福宁州等处、承宣布政使司直隶福宁州"。史上设福宁为州在元至元二十三年(1286)至明洪武二年(1369)及成化九年(1473)至雍正十二年(1734)两段时间内,⑤然至元、洪武时福宁州属福州路,成化九年始直隶福建承宣布政使司,⑥无疑该页文疏所记年代的上限为成化九年,下限为明崇祯十七年,即在1473—1644年之间。

以上就是书册的基本结构及大约年代区间。值得注意的是,在

①　黄鼎翰纂:《光绪福鼎县乡土志》十二三都分编,福建人民出版社,1989年,第66页。

②　殷之辂修,朱梅等纂:(万历)《福宁州志》卷一,《日本藏中国罕见地方志丛刊》,第22页。

③　俞郁天编纂,霞浦县民族事务委员会《霞浦县畲族志》编写组编:《霞浦县畲族志》,福建人民出版社,1993年,第75页。

④　陈寿祺等纂:《福建通志》卷十四《山川·霞浦县》,华文书局,1968年,第399页。

⑤　福宁升州为府的时间地方志记载有出入,《霞浦县志》记康熙二年,除此之外,《乾隆福宁府志》、(万历)《福安县志》、《光绪福安县志》皆为雍正十二年。

⑥　殷之辂修,朱梅等纂:(万历)《福宁州志》,《日本藏中国罕见地方志丛刊》,第17页;罗汝泽等修,徐友梧纂:《霞浦县志》卷一《疆界沿革表》,(台北)成文出版社,1967年,第12页。

道教祈雨仪式中,焚烧文疏的同时还配合使用符咒。符咒运用得法与文疏书写是否合仪规同样重要,都是祈雨能否成功的关键。《道法会元》卷九八"九天碧潭祷雨大法"一品就详述催雷致雨的符箓与咒语,而在霞浦亦留传一套共有 26 页的《北宋前津门救火林瞪公求雨秘诀》,①学界已有人零星披露其中的一些片段,其中第 31—38 行为:"本坛师尊,天门威灵显相、洞天兴福度师、济南法主、四九真人,前传后教历代宗师,间苑二洞祖,本仙师收龙收水仙师,收气仙师,管龙仙师,三十六员官军,马氏真仙菩萨,敕感应陈氏夫人,五色云头,兴云布雨仙师。"②部分神名同样见于本册文疏,因无法得见该部秘诀全貌,它与本文疏的关系如何待考。不过《祷雨疏》对"看诵经咒""依教课,持经咒"仍叮咛再三(页 32、34、51、63),因此文疏之外还存有一部配套使用的"求雨符咒"应属可能。

第二节　明流与官·佛·道

一、祈雨人员

《祷雨疏》作为以指导祷雨为目标的手册,法事背后的宗教信息都暗含在疏文里。文疏的撰写者自称为"光明正教""摩尼正教",所指无疑为摩尼教。讲述摩尼教僧开教回鹘历程的《九姓回鹘可汗碑》中有"故能开正教于回鹘","正教"之说,虽跨越唐元之间 500 年,仍一脉相承。文疏又规定了祈雨的法坛名:"允祈雨司额写大云祈雨坛,谢恩即写电光植福坛。"大云祈雨坛在文疏中一般简称为"雨坛"。《资治通鉴》胡注:

> 按《唐书会要》十九卷:回鹘可汗王令明教僧进法入唐。大历三年(768)六月二十九日,敕赐回鹘摩尼,为之置寺,赐额为大云光

① 杨富学:《林瞪及其在中国摩尼教史上的地位》,《中国史研究》2014 年第一期,第 116 页。
② 详见福建省民族与宗教事务厅"福州福寿宫"条目:http://www.fjmzzj. gov.cn/jhtml/ct/ct_1892_271274,于 2017 年 5 月 28 日读取。

明。六年正月,敕赐荆、洪、越等州各置大云光明寺一所。

寺名大云光明者一般认为是摩尼寺。不过也有佛寺称大云光明,而且密宗有《大云祈雨经》,因此文疏的大云祈雨坛,从佛教还是摩尼教而来都有可能。谢恩时法坛称"电光植福坛",摩尼教《下部赞》有"十一者齐心电光佛",又有"摩尼正教",可见这一坛名从摩尼教而来。结坛作法,法会应不同的目标而有三种:电光大云祈雨胜会、电光祈雨济禾安座胜会、电光感雨谢恩胜会,大约分别对应于祈雨活动的开始仪式、甘霖普降之后的酬神仪式。

祈雨的法师为光明正教内的神职人员,每道疏文开头都奏明其身份:

> 谨　谨　　　传
>
> 昊天□□　摩尼正教正明内院法性灵威 ^{精进意}_{勇猛思}部主行 ^{祈雨}_{保苗}法事
>
> ^{渝沙}_{睍达}臣厶函上　　　　　　　　　　　　　　　誉_奏_申谨^重_封
>
> 状　奏

渝沙、睍达为摩尼教僧俗称谓,在经典的摩尼教制度中分别指"听者"(在家信众)、"电达/电那勿"(摩尼僧)。这两个词在霞浦其他文书也分别出现过。2005年粘良图在《青阳科甲肇基庄氏族谱》集外篇中发现了一篇至正年间欧阳贤为庄惠龙撰写的墓志铭,其中有"天德为睍达"。[①] 再看他们对应的法事部,敦煌《摩尼教残经》中有明性五种净体:相、心、念、思、意,将其中思、意与勇猛、精进对应而有两部。勇猛、精进之语出自佛经,《下部赞》及《摩尼教残经》亦见承用。

祈雨法事的另一个重要道场为龙井。被派遣前往龙井的执事人称为"明流",此即闽地"明门""明教会"中人。在上一章已经提到,"明流"一词系模仿"缁流"(佛教僧伽)、"道流"(道教道士群体)制成,用以指称明教(摩尼教)的僧侣阶层以及平信徒。

不仅仅是"明流",文疏中还有"明令""明命""明敕""明宫"等

---

① 粘良图:《晋江草庵研究》,第49页。

词,显示"明门"有一套以"明"为核心的制度化系统术语。这些词在书写时空格或顶格,表明它们具有神圣性质,受到尊崇,这一做法更是为了强调"光明正教"的主体地位。

明流作为明教中人,显然有其教内的职能。第61页《请龙佛设供词意》:"命请明流臣法正,带领传教嗣男吴法广赍持香信直往钟龙圣井。"吴法正与吴法广为父子,职业是"传教",即"光明正教""摩尼正教"的传人和普及者。值得注意的是,在以"祈雨会首"为主体的文疏里,前往龙井的执事者被称为"佺",在第60页的祈雨疏中又称"法师"。在第66页州官请雨的文疏里,行使同一职司的是"判""佺士"。毫无疑问,这是对同一种执事人的不同叫法,在祈雨主体不同的系统里,对法事主持和前往龙井者的称呼有所变化。以下是主体不同的祈雨仪式中对同一类人员的不同称呼:

表 3-1　祈雨活动人员

祈雨主体	法事主持	前往龙井者
光明正教	渝沙、睍达	明　流
祈雨会	会　首	佺/法师
州　官	信　官	判/佺士

我们知道,祷雨的法事活动由光明正教教职人员主持,乡民组成的祈雨会参与,特殊情况下又请当地官员支持祷雨活动。渝沙、睍达这样直接音译外来语的摩尼教专用称谓,则只在光明正教为主体的语境中才使用。"诠者",在经典摩尼教中指被选中者,与电达同义,《下部赞》行221有"诠者"。佺为佺士的省称,应该就是"诠者",与睍达一样,指称光明正教中的僧侣。法师,民间对受箓、具出家身份的修道者称道士,对以巫术禳灾祈福者称法师,摩尼教入闽时,即有摩尼僧呼禄法师一说。在以祈雨会为主体的祈雨环节时,会首即乡民中的组织者发挥更重要的作用,而摩尼教法师则只是进行仪式的规定流程。在州官主持祷雨时,"明流"等带有浓重宗教意味的词语隐退不见,取而代之的是"信官"这样更为普通的字眼,对法事人员加以职官化,且将之安排到一个辅助地位。担当行政官角色的执事

人被称为"判"（判官）就是很自然的事了。我们无法判断参与祈雨活动的地方官员是否知晓摩尼教的存在，但我们可以确定的是，州官强调的是儒家的祈雨传统，摩尼教法师作法只是一种因乡民需要而采取的辅助性措施，这一主张在下文具体的疏文中清晰可见。

光明正教下的法事臣立坛作法，而到了诵念长篇疏文时，仪式上又会增加一名参与人员——"会首"。这个角色多见于民间祠神活动中，宋代福建地方信仰兴盛，形成多样的祠赛社会，这种宗教结社集会以地方神祇信仰为中心，活动的组织者称为社首、会首等。会首或由民众推举出来，或由官方指定，甚至是宗教的专职人员，总之都是地区有影响力、号召力的人物，同时往往也是祠神信仰的出资出力者。① 会首一称冠有相应头衔："祈雨济禾乞熟会首""感雨谢恩会首""保苗祈熟会首"。这些法会与宋代宗教结社性质一样，也是为特定目的和活动而组成的宗教会社组织。会首下又有"弟子""会众"等，有时称"设供弟子"，即专门作迎归龙佛准备的人员。会首等人在诵念疏文前都要"通乡贯"，如第 60 页："乡贯某都某某，星居各境，佥诣某某堂众。"意思为：分散居住在乡都各地的人一同前往某一堂口。元代中后期乡村实行乡都制，明代洪武后乡都之下又设里、甲，以人户或土地进行编户管理。当地百姓组成祈雨会，从中推举会首。祈雨会与光明正教是两个并列的组织，但人员关系如何这里并不清楚，或有重叠的可能，即由法事臣担当会首。《祷雨疏》记录的是民间宗教活动，该活动以神明为崇拜中心，以法事活动为核心，这里崇拜的神明无疑是以摩尼教主神为中心的一众神明，而法事活动是由摩尼教教徒——明流与民众中的领导者——会首共同参与的。

二、龙井祈雨

前往龙井是为了将龙或者佛迎至祈雨坛，文疏中，龙居之地为龙井，佛所居之地为瑞山堂，霞浦文书《乐山堂神记》亦将其视作佛

---

① 皮庆生：《宋代民众祠神信仰研究》，上海古籍出版社，2008 年，第 116—130 页。

寺:"瑞山堂常住三宝,佛宝、法宝、僧宝。"祷雨疏中以"龙王菩萨"出现最频繁。中国传统将龙与降雨联系在一起,后来龙又与佛教的雨神(Naga)结合,形成布雨之龙王菩萨,不过后来道教祈雨术渐盛于佛教祈雨法事,五海行雨龙王菩萨亦被纳入道教体系中。但无论使用何家法,法事者多往山中水潭、瀑布等地祈雨,旱祷辄应多次后便以之为龙潜居地,称龙湫、龙潭或龙井,湫、井的区别主要在于水量大小。福建地方志著录了多个祷雨应验之处。因福宁州东南两面皆海,海洋性季风气候影响显著,旱涝多发,"夏则多苦于旱十甚,至八九月而后有雨,田七枯焦"。①祷雨地以龙潭、龙井为主,龙井一部分为山中的天然暗井,一部分是聚居处人工开凿的井。现存地方志书载有多处龙井,置于"川"条目下,都是录自成书较早(1612—1616年)的《闽书》,现胪列如下:

福宁州龙井,一在赤岸,一在东岩下,一在报恩寺,一在台州岭下。②

福安县龙井,一在仙境峰巅,一在五马峰下,一在上治,皆可祷雨。③

至于玉井,又有:

福宁州东津玉井,井门可容一人出入。当门水浅,门内绝深。顶有水点,滴如更漏,中有龙居焉。④

祷雨疏中龙井名留空,书以"某井"(第12、13页)或"某圣井"(页14、45、54)、"二处圣井"(页14)、"诸处圣井"(页17)、"某龙圣井"(页23、25、31、52)、"某玉井"(页67),因此前往的龙井可能就是诸如《闽书》著录的这些龙井。惟一说明名称的是"钟龙圣井"(页8、10),按神司目录及文疏内容,前往此井所祷请的神明为"钟龙圣井

---

① 殷之辂修,朱梅等纂:(万历)《福宁州志》卷一《分野》,《日本藏中国罕见地方志丛刊》,第19页。
② 何乔远编撰:《闽书》卷三一《方域志》,第743页。
③ 同上书,第756页。
④ 殷之辂修,朱梅等纂:(万历)《福宁州志》卷一《分野》,《日本藏中国罕见地方志丛刊》,第19页。

行雨龙王菩萨"（页 2、24、29、33、59、63）。无独有偶，《闽书》中亦收录"钟龙井"：

> 福宁州灵霍乡三十一都，图一。山曰柘洋东山。岩曰任公。井曰钟龙。①
>
> 秦溪，源出钟龙井，南留合溪口。又名秦川。②

这里可知钟龙井水量不小，所在的三十一都实属柘洋上里，按方志记载，柘洋上里在雍正十二年前属福宁，而后归属霞浦，为今宁德柘荣县。秦溪在福安县，福安县在福宁州西北。钟龙井具体何在，《福宁州志》又提供了另一线索：

> 钟龙井，在三十一都，近天心寺。

州志《寺观》一卷载有天心寺寺名由来及建寺过程：

> 天心寺，在三十一都，又废。国朝宣德中（1426—1435）督坑太监周觉成梦天落月于身，询僧宝月符其梦。召里人游良懋与僧共新之，良懋别建华严阁于近地，藏经舍田十亩。③

《乾隆福宁府志》因循万历方志，④惟一不同的是彼时天心寺的状态为"寺存"，万历时寺废弃过，乾隆朝时寺犹在。但在 1929 年的《霞浦县志》言该寺"今废"。⑤ 天心寺建成因周觉成，他一度在宁德境内活动，留下了不少事迹与传说，《柘荣县志》记载了他的墓葬位置："天星禅寺 …… 周觉成逝世，墓葬寺后山上，遗迹尚在。"⑥建成过程与天心寺完全一样，创建者周觉成墓葬至今仍在天星寺，天星寺应

---

① 何乔远编撰：《闽书》卷三一《方域志》，第 729 页。
② 秦溪一条《福宁州志》与《闽书》所载基本无别：秦溪，在⊔⊔都，源出钟龙井，南留合溪口。参见何乔远编纂《闽书》卷三一《方域志》，第 7 页；殷之辂修，朱梅等纂：（万历）《福宁州志》卷一，《日本藏中国罕见地方志丛刊》，第 38 页。
③ 殷之辂修，朱梅等纂：（万历）《福宁州志》卷十五《寺观》，《日本藏中国罕见地方志丛刊》，第 391 页。
④ 朱珪修，李拔纂：《乾隆福宁府志》卷三五《霞浦·寺观》，第 529 页。
⑤ 《霞浦县志 1929 年》，霞浦县地方志编纂委员会，1986 年，第 101 页。
⑥ 柘荣县地方志编纂委员会编：《柘荣县志》，中华书局，1995 年，第 688 页。

是旧志所记载的那座天心寺。因其在黄柏乡,渐渐被称作"黄柏天星寺",寺至今仍存,且寺西有一峡谷名"龙井坑",说是其中有一"钟龙井",因此得名。不过县志有另外一条记录令人疑惑:"天星寺位于长冠村南10华里的天心度山中,……寺西夹谷有口樟龙井(今名龙井坑),深不可测。"①龙井坑又叫樟龙井,而非钟龙井。幸而《霞浦县志》里有如下这条材料:

> 樟龙井,在廿九都黄潭桥。相传天心寺以樟木为梁,画龙缺一爪,有宦者来游,戏足成之,俄尔风雨变化,梁忽飞去,于山上蟠旋,后作一井,祷雨辄应。清嘉庆二十二年旱,乡人祈之,甘澍骤至。②

其时霞浦县廿九都为柏洋乡,与天心寺所在的三十一都有一定距离,应是钟、樟两字音近,故而传讹。现今的黄柏天星寺应该就是旧时的天心寺,今称的龙井坑就是方志中的钟龙井。可以说,《祷雨疏》所载"钟龙圣井"与《闽书》等地方志所记相合,天心寺附近的钟龙井向为祷雨感应之处,民间因此还附会天心寺"樟木画龙"的传说。

前往龙井者如何祷请,疏文并未详说,不过历代笔记小说及地方志中有不少关于东南地区祈雨的记载,如《夷坚志》"龙溪巨蟹"条:

> 福州长溪之东二百里,有湫渊曰龙溪,与温州平阳接境,上为龙井山,其下有大井,相传神龙居之。淳熙初年七八月之交,不雨五十日,民间焦熬不聊生。祈祷请,皆莫应。士人刘盈之者,一乡称善良,急义好施予。倡率道士僧巫,具旗鼓幡铙,农俗三百辈,用鸡鸣初时诣井投牒请水。到彼处,天已晓,僧道四方环诵经咒,将掬水于潭。……又明日,始备礼供谢,复致井中。自后有所祈必应。③

长溪县到了明代划归霞浦县,往龙井投牒是常见做法,史料中亦见投简或沉铁符的仪式,应即道教中的投龙仪,该仪式盛行于唐代,流传久远。《闽书》还记述了一件灵应事迹"龙湫浮疏":

> 景泰三年,邑人祷雨龙湫。疏文未善,投之须臾,别浮片纸,取

---

① 柘荣县地方志编纂委员会编:《柘荣县志》,第61页。
② 罗汝泽等修,徐友梧纂:《霞浦县志》,(台北)成文出版社,1967年,第80页。
③ 洪迈撰,何卓点校:《夷坚志·支丁志》卷二,第982—983页。

视,乃元至正间祷雨疏也。①

《闽书》引出元代祷雨疏全文。此事还见于多种地方志,强调疏文合乎体式方可沟通神明求得雨水,其奇特令人称颂,增添了龙湫祷雨的神异。另外,闽东祈雨活动的科仪文献中附上了今宁德市古田县富达清代龙井祈雨的全过程,尤其是详细说明了如何通过瓶中水况判断雨势的方法。富达虽为畲族聚居地,但祷雨仪式并无显著不同。

　　富达的祈雨是全县闻名的,甚至连古田县到雪峰寺沿途各地没有人不知道。……龙井离寺(案:即雪峰寺)15公里,山路极陡怪石嵯……祈雨用的瓶是特制的,瓶口用蜡密封。龙井深七八丈,用细绳把瓶绑好,瓶与疏同时放入龙井里,长老与道士进行诵经做法;祈雨的人跪在井边呼救,浮在水面的疏与瓶能竖直沉入水中六七丈深。当把瓶提上来时,如果瓶中的水是浑的说明雨急,而且大;如瓶中水是清的说明雨可能慢。②

以上几则记载清楚地表明,宋至明乃至清末,往龙井求祈是福宁州及邻近地区百姓祷雨的一个传统,其中细节也许各有讲究,但总体仪式是相近的。霞浦《祷雨疏》亦不例外,并为此设专员"赍持香信远叩圣井","香信"指代香和祭品,同时还携带文疏或圣瓶一类的物品。樟柏洋和钟龙井作为祷雨疏出现的两个具体地名,应为龙井祷雨这一环节的起点和终点,今天虽分属霞浦、福鼎和柘荣,但万历前后都在福宁州辖内。据万历丙辰(1616)的《福宁州志》,福宁州领福安、宁德二县,福宁州城所在大约为今霞浦县地区,福安县大约是今福安市及柘荣县一带,宁德县大概是今宁德市南部,乾隆四年析福宁府附郭霞浦县所置之福鼎县大约对应着今大的福鼎市。③

① 何乔远编撰:《闽书》卷三一《方域志》,第773页;此事又载于卢建其修、张君宾纂《宁德县志》下集,宁德县志编纂办公室,1983年,第546页。
② 钟雷兴主编,缪品枚编撰:《闽东畲族文化全书·民间信仰卷》,民族出版社,2009年,第253页。
③ 参见谭抡纂修《嘉庆福鼎县志》卷一,第90页及所附州图。

第三节 祷 雨 神 谱

作法者严格遵循规定格式书写奏请神明的文书,才能通达圣真求得雨水,这是道教斋醮仪式强调的。金允中《上清灵宝大法》曰:"凡有请祈,须仗文檄,然须言辞有理,亦要典格无亏,有如朝廷疏状,尚有定格。高天上帝,无极至尊,岂可妄乱亵渎? 主领斋醮,职在关宣,通达恫诚,利济幽显,即在练达科教,要在少通文词。"①可以说,准确写清神明的宫阙及圣号是祷雨能否成功的关键,《祷雨疏》在遵循这一道教规制的同时援引进摩尼教的神名及僧阶等,构成了一个等级森严、职能分明的神谱,有利于强调其法力来源的正统性。因此下面我们将按疏文所划分的三种神阶对所请之神一一进行讨论。

一、奏

奏只用于居圣位者如天尊,《祷雨疏》用奏状者共八尊神:"昊天""三清""贞明""独觉佛""泗州佛"及"真武帝(玄天帝)",无疑祷雨者将他们视作求雨所请众神中的最高神。

"昊天至尊玉皇大帝"。昊天始于上古对天的尊称,又称上帝。宋真宗时有一系列帝室祖先降天书之神异事,后封玉皇"太上开天执符玉历法含真体道玉皇大天帝"尊号,于是玉皇与昊天被视作同一神,且逐渐成为道教的最高神。②

"三清"。道教的三位至高神,指玉清原始天尊、上清灵宝天尊、太清道德天尊。《祷雨疏》在这一尊号下的神祇却有了变化:"夷数和佛""电光王佛"和"摩尼光佛"。这是一种颇为惊人的改编,民间宗派庞杂,各有其所宗之师祖,但在奏请所谓三清时,甚少会作改变。在术语、仪轨都保留浓重道教痕迹的情况下,却在奏告主神的章奏中以摩尼教神明取代道教三清,是在有意凸显光明正教的立

---

① 金允中:《奏申文檄品》,《上清灵宝大法》卷二七,《道藏》第 31 册,第 513 页。如无特别说明,本书引用的都是 1988 年文物出版社、上海书店、天津古籍出版社联合出版的《道藏》。
② 窪德忠著,萧坤华译:《道教诸神》,四川人民出版社,1989 年,第 93 页。

场。这三尊佛确为摩尼教中的重要神祇,其神号头衔在不同仪式节次中有所变化,暗含了编纂者对其神性的理解。夷数,即基督教的救世主弥赛亚,这个译名首先随景教入华,yyšw˙(Jesus 耶稣),[①]头衔有:"再苏活命""广明上天"。《下部赞》赞光明夷数"我今已死愿令苏,我今已暗愿令照"(行 37),说的是光明夷数拯救、复苏之能力。《闽书》记载明教教理说:"其教曰明,衣尚白,朝拜日,夕拜月,了见法性,究竟广明。"广明就是法性,广明夷数与光明夷数意思基本相同。

三清中的"电光王佛",头衔有三:"灵明大天""神通降福""灵明大王"。《下部赞》中仅有两处可能与电光王佛有关,行 126"夷数与彼电光明",行 171"十一者齐心电光佛"。文疏中祈雨会被命名为"电光感雨谢恩胜会""电光祈雨济禾安座胜会""电光大云祈雨胜会"。学者认为霞浦文书中的"电光王佛"即敦煌摩尼教经中的电光佛,[②]电光佛又为雨神。此处需进行若干步分说。首先,翁拙瑞最早将《下部赞》中的电光佛与光明童女一神勘同,并指出回鹘语文献中也存在相同译法,[③]不过,他的主要依据还是来源于 Mary Boyce 对文书 M741R 第 4 行所做的脚注:"暗魔之声音在地面听起来如同电闪。"[④]早在 1951 年,Mary Boyce 在其文章中考证摩尼教中的光明童女相当于祆教中的 Sadwēs,能召唤云雨。[⑤] 有学者据回鹘语文献中的 yašïn täŋri 一词,认为:"霞浦摩尼教出自回鹘,视电光佛为雨神,并不奇怪。"[⑥]这一论点过于武断。首先,回鹘语文献和汉文文献

①　吉田豊:《漢訳マニ教文献における漢字音寫された中世イラン語について》(上),《内陸アジア言語の研究》II(1986),第 1—15 页,no. 97。

②　马小鹤:《霞浦文书研究》,第 52 页。

③　Peter Bryder, *The Chinese transformation of Manichaeism: a study of Chinese Manichaean terminology*, Lund, 1985, p.110.

④　Mary Boyce, *A Reader in Manichaean Middle Persian and Parthian*, Leiden-Téhéran-Liège, 1975, p. 98.

⑤　Mary Boyce, 'Sadwēs and Pēsūs', *Bulletin of the School of Oriental and African Studies*, University of London, Vol. 13, No. 4 (1951), pp. 908 – 915.对此研究史的回顾见马小鹤《琐罗亚斯德教萨德维斯神与摩尼教电光佛》,《文史》2013 年第 4 辑,第 23—41 页。

⑥　盖佳择、杨富学:《霞浦摩尼教历史文化研究述评》,《丝绸之路》2020 年第 1 期,第 15—37 页。

的电光佛之名同出自中古波斯语、帕提亚语文献,是两个平行的文本,而非源流关系。其次,包含有摩尼教内容的《祷雨疏》是否直接出自摩尼教徒之手尚不得知,霞浦文书本身并不能与摩尼教文献画等号。因此倒不如说,摩尼教徒给光明童女的又一译名"电光佛"成功地使任何一位不熟悉摩尼教史的人联想到雷雨。《大云请雨经》中有"大电光龙王",可窥摩尼教徒汉译"电光佛"时不乏可借鉴之典籍。再联系到唐时"以久旱,命摩尼师祈雨",电光佛的凸显应与摩尼教传教汉地的策略有关。

三清中的"摩尼光佛",是明流主持的祈雨法会上事实上的主神,尊号就说明了其至高无上的地位:"太上真天""太上教主"。现存唯一一座摩尼教寺院遗址晋江草庵主殿后面有一处摩崖石刻,上刻有十六字偈,后半句写"无上至真,摩尼光佛","无上至真"与这里的"太上真天"所说一致,强调的是摩尼光佛为最高位的神。不过,疏文祈请这三尊神时写"莲座下",可知因其称"佛"而将之当作佛教神祇。事实上,在未确认草庵的摩尼教性质之前,当地民众也是将"摩尼光佛"当作佛教神明来供奉。

"贞明","轮面正宫贞明大圣","厥座前"。宋代道教发展出雷法一脉,其中雷神中的最高神为九天应元雷声普化天尊,又称九天贞明大圣。《佛说佛名经》中有南无轮面佛,[1]轮面形容其圣相丰圆。霞浦文书中有贞明内院、贞明法院、正明内院三种机构,其中我们认为贞明内院与正明内院是同一种,很可能是因为避宋仁宗(名祯)之讳而改"贞"为"正"。[2] 贞明内院与贞明法院的区别则有可能是因对象不同而设置了对内及对外的机构,法院之说则如道教的一些神司,有稽考阴阳善恶之职能。厥座前,相似于上文的"莲花座前",指的是祭祀龛位。真天是一个合成词,常见于道教文字,但是在这里却是一个有很深摩尼教背景的术语。《祷雨疏》第41页《奏贞明》及霞浦文书《去煞符》中,[3]真天即写作厥,即

---

[1] 菩提流支译:《佛说佛名经》,《大正藏》第14册,第170页c19。

[2] 详见本书第二章第三节。

[3] 陈进国、林鋆:《明教的新发现——福建霞浦摩尼教史迹辨析》,《不止于艺——中央美院"艺文课堂"名家讲演录》,第388页图41。

将两字写成一个合文,其含义有可能是指"祆"。为什么摩尼教/明教的概念体系里出现了这个典型的火祆教词语?摩尼教史专家称之为谜。①

"独觉佛",即"感应宝琳行雨独觉禅师菩萨"。有关他的来历,《连江县志》有所记载:"宝林寺,在宝林山,唐大中六年(852 年)建。宣宗时,独觉禅师居其中,后祈雨屡应。宋咸淳六年(1279)旱,知县宋日隆躬谒石室,迎像至邑,大雨随至。"②卷三三又有"僧独觉"条:"七岁皈依宝林寺,二十祝发,易名法诠。……一日鸣鼓召众,跏趺示寂。逾半载,开塔视之,肤体如生,顶发垂肩,削之复长。乾符元年不雨,县令虔祷于塔,甘澍立沛。"《淳熙三山志》载宝林院、独觉岩及僧铨,未载祈雨感应之事。③ 独觉佛就是宣宗时宝林寺的独觉禅师。

"泗州佛",即"雍熙塔内明觉泗州僧伽耶菩萨"。"泗州佛"源于唐高宗时何国僧伽和尚显神迹一事,中宗时延请僧伽和尚入别殿,"德水五瓶,霑濡紫极。甘露一斗,福润苍生"。④ 中宗将为之置寺,寺名原依佛号"普照",因避武曌讳改为"普光"。以上施法降雨之事见于李邕所撰的僧伽和尚碑记。北宋初的《太平广记》对此有更为详尽而神异的记述:"一日,中宗于内殿语师曰:京畿无雨,已是数月。愿师慈悲,解朕忧迫。师乃将瓶水泛洒。俄顷阴云骤起,甘雨大降。中宗大喜,诏赐所修寺额。"⑤成书稍晚一些的《宋高僧传》未记此事,只有"或预知大雪,或救旱飞雨"等神变无方的描述。⑥至于雍熙塔,《宋高僧传》记:"太平兴国七年,敕高品白承睿重盖其

---

① 吉田豊:《唐代におけるマニ教信仰—新出の霞浦資料から見てくること—》,唐代史研究会编:《唐代史研究》第 19 辑,2016 年 8 月,第 36—37 页。
② 曹刚等修,邱景雍纂:《民国连江县志》卷七《名胜·寺观》,《中国方志丛书》第 76 号,(台北)成文出版社,1968 年,第 74 页下。
③ 梁克家修纂,福州市地方志编纂委员会整理:《淳熙三山志》卷三四《寺观·僧寺》,海风出版社,2000 年,第 540 页。
④ 李邕:《大唐泗州临淮县普光王寺碑》,《全唐文》卷二六三,中华书局,1983 年,第 2672—2673 页下。
⑤ 李昉等编:《太平广记》卷九六"僧伽大师",第 638 页。
⑥ 赞宁撰,范祥雍点校:《宋高僧传》卷十八,中华书局,1987 年,第 450 页。

塔,务从高敞,加其累层。"①《佛祖统纪》记:"五年五月,往泗州修僧伽大师塔,凡十三层。"②《佛祖历代通载》记"太宗甲申改雍熙,敕修泗州塔",《释氏稽古略》亦记为雍熙元年。③ 牧田谛亮认为雍熙塔一名的成立年代,以雍熙元年的说法最为正确。④ 按学者研究,僧伽信仰在晚唐至宋的百年间流传广且速,法号、尊号亦屡次加封。⑤ 唐开成三年有"大圣泗州和尚"之号,宋大中祥符六年诏令:"泗州僧伽大师加号普照明觉大师,其伽字公私文字不得指斥。"⑥即以尊号称而不能直呼其法名,法名已成避讳的对象。关于僧伽和尚民间多流传有与水相关的神迹,大中祥符九年(1016)悟先在泗州祈雨而应,成寻熙宁五年(1072)见闻其时船人参拜僧伽和尚,苏轼元祐七年(1092)所撰《祈雨泗州塔祝文》等,⑦说明江淮地区等地的僧伽信仰渐渐朝水神崇拜发展。尤其是东南沿海的闽地,沿江流域都将泗州佛作水神祭祀。《祷雨疏》将泗州佛放在用奏的地位,即可见这一风气在福宁地区亦盛。

"玄天帝","玄天上帝真武菩萨"。玄天上帝为元始天尊的化身、太极的别体。不过,窪德忠认为他实际上是人们把二十八宿星的北方玄武的七宿合并起来的神格化。⑧ 真武之称因北宋真宗时避"玄"字讳,将玄武改真武。至于何时称"真武菩萨"不详,在明清时代流传的宝卷中,真武大帝已与道教神祇相去甚远。光绪四年(1878)的刻本《真武菩萨得道宝卷》,副题作《北极玄天上帝公案》,题名下是一段偈颂,大意是善男信女中未入佛堂者无法了悟生如幻梦之真谛。宝卷主旨与此偈相同,讲述了真武太子被观音点化成圣

① 赞宁撰,范祥雍点校:《宋高僧传》卷十八,第451页。
② 志磐撰:《佛祖统纪》卷四三,《大正藏》第49册,第398页a14—15。
③ 觉岸编:《释氏稽古略》卷三,《大正藏》第49册,第861页c3。
④ 牧田谛亮著,索文林译:《中国近世佛教史研究》,华宇出版社,1984年,第71页脚注20。
⑤ 罗世平:《敦煌泗州僧伽经像与泗州和尚信仰》,《敦煌吐鲁番学研究论集》,书目文献出版社,1996年,第125页。
⑥ 司义祖整理:《宋大诏令集》卷二二三《道释》上,第862页。
⑦ 苏轼撰,孔凡礼点校:《苏轼文集》卷六二,中华书局,1986年,第1926页。
⑧ 窪德忠著,萧坤华译:《道教诸神》,第89页。

的故事。①　宝卷从题名到人物都沿袭佛经的架构,霞浦《祷雨疏》将真武菩萨与独觉佛、泗州佛并列,且称"莲座下",可见也是将其视作佛教神祇。另外,泽田瑞穗曾于《增补宝卷研究》论及随意冠以"菩萨"头衔的问题,药师、观音、关帝及吕祖都被称作佛耶(佛爷)。②

二、申

奏请非天帝道君的一般神祇则用申,奏为乞颁天恩施行,申是向"天上之臣"陈情。霞浦《祷雨疏》用申者有七,依中上下界分别为:"东岳""地府""水府""五海龙王""唤应""三界"和"三元"。

"东岳"。伴随着五行说的流行,五方之神、五岳等应运而生,东岳泰山是五岳的中心。唐玄宗封东岳之神为天齐王,宋真宗加封为"东岳天齐仁圣帝"。后来东岳大帝又被称作泰山府君,《搜神记》卷四中有故事一则,胡母班向泰山府君请求免去其父苦役,府君曰:"生死异路,不可相近,身无所惜。"③最后在胡母班的苦苦哀求之下应许了。本册申东岳状中亦称"乞颁明敕遍及地府、水渎、河源",可知这里也认为东岳大帝掌管阴间事宜。

"地府","地府灵尊平等大帝"。闽东畬族习俗中,"许天地福"及"许愿还愿"神事活动中所请神灵就包括"地府灵尊大帝"及下文的"水府扶桑丹林大帝"(两者通常并列出现)。④　闽东畬族为多神崇拜,亦接受了流行当地的闾山教影响,此地府灵尊大帝应是闾山教下界地府之神,《祷雨疏》也可见到这一影响。又佛教中冥界第九王为平等王。慧琳《一切经音义》:"平等王,此司典生死罪福之业,主守地狱八热八寒及以眷属诸小狱等,役使鬼卒于五趣之中,追摄

---

① Shin-yi Chao, 'The Precious Volume of Bodhisattva Zhenwu Attaining in the Way: A Case Study of the Worship of Zhenwu in Ming-qing Sectarian Groups'. In Philip Clart & Paul Crowe (eds.), *The people and the Dao: New studies in Chinese Religious in Honour of Daniel L. Overmyer*, Nettetal: Institut Monumenta Serica, 2009, p. 74.

② 泽田瑞穗:《增补宝卷研究》,东京:国书刊行会,1975 年,第 39 页。

③ 干宝编著,马银琴、周广荣译注:《搜神记》卷四,中华书局,2009 年,第 72 页。

④ 钟雷兴主编,缪品枚编撰:《闽东畬族文化全书·民间信仰卷》,第 195 页。

罪人,捶拷治罚,决断善恶,更无休息。"①《佛祖统纪》说:"议立平等王,赏善罚恶。"特别值得注意的是,摩尼教《下部赞》及《摩尼教残经》中也有平等王。但考虑到闽东一带闾山教后期的发展中也混入了佛教成分,更有可能是因闽东佛道混流而成平等大帝。

"水府","水府扶桑丹林大帝"。道教中的扶桑大帝,又称东华公、东华帝君,最初是作为西王母的对偶神。陶弘景《真灵位业图》称"太微东霞扶桑丹林大帝上道君"。② 王契真《上清灵宝大法》中的"申水府"称东霞扶桑丹林大帝"指挥下三河、四海、九江、四渎、五湖、七泽、溪谷、川源、桥梁、堰闸、龙宫水国"。③ 可见扶桑大帝具有水神的属性。在民间科仪文献中"丹林"又写作"丹霖",向其求水的意向昭然。这里水府掌管了行雨龙王,或与宋代被吸纳进佛教神谱有关,有一些的佛教水陆画题名为"水府扶桑大帝龙神众"。④

"五海龙王"。在闾山教里,上界为天曹真仙之境,中界为人与闾山洞府,下界为亡魂所在,除上文的地府、水府,还有龙宫里的五海龙王。⑤ 不止建阳闾山科仪文献出现五海龙王,浙江丽水畲族闾山科仪"请醮经文"中也有"五海龙王牒",⑥五海龙王辖海上鬼邪。本册文疏所示包括:东海广济龙王菩萨、南海广润龙王菩萨、西海广渊龙王菩萨、北海广泽龙王菩萨、中央广顺龙王菩萨。五个方位的五种龙王当取法于道教所设的四海龙王,如《道法会元》"召龙致雨

① 慧琳撰:《一切经音义》卷五"燗魔鬼界"条,《大正藏》第54册,第338页c12—13;另参徐时仪校注本《一切经音义三种校本合刊》,上海古籍出版社,2012年,第595页下。
② 陶弘景纂,闾丘方远校定,王家葵校理:《真灵位业图校理》,中华书局,2013年,第35页。
③ 王契真:《上清灵宝大法》卷六三,《道藏》第31册,第301页下。
④ 戴晓云:《佛教图像抑或道教图像?——几本宗教著作中图像题材归属问题之商榷》,《汉藏佛学研究:文本、人物、图像》,中国藏学出版社,2013年,第582—583页。
⑤ 叶明生、劳格文编著:《福建省建阳市闾山派科仪本汇编》,(台北)新文丰出版公司,2008年,第503、781、682页。
⑥ 吕立汉编:《浙江畲族民间文献资料总目提要》,民族出版社,2012年,第93页。

法"所示：东海广德龙王、南海广利龙王、西海广润龙王、北海广泽龙王。①《祷雨疏》名号与方位的配对与之有别，应是所据底本编者约略凑成五海龙王，并无更深讲究。又龙王之后附上"菩萨"二字，则是将佛道两教神祇混为一种。

"唤应"。敦煌《摩尼教残经》残篇中有"第三日者，即是说听、唤应声"，说听、唤应二神是在第二次召唤中形成的。又有"加被净火呼嚧瑟德嘚喽囕德"，"呼嚧瑟德"为帕提亚语 xrwštg 的音写，义为呼唤，就是说听；沙畹、伯希和认为"嘚喽囕德"即唤应（唤应声）。②翁拙瑞（Peter Bryder）曾将说听、唤应与《下部赞》中的"观音""势至"对应起来。《申唤应》中用两签："右谨具申通传善信观音大士、奏告吉祥势至能仁"，显是将唤应当作观音、势至二菩萨的合称。唤应一名只能是从摩尼教经典中转辗引来。但《祷雨疏》将摩尼教这两尊神与佛教两尊菩萨相对应的这一作法是否与《下部赞》有关系，我们还需要更多的文本证据。

"三界"，即上方天界十极梵王、中方空界云与空居一切空众及下方地界水府地府地祇神众，又有上方天界帝释梵王诸天梵众、中方空界龙天八部河沙万灵、下方地界水府地府地祇神众。这一种三界的划分与印度吠陀的说法相同。

"三元"，又叫三官，也是道教神祇系统中的一个总称，包括上元一品天官赐福紫微大帝、中元二品地官赦罪清虚大帝、下元三品水官解厄洞阴大帝。《祷雨疏》"赐福"作"锡福"，"锡"同"赐"。三官大帝是仅次于玉皇大帝的高位神，4 世纪末或 5 世纪初才与三元日结合起来。③

三、牒及符使状

通达中界、下界神位更次的神司用牒状，相关神位有功能神、职

---

① 《道法会元》卷一〇〇，《道藏》第 29 册，第 437—440 页。

② Éd. Chavannes et P. Pelliot, 'Un traité maniché en retrouvé en Chine', *Journal Asiatique*, 1911, p. 521 n.1.

③ 窪德忠著，萧坤华译：《道教诸神》，第 114 页。

能神之说,又称其为使役神、神吏,这些称呼都说明这类神身居关乎人间生活、生产事务的职司,也许在天廷中地位不高,但对百姓而言,却最利益攸关。用牒者共十二:"田园公母""五谷丰登""当境""夫人""随佛土地""城隍""沿途土主""雷公电母""本坛""龙井""随龙土地""境内诸宫土主"。他们可分为两类,第一类为专司祈雨保苗之神,第二类为地方保护神。

(一)专司祈雨保苗之神

"田园公母",又称"禾稼神君",即田公田母,主管耕种田地的土地神。

"五谷丰登",又称"五谷大道真仙",为保苗助丰收之神。在调查闽东畲族村落、福安习俗信仰的书中均提及,福安县溪柄乡鲤鱼边村供奉"(玉)[御]封神农帝五谷大道真仙君",①福安市康厝畲族乡金斗洋村后莲云山上有一五谷真仙宫等。② 可知此神为闽东、闽北一带百姓供奉,各村落多建祠庙。关于其来历的传说不尽相同,一致的说法是,福安金钟山(覆钟山)白云洞为其道场,洞内祀"神农教主五谷大道真仙"。③ 从其名衔可知,五谷真仙祖述神农氏,神农氏艺五种,以火德王,因此又称五谷爷、炎帝。

"雷公电母"。雷公是司雷之神,雷神信仰战国已有,道教也尊雷神,唐代就将雷公电母和风伯雨师作为祈请雨雪的职能神。此处除以上诸神,还有"拏云使者",亦为雷部之神。

"龙井"。某龙圣井感应行雨龙王菩萨,民间一般认为龙井为龙王菩萨所居之地,其主要职能为降雨,故有此牒。

(二)地方保护神

"城隍"。府州县的土地神,有时候造福一方百姓者死后可升城隍。明太祖制定了城隍神的级别,与职官制度一样。本牒所请为福宁州城隍,而无福安县城隍,可知文疏本为福宁州通用,现今所见的

---

① 陈志华:《楼下村》,清华大学出版社,2007年,第16页。
② 陈幼英主编,蓝炯熹编著:《水云仙府福安道观》,华夏出版社,2013年,第210—211页。
③ 钟雷兴主编,缪品枚、雷丹丹编撰:《闽东畲族文化全书·乡村卷》,第67页。

是福安县人所用并留传下来的。城隍只到县一级，县以下村落、某一大姓家族的守护神称土主，一共需请三种土主。

"当境"，当境土主里域正神。诸宫土主，境内诸宫大小明王。"沿途土主"，"沿途诸宫大小明王"。霞浦县溪南镇白露坑村钟氏开基祖——钟熙就被后人尊为当境土主。土主宫庙宇主祀土主外，还会供奉配祀。

"随佛土地"。某处护佛伽蓝真宰五王菩萨，即寺庙（伽蓝）的守护神。

"随龙土地"，又称"卫龙土地"，包括钟龙圣井随龙土地、卢林二位师公和井内一切龙神。卢林二位师公暂无考，应为道士。不过在《迎龙佛塔号》中与之一同祈请的还有两位禅师：卢林二位师公、开山和尚蔡柳二禅。《万历福宁州志》："龟山寺，在二十八都闽坑岭，半属宁德。唐开成三年（838）创，初蔡、柳二禅师入闽，法曹杨郁、处士黄俞施山为寺，延师居之，乃携铜瓶铁钵，逢龟而止。"[1]《景德传灯录》载二禅师行状："福州长溪龟山正原禅师，宣州南陵人也，姓蔡氏。""福州龟山智真禅师者，扬州人也，姓柳氏。"[2]二禅师曾点化刚强，在闽地声名广扬，又称蔡柳二师。这二位师公及禅师应是福宁州当地召请龙神有影响力的人物。

"夫人"，"临水崇福太后元君"。临水夫人，名陈靖姑，古田县人，生于唐大历二年（767），有斩蛇护产之灵迹故事，且"雨旸疾疫祷，其应如响"，闽地民间多有信奉者。宋淳祐年间（1241—1253），郡守请封为"崇福昭惠慈济夫人"，庙额"顺懿"，始纳入官方祀典。在地方志、笔记等材料中，一般多将其异能归于巫觋，后渐有临水夫人往闾山学习道法之传说，并与道教正一派联系在一起，更称她是陈守元女弟。其中以闾山学道之说最盛，尤其是在以陈靖姑为中心强调闾山正法的章回小说《海游传》在民间流传之后，临水夫人已然

---

① 殷之辂修，朱梅等纂：（万历）《福宁州志》卷十五《寺观》，《日本藏中国罕见地方志丛刊》，第394页；朱珪修，李拔纂：《乾隆福宁府志》卷三二《方外》四，第507页上"蔡柳二师"条。

② 道元辑，朱俊红点校：《景德传灯录》卷九、十，海南出版社，2011年，第237、264页。

成为闾山派法主。《民国霞浦县志》载"清道光中加封护国太后元君",①元君是道教高位女神的封号,不过这次加封不见于其他史籍。民间亦称"天仙圣母太后元君",此号与"天仙圣母碧霞元君"相似。妈祖也曾讹传被赐封为"天后碧霞元君"。② 封号如此相近,是因民间乐于抬高所供奉之神,易将女性神祇相混之故。此牒兼祈"灵通有感三位舍人",所指为临水夫人、林九娘及李三娘,她们还被合称为"三奶夫人"。这里将临水夫人放在用牒的神位上,说明是有意区别于闾山夫人教将之奉为高位神的做法。

"本坛"包括如下神祇:"天门威显灵相、洞天兴福度师、济南四九真人""夷活吉思大圣""贞明法院诸大官将吏兵"。霞浦文书中多部科仪文献提及兴福度师林瞪。《福宁州志》载有他灭火之事:"林瞪,上万人。嘉祐间,闽县前津门火,郡人望空中有人衣素衣,手持铁扇扑火,遂灭。遥告众曰:'我长溪上万林瞪也。'闽人访至其墓拜谒。事闻,敕封'兴福真人'。"③又同治十一年抄本《盖竹上万林氏宗谱世次目图》记:公殁后灵感卫民,故老相传公于昔朝曾在福州救火有功,寻蒙有司奏封"兴福大王",乃立闽县右边之庙以祀之,续蒙嗣汉天师亲书"洞天福地"四字金额一面,仍为奏封"洞天都雷使",加封"贞明内院立正真君",血食于乡,祈祷响应。④ 另据福安林洋湖康熙三十五年的祈雨科仪抄本,拜请"龙王圣位"一节,先后请"玉封存三十三天鉴雷圣君菩萨、副天岩主萧公真人、七莹山上钊杨三圣者、钱领威仪连公师父、都天正教林五度师、济南法主四九真

---

① 霞浦文书《乐山堂神记》中有一位"敕封护国太后元君",马小鹤认为可能是碧霞元君,据《霞浦县志》应是指临水夫人。参见《霞浦县志》卷二四《祠祀志》,《中国地方志集成》,第 195 页上(成文出版社影印本此处漫漶);Ma Xiaohe(马小鹤),'Remains of the Religion of Light in Xiapu County, Fujian Province',《欧亚学刊》第 8 辑,中华书局,2007 年,第 100 页。
② 容庚:《碧霞元君庙考》,《京报副刊》1925 年第 157 期,第 182—183 页。
③ 殷之辂修,朱梅等纂:(万历)《福宁州志》卷十五《仙梵》,《日本藏中国罕见地方志丛刊》,第 403 页上;另朱珪修,李拔纂:《乾隆福宁府志》卷三二《方外》四,第 507—508 页;陈寿祺等撰:(同治十年重刊)《福建通志·列仙传》;罗汝泽等修,徐友梧纂:《霞浦县志》卷三八《方外》,第 302 页,均载其事,皆本于万历州志。
④ 霞浦柏洋乡上万村同治十一年(1872)《济南郡林氏宗谱》。

人、双林教主那吒太子、八面金刚"。① 林瞪在家族中排行廿五,民间科仪文献一般省称为林五公、林五师公,都天正教林五度师是他无疑,曾因受敕封,所以林瞪又称"洞天兴福度师"。度师,是天心正法中的传度之师,又称"本师",弟子作法召请神灵时,就需要先召请本师,这样才能获得灵力。在重视传承的天心正法里必须以度师为尊,才能进行道法的传度。称林瞪为度师,说明他是本坛的传教法师之一,他所学道法也应与天心正法有联系。暂不知"天门威显灵相""济南四九真人"何人及其与林瞪的关系。"夷活吉思大圣",霞浦文书《摩尼光佛》行 313 写作"移活吉思大圣",与此音写形式相近名称见于敦煌景教文献 P. 3847《尊经》"宜和吉思法王"。"宜和吉思"已考证出为粟特语 ywrkˈs 的音写(英藏敦煌文献 Qr. 8212/89),即叙利亚语的 Giwargis。② "夷活吉思"这一音写形式霞浦文书首见,其语源应与宜和吉思相同。

奏申牒状并不直达众神,而需经传信使者通报,所奉请符使者有二:三界奏事直符使者、值日功曹。直符使者又称奏事灵官,"直"即"值",符为星符,即当值的星符使者。道教有四值功曹,值年、值月、值日、值时,是记功官、守护神将。在此祈雨仪式中,上达天廷的疏文被焚烧后,即由值日功曹递送至诸神处。

小结

祈雨文疏是进行祈雨仪式时的脚本,意在提示法事程序中的仪式节次、内容及固定程式。通过念诵、书写及焚疏实现与神明的交流,仪式本身就是宗教实践的主要部分。这种宗教实践是追求结果的,而如何请神、请哪些神明决定了祈雨能否成功。在这一点上,《祷雨疏》延续了民众"多多益善"的请神传统,不仅请进道教、佛教中与降雨紧密相关的神明,闽地有降雨之能的民间祠神也一概请

---

① 钟雷兴主编,缪品枚编撰:《闽东畲族文化全书·民间信仰卷》,第 245 页。
② 夏鼐认为《金史》马庆祥传及景教碑中所见名"习礼吉思"和"习里吉斯"者就是 Gewargis,即英语的 George。夏鼐:《两种文字合璧的泉州也里可温(景教)墓碑》,《考古》1981 年第 1 期,第 60 页。习礼/习里与夷活/宜和音韵关系较远,夏说恐怕不能成立。

入,当然最引人注目的是加入了摩尼教的神明。文疏一共祷请了七尊源于摩尼教的神祇,分布于奏、申、牒三个等级中。摩尼教神明的加入绝非偶然,因为文疏借助了道教的三清体系引入了摩尼教的三尊高位神,将其改造成光明正教的"三清",以之作为祷雨的主神。此处借用道教神谱体系,应与道教神明在祈雨活动中的影响力有直接关系。历代祷雨活动演变中,最初儒家传统的祭祀是主体,然而随着佛道两教的兴盛,经咒祈雨及斋醮祈雨获得民众的追捧,影响逐渐超过儒家祭祀。因此宋代以后,道教的祈雨法事成为民间祈雨活动的主要形式。然而仅摩尼教神祇显然不足以实现求雨目的,多神的背后是对实用性的追求。《祷雨疏》第 28 页行 254 有一句"右伏以人向急时抱佛脚",就直白地道出了祈请者的心声。宗教功能主义深入到中国社会生活的最深处,这在很大程度上引导了地方的宗教与风俗的走向。换言之,摩尼教神明被请入祷雨的神谱中,乃是受民众对宗教的实用功利一面之需求的驱使。

第四节　祈雨文的源流探析

一、祈雨与祈雨文

风调雨顺是古代农业社会民众的主要诉求,也是统治者倍加关心的事情。在缺乏有效的科技手段调节气候之前,祭祀祈祷活动成为具有社会心理作用的一个选择。祈雨又称祷雨、求雨,[①]包括祈雨、祈雪、祈晴、祈雷、祈风等,[②]以时雨未洽时祈降水合时宜居多,包括亢旱求雨和雨连霖求止雨,囿于《祷雨疏》只为求得雨水,因此这里仅讨论祈降雨一种。学界对中古社会的祈雨活动已有不少探讨,有的是针对某一地区某一时期的个案考察,有的是对某一朝代的概括性研究,包括立足于文献的分析,或是通过田野调查掌握一地的祈雨习俗,最终都是为了尝试在纵向上解决祈雨风俗的源流、祈雨

---

① 以下统称祈雨及祈雨文,以便与《祷雨疏》区分开。
② 祈风除了希冀风带来雨水外,又有祈求海上风向合宜、保障航行安全一种。

观念及仪式的衍变等问题,横向上分析祈雨活动背后的官方制度、不同社会阶层的关系及宗教因素。这些研究所使用的文献主要是两种,一是历代官方祀典,二是祈雨文。

官方祀典反映的是历代祈雨制度。祈雨制度是为了对祈雨活动进行规定,祈雨既是国家祭祀的重要一环,又是地方最频繁的祭祀活动之一,祈雨仪式的制定与落实可充分反映两者的关系。两汉时国家祭祀的儒家化基本定型,魏晋南北朝时继续深化,然而地方的山水祭祀影响力也在不断扩大,祈雨制度亦在这种趋势下从上层到下层都发生了结构性的变化。一般来说,祈雨活动分为常祀与特祀,每年的固定时节如惊蛰、秋分所举行的祭祀活动为常祀,旱灾发生时进行的祷告祭祀为特祀。① 唐代仍保留以巫为法的大雩之礼,如同常祀、特祀,亦有正雩、时雩之分,但雩礼的核心已演变成为皇帝个人与昊天上帝及先王太宗的交流。② 除了雩礼外,唐法典还规定了风伯雨师这样的常祀,并于天宝四载(745)首次颁布了州郡一级的风伯雨师祭典。将州县社稷等诸神祠纳入国家祭礼亦是唐礼典首开先河,地方信仰传统影响力之大由此可见:

> 中宗神龙二年(706)正月,以旱亲录囚徒,多所原宥。其东都及天下诸州,委所在长官详虑。又遣使祭五岳四渎并诸州名山大川能兴云雨者。③

朝廷遣使为隋、唐、宋中央在祈雨特祀上对地方施加影响力的常用手段。虽然先后曾有垂拱年间的狄仁杰废淫祀,长庆三年(823)李德裕奏去管内淫祠,但这些政策或是很快遭放弃或是并未落实推行。当应对旱灾时,礼法的承认与否并不是最要紧的,甚至可以灵活调整,早在北魏时就因祈雨而复祠。先有北魏太延二年(436)

① 参见皮庆生《宋代民众祠神信仰研究》,第 144 页脚注二。
② 雷闻:《祈雨与唐代社会研究》,《国学研究》第 8 卷,北京大学出版社,2001 年,第 270—275 页;收入氏著《郊庙之外:隋唐国家祭祀与宗教》,生活·读书·新知三联书店,2009 年,第 296—306 页。
③ 宋本写作"神龙三年",疑误。详见《宋本册府元龟》卷一四四《帝王部·弭灾》二,第 225 页上。

废祠：

> 司徒崔浩奏议："神祀多不经,案祀典所宜祀,凡五十七所,余复重及小神,请皆罢之。"奏可。①

至和平元年(461)四月大旱时,又下诏复之：

> 下诏州郡,于其界内神无大小,悉洒扫荐以酒脯。年登之后,各随本秩,祭以牲牢。至是,群祀先废者皆复之。②

罢废无法达到效果时,中唐时期中央选择通过更加具体明确的规定来约束控制地方祭祀,如详列上述名山大川的名称,或赐号、赐额,或通过图经这样一种地方志来搜集、承认当地祠庙,各州要定期重修图经上报。最典型的一例为敦煌文献P.2005《沙州都督府图经残卷》卷三所记载的四所杂神：

> 土地神。右在州南一里,立舍画神主。境内有灾患不安,因以祈焉,不知起在何代。
>
> 风伯神。右在州西北五十步,立舍画神主。境内风不调,因即祈焉,不知起在何代。
>
> 雨师神。右在州东二里,立舍画神主。境内亢旱,因即祈焉,不知起在何代。
>
> 祆神。右在州东一里,立舍画神主。总有廿龛,其院周回一百步。

残卷经池田温考订为永泰二年(766)后增补而成的,祆神与前三种祀典中的通祀并列,无疑已为地方官府认可。不过祆神的功能在此并不明确,姜伯勤曾引《敦煌廿咏》中的第十二首诗《安城祆咏》,证实存在过以酒祭祀祆神祈雨的情况,诗中写到："板筑安城日,神祠与此兴。一州祈景祚,万类仰休征。苹藻来无乏,精灵若有凭。更看雩祭处,朝夕酒如绳"。③ 诗中"雩祭"一词说明祭祆神祈雨具官方性质,并且以酒献祭这种中外民间、官方都使用的相似礼仪是祆

---

① 《魏书》卷一〇八《礼志一》,中华书局,1974年,第2739页。
② 同上。
③ 姜伯勤:《敦煌艺术宗教和礼乐文明》,中国社会科学出版社,1996年,第491页。

神纳入官方祀典的主要动因。①

　　总的来说,唐代对于与祈雨关系重大的地方祠神,态度灵活应变,支持多于禁废。宋代延续了这样一种政策,"自开宝、皇祐以来,凡天下名在地志,功及生民,宫观陵庙,名山大川,能兴云雨者,并加崇饰,增入祀典。熙宁复诏应祠庙祈祷灵验,而未有爵号,并以名闻",②并在风雨师坛中增入了雷师坛,附于雨师坛。不仅如此,《宋会要》"凡水旱灾异有祈报之礼"的宫观寺院名单中依然包括了祆祠。③ 在礼制方面则有了更多细致的要求,如祭品中牲牢、纸钱、香和祝文的使用,与此同时还颁发了一系列新举措。从真宗朝开始,朝廷逐渐颁布、增补了统一的祈雨法,并对人员、程序、服装等都进行了严格的规定。然而到了地方,祷雨活动仍是对官方规制、民间风俗、宗教组织仪式的有机结合,在遵行的同时作适当修正,甚至地方官员仍需借助方志、民众了解祈雨习俗。④ 地方信仰力量之大与两宋宗教走向平民世俗的趋势不无关系,前文已论及两宋时代官方屡订条律禁止连绵成势的"吃菜事魔",除了香会、念佛会等多见的聚会形式,食菜之党亦行祈雨之事:

　　食菜结为邪党。近因旱暵,辄以祈雨为名,聚集不逞之徒,率数百为群,持棒鸣锣,遍行村落,穿历市井,至于邻境州县亦有相应和而来者。⑤

廖刚曾官至监察御史,论奏无所避忌,同卷还收录了一份《消旱暵劄子》,可谓心系民生疾苦。这里斥责邪党假借祈雨之名聚众行不端之事,但言语间亦透露其祈雨活动号召力不小,颇得民心,相邻的州县也有人追随。即使中央颁布的祈雨法有多种,仍无法满足各地民众需求,宋代民间祈雨不仅多样而且广泛持久,许多祈雨方

① 姚崇新:《祈雨与驱傩:官方的祭祀》,姚崇新、王瑗瑗、陈怀宇:《敦煌三夷教与中古社会》,甘肃教育出版社,2013 年,第 123—137 页。
② 《宋史》卷一〇五《礼八》,中华书局,1977 年,第 2561 页。
③ 徐松辑:《宋会要辑稿·礼》一八之二"祈雨",第 733 页。
④ 皮庆生:《宋代民众祠神信仰研究》,第 186—190 页。
⑤ 廖刚:《乞禁奉邪神劄子》,《高峰文集》卷二,《文渊阁四库全书》第 1142 册,上海古籍出版社,1987 年,第 333 页上。

式一直延续至明清,如"迎圣水",与上述至龙井圣瓶迎水性质相同:

> 天圣五年(1027)八月七日,河东路提点刑狱朱正辞言:"河阳、怀、泽州巳来乡村百姓,百十人为群,持幡花螺钹鼓乐,执木枪棹刀,歌舞叫啸,谓之迎圣水,以祈雨泽,敛取钱物,诳惑居民。"①

诸如此类聚众迎引祭祀之物的事件在陕西州亦盛行,引来中书门下令禁止。形式上看,与食菜党祈雨没有区别,可见民间祭祀活动存在一些广泛接受的方式,无怪乎朝廷祈雨法难以落实。

宋代兴盛的地方信仰到了宗教政策极为宽容的元代时发展得更为从容。蒙古统治者在祈雨制度上因袭旧制,但代表儒家祭祀的雩礼不再实行,"雩"成为各种祈雨方法的通称。同时唐宋频见的皇帝亲祈雨在元代几乎消失,仅在元中期进行过几次,但仍然延续施加中央影响力的遣官祈雨做法,只是祈雨方法上更趋于实用。有别于强调礼法的唐宋祈雨制度,元代以巫师、宗教人士为中心的祈雨形式在宫廷中相当活跃。② 不过面对疆域空前大一统的局面,中央仍然需要充分考虑汉地文化传统,居中的儒士就在祈雨活动中发挥作用,下一节将通过《全元文》中的祈雨文考察此种联结作用。

明代恢复了以汉族为主导的国家祭祀制度,祈雨制度更为完备。大雩之制重现,并在嘉靖十七年(1538)后成为常礼。坛壝制度中增入了云师,成风云雷雨四师祭祀,并统一了其筑坛位置为城西南,地方皆循制而祷。③ 皇帝亲祭频繁,"斋心格天"作为祈雨的指导思想,斋戒、修省成为祭祀过程中的必要举措,地方的祭祀也以王室的举行者为榜样。④ 如《福鼎县志》卷四:"凡遇亢旱祈求雨泽先

---

① 徐松辑:《宋会要辑稿·刑法》二之一六,第 6503 页。
② 马晓林:《元代国家祭祀研究》,南开大学博士论文,2012 年,第 531—563 页。
③ 《明史》卷四九《礼志三·吉礼三·社稷》,中华书局,1974 年,第 1283 页。
④ 参见陈晓霖《明初的人物、史事与传说》,北京大学出版社,2010 年,第 113—122 页;李媛:《明代国家祭祀体系研究》,东北师范大学博士论文,2010 年,第 84—89 页。

一日斋戒,禁止屠宰。至期各官朝服致祭。"① 次日致祭山川坛、社稷坛,并对祭品仪注进行规定,后至龙神、城隍庙读祝文并行祭礼,"如七日不雨或小雨不足,暂开屠禁一日,仍斋戒如前祭"。如遇亢旱太甚,除了如前祷行,更有"各衙门照常办事不理刑名、不宴会、不声砲鼓吹、不鸣金张盖,相见皆雨缨素服"之规定。② 另一方面,统治者崇佛尚道,从教规僧戒上整顿佛教、道教,佛教方面区分了禅、讲、教三种,道教立正一道为正统,貌似宽容的接纳实际上是将佛道置于国家掌控范围内的专制。从唐代开始,佛道的宗教仪式就逐步参与到朝廷和地方的祈雨活动,密教僧的咒龙祈雨术更是为唐代统治者笃信。发展到明代,宗教发展的主要特征是趋向经世实用,佛教的三种分法之一的瑜伽教便是专职科仪、经忏,道教的斋醮仪式亦因张真人等道士受重用而频见宫廷,这种趋势自上而下影响了民众的宗教生活,以度亡消灾为目的宗教活动远盛于学习经典与修行,祈雨仪式就是其中的一种。

官方的祈雨仪式,包括宗教性仪式,在北宋初基本制度化,到了明代趋于完善,风云雷雨祭坛在明代固定下来,清代几乎完全延续明代的做法。但制度完善的同时,儒家祈雨方式却不断地被边缘化。唐始密教祈雨法极受推崇,创造灵迹之番僧一直到明清仍是被供奉对象。道教更是不断发展其理论及科仪,唐代时的斋醮仪式,到宋代发展出的雷法直指祈雨。相比之下,儒家坚持传统的祭祀仪式,且强调内心修养甚于外部仪式,在祈雨效果难以判断的古代农业社会,其对地方祈雨的实践影响力远不如佛道两教。因此祈雨制度更多地成为传统礼法与中央集权的代表。要进一步了解实际生活中的祈雨活动,就需依赖数量众多、出自个体的祈雨文。

祈雨活动中的祭祀祝祷形成了一种固定的文体——祈雨文,它属于祝祷类文体中的祝文。祝祷文体用于向神灵祝愿祈福,是中国古代用于人神交流的文体,风格庄重严肃,往往采用四六文。③ 随着

---

① 《嘉庆福鼎县志》卷四《典礼·祈雨》,第412—413页。
② 同上书,第414—417页。
③ 吴承学、刘湘兰:《中国古代文体史话:祝祷类文体》,《古典文学知识》2009年第5期(总第146期),第107页。

祈雨制度日趋完善,祈雨形式愈渐多样,祈雨文不限于向神灵告事求雨的祝文,广义的祈雨文还包括君臣间关于祈雨事项的诏令、奏议类公文,此外还有记述祈雨过程的文体,如碑志、诗序、赋、颂、杂记、说等。第一种祝文相应地分成祈文与祠文,因祈雨仪式有祈、报,两者为成组的对应关系,"求福曰祷,得求曰祠"。① 求雨文、祷诸庙文等即是祈文,既包括坛壝祭祀时的祝文,又有道士设斋醮时所撰的青词或佛僧祷雨所念佛经、斋文、疏等。谢雨文、赛雨文、送龙王回庙祝文等为祠文,即甘澍降临后报答神灵之恩所用的文辞。第二种按公文种类有表、奏、状等。第三种祈雨文有多种文体,但以祈雨记居多,祈雨记又多题为灵应记,或称感应记、瑞应记等,最早用以称呼出自佛教典籍的感应故事,后大量灵验记文字散见于文人笔记、道家典籍、世俗类书等,名祈雨感应记重在书之为记,宣扬感应。

从格式、内容上来说,祝文是三种祈雨文中形式最为固定的一种,因其专门用于祈雨仪式,一般题为祈雨文、求雨祭文,前多附上祭祀信息如祈雨者、祈雨地点、祈求对象等。唐代已颁发了供地方参考的程式化范本:

> 维某年岁次月朔日,子刺史姓名,谨遣具位姓名,敢昭告于某神,爰以农功,久缺时雨,黎元恇惧,惟神哀此苍生,敷降灵液,谨以制币、清酌、脯醢明荐于某神,尚飨!②

《宋会要》礼四"祈雨雪"条,详述祈雨法时,亦提供了祝文格式:

> 维某年某月某朔某日,具位官(姓名),谨以清酌、脯羞、花果、名香,荐舒雁之牲,敢告于里社神龙。某授命大君,来祈阴祝。伏以亢阳为沴,甘雨久愆(祈雪即云嘉雪久愆),虑害农功,莫遑夙夜。今则谋于龟筮,启此坛场,备荐吉蠲,用求灵应。伏望即日驾电驱风(祈雪即云召雪驱风),降为膏泽。至诚必报,无作龙羞。伏惟尚飨!③

---

① 《周礼·春宫·小宗伯》,郑玄注,阮元校刻:《十三经注疏》,中华书局,1980 年,第 767 页下。
② 《大唐开元礼》卷七〇诸州祈诸神条,民族出版社,2000 年,第 360 页上。
③ 徐松辑:《宋会要辑稿·礼》四之十五"祈雨雪",第 463 页下。

此为行祭龙法时所用祝文,别种祈雨法之祝文亦大同小异。从以上两例可见,祝文行文一般不长,多为四六句式,若写作者长于文采,则用典颇多、辞藻雅丽,难免文辞冗长。官方版本的内容上为仪式用语,更多的祈雨祝文内容上还会强调"精诚可格",此外还多有悔过之论,称旱灾因"守吏不德",帝王因时雨未至而下罪己诏,通过多种措施弥补过失,祝文中"深自可责"之论调在唐宋祈雨文中已是主流。

祈雨活动时请僧人作法事,所用祝文则为佛教专用佛经、斋文等。唐代佛僧祈雨用《大云轮请雨经》及《大云经祈雨坛法》等,通过念诵龙王名号祷请龙王布雨:

> 唯愿世尊以大慈悲愍诸众生,为说陀罗尼句。警觉诸龙悉令受持,能使诸天欢喜踊跃,能催一切诸魔遮止众生灾害逼恼,能作息灾吉祥之事,能除妖星变怪,如来所说五种雨障亦皆消灭,即令此赡部洲雨泽以时。[1]

善无畏、不空等持咒役龙之事迹广为流传,然撰佛教疏文者未必都是僧人,不少崇佛之儒士亦写过斋文、回向文等,如苏轼《郑州超化寺祈雨斋文》及释智圆《祈雨回向》等。与此相类,祈雨青词又是祝文中数量不小的一类。青词是道教斋醮仪式中献给最高神的奏告文书,天宝年间称为"清词",原或与太清宫有关,后渐因书写使用青藤纸而习称"青词"。晚唐时开始有了"斋醮青词,只许谢过,不许祈福"的写作规定,然而宋代以后,青词既用于祈天悔过,又用于祈愿求福。青词的体例格式在宋代基本定型,国家斋醮青词较民间青词更为规范。明代因道教盛行,谋臣争以青词邀宠而有"青词宰相"之风。[2] 祈雨青词内容与一般的祈雨祝文无二,仍是陈述旱情,继而悔过,最后祈愿。但对行数、句数、字数都有具体要求,行文质朴为主,亦是以四六句为体。如唐代封敖《祈雨青词》:

---

[1]　不空译:《大云轮请雨经》,《大正藏》第 19 册,第 488 页 b20—25。

[2]　张泽洪:《道教斋醮史上的青词》,《世界宗教研究》2005 年第 2 期,第112—122 页。

维年月日。嗣皇帝臣稽首大圣祖高上大道金阙元元天皇大帝，臣猥奉顾托，获临宇宙。四海之宁晏，万物之生成，必系厥躬，敢忘其道，是用虔恭大业，寅畏上元，励无怠无荒之忧勤，期一风一雨之调顺。苟或愆候，常多愧心。今三伏之时，五稼方茂，稍渴膏润，未为愆阳，而忧劳所牵，念虑己及，恭持丹恳，上渎元功。冀宏清净之源，溥施霶濡之泽，粢盛必遂，烦燠可消，将展敬于精诚，侯降灵于霶霈。谨遣吏部侍郎韦湛启告以闻。谨词。①

除了道士，儒士亦为斋醮仪式撰写青词。这种青词的祷告对象与道士所写的青词是否有别，已有学者注意到这个问题。真德秀为朱熹再传弟子，在他的《西山先生真文忠公文集》中共收录了170篇青词，其中31篇为国家斋醮仪式所用青词，139篇为他任地方官或作为个人所撰写的青词。这139篇青词中，虽然祷告对象明确为道教的众神，但真德秀仍然频繁使用"上帝"与"天"，将之与道教最高神不加区别地混用，进一步将儒家的上帝或天之观念普遍化。这还表现在他对旱灾祈雨背后天人关系的解释上：为政者失德而致旱灾，上帝本心好生，但仍以灾异惩罚为政者，因此守官须反省悔过、修德正心。② 由此可见，佛道祝文在体例格式上与一般祝文虽无差别，但其内在旨趣与其教义教理联系紧密，与儒家对天人关系的理解并不相同。

第二类祈雨文为奏议类公文，数量上以宋代居多，与其祈雨活动频繁、祈雨制度的完善有关。《全唐文》中多见贺雨表、报雨状及相应的御批与答诏，以贺雨表数量最多。《全宋文》中多达79篇祈雨公文，③包括官员上奏及几朝皇帝发出的御批与敕诏。如邢中和景祐元年（1034）正月八日的上奏：

---

① 封敖：《祈雨青词》，《全唐文》卷七二八，第7506页下—7507页上。
② 陈晓杰：《从上帝到万神殿——以真德秀之青词祷告为例》，《儒道研究》第一辑，社会科学出版社，2013年，第203—232页。
③ 《全宋文》祈雨文共688篇，数量远胜《全元文》，参杨晓霭、肖玉霞《宋代祈谢雨文的文体类别及其所映现的仪式意涵》，《西北师大学报》（社会科学版）2012年第4期，第18—23页。

自去冬雨雪愆亢，圣心祈祷未应。臣剋课正月九日、十八日必降甘雨。望遣官躬祀九宫贵神，十精太一，必有灵应。①

诏如熙宁五年(1072)六月一日宋神宗降诏："时雨未降，辅郡名山圣祠可指挥所在长吏精虔祈祷。"②公文意在组织祈雨活动，政令往往言简意赅，经常难以获得更多的具体祈雨信息。

第三种祈雨杂记则大不相同：一方面，祝文作为仪式性文体，不一定都带有准确纪年，有的代撰之作纪年处特意留空；而祈雨杂记作为记事文，一般包括祈雨的时间、人物、地点这些基本信息，且不少祈雨杂记用于石刻、碑志，作为史料更为可靠。多数祈雨杂记详述祈雨过程，对灾情、所祷之诸神祠、地方的祈雨手段、官民如何协调一致都一一记录。另一方面，公文难以抒发己见，而祈雨杂记中多见撰者发论，借以称颂官员之诚敬、神明之灵验，阐发贤德坚诚、气和而雨顺之论，对祈雨背后的天人感应有一套系统的理论解释。唐代张惟一所撰之《金天王庙祈雨记》：

大唐中兴，克复两京后，乾元元年(758)，自十月不雨，至于明年春。朝散大夫使持节华州诸军事检校华州刺史平原郡开国公赐紫金鱼袋张惟一，与华阴县令刘晸、丞□峋、丞员外郎置同正员李缓、主簿郑镇，尉王禁、尉高佩、尉崔季阳，于西岳金天王庙祈请，初发言云兴，俟登车雨降，盖精意所感，致明神应期，庶以颍川之能，不惭方伯之事，时二月十日题纪。③

此篇祈雨记属于篇幅短的一种，仅官名已占行文的三分之一，但官名仍为后来者研究职官等制度提供了信息。此记未记录具体的祈雨过程，只知八名地方官一同祈雨，辄应。金天王庙即陕西华阴的西岳庙，因唐玄宗将华山封为"金天王"，故有其名。西岳作为兴云致雨的五岳四渎之一，汉代始一直有水旱祈祷之功用，直至明代仍有

---

① 邢中和：《乞遣官祀神求雨奏》，《全宋文》卷二七〇，上海辞书出版社、安徽教育出版社，2006 年，第 334—335 页。
② 宋神宗：《祈雨诏》，《全宋文》卷二四五〇，第 113 册第 261 页。
③ 张惟一：《金天王庙祈雨记》，《全唐文》卷四〇六，第 4150 页下。

十次祈雨祭祀活动。①

二、《全元文》中的祈雨文

以往专门以祈雨文为研究对象的文章并不多,②以针对某一名儒大家的祈雨文如苏轼、朱熹等,③或是某一地区的某一篇祝文为主,④对一整个朝代的祈雨文之研究则集中在唐宋,⑤总的来说,集中在宋代祈雨文,与其时疏文数量最多直接相关。至今还未有对元代祈雨文的研究,且元代祈雨文离《祷雨疏》时代较近,因此下面以《全元文》中的祈雨文为主要对象,梳理其篇目及类型,进一步明晰三种祈雨文的基本体例与区别,同时从多篇祈雨文内容把握其时祈雨概貌及祈雨观念的变化与走向,以便进一步定位霞浦《祷雨疏》。

《全元文》⑥共收录了 143 篇祈雨文,有纪年者 58 篇,根据其收录原则,⑦事实上有 7 篇写于宋朝,9 篇作于明代,具体篇目请参见书末所附目录索引。按上述三种类别来分,第一种祝文数量最多,共77 篇;第二种奏议类公文仅 1 篇;第三种祈雨杂记共 65 篇。

祈雨祝文中祠文 8 篇,包含两篇谢雨醮词。值得注意的是,王旭

---

① 赵伟:《道教壁画五岳神祇图像谱系研究》,文化艺术出版社,2013 年,第162 页。

② 刘欢萍:《试论中国古代祈雨文的主题特征及其文化内蕴》,《文化遗产》2012 年第 3 期,第 68—76 页;罗明先:《人神对话:明清〈祈雨文〉透视》,《哈尔滨师范大学社会科学学报》2016 年第 1 期,第 141—143 页。

③ 石本道明:《苏轼磻溪祷雨文》,《汉文学会会报》1986 年第 31 辑,第 212—230 页;吹野安:《朱熹祈雨文发想考》,《汉文学会会报》1990 年第 36 辑,第 124—142 页。

④ 邵凤芝:《介绍一件明朝晚期的祷雨祝文》,《文物春秋》2006 年第 6 期,第69—71 页。

⑤ 如周玉琳《祈雨习俗与唐五代文学》(上海师范大学硕士论文,2014 年),其中统计《全唐文》中关于祈贺雨文章共 92 篇。对《全宋文》中祈雨文研究则有:杨晓霭、肖玉霞:《宋代祈谢雨文的文体类别及其所映现的仪式意涵》,《西北师大学报》2012 年第 4 期,第 18—23 页;肖玉霞:《宋代祈雨文研究》,西北师范大学,2013 硕士论文。

⑥ 李修生主编:《全元文》,江苏古籍出版社,1999 年。

⑦ 《全元文》按"以文从人"的原则收入文章,无论其文是否写于元代。收录宋元之交作者的原则以 1240 年及以后出生者,或 1300 年仍在世者为标准,如牟巘。详见《全元文》前言,第 3 页。

有一篇《谢雨文》，①并非因祈雨获应谢神，而是因霖雨为灾致祷，实
为谢晴文，这种情况并不多见。祝文基本延续唐宋体例，如胡祗遹
写于至元二十年的《祭泗水神文》、王恽《谢龙神文》，格式与前引
《宋会要》所示祈雨祝文完全一样，又可见祈谢文仅在措辞上稍有不
同。不严格按照格式书写的情况更多，但仍是四六文。祝文内容一
为陈述旱情，二为敬诚祈祷，三是罪已悔过。但另有一种论调，质问
神明之不职，如同恕《祈雨文》："神于此时尚不加恤，民将何依乎？
走祠致诚，祈赐矜闵，泽我饥民。更后旬时，不惟秋种失望，夏麦之
成亦无及矣！神终无意于斯民乎？惟神其念之！"宋代石介已有这
种说法："神听不明，罚不当罪，民不肯受而敢咨敢嗟……神又其弃
诸，惟神仁于斯民。"②诸如此类者，强调神应顾及百姓，更有题名
"催雨文"者。③

祝文撰者集中，通常一人写有数篇，或为同次祷雨活动，或作于
同一个地方。《全元文》所收牟𪩘的五篇祝文，其中有三篇为同一次
祈雨活动撰写的一系列祝文：《诣渠渡祠祝文》《再诣渠渡祠祝文》
《送渠渡龙王回庙祝文》，显然是二次祷请渠渡祠龙王，而后谢神。
据叶梦鼎《渠渡庙记》④及《武冈州志》，渠渡祠位于武冈即祝文中的
"都梁"，曾被敕额"灵济庙"，封广会侯、崇福公，"旱潦祷即应"。牟
𪩘约于宋度宗咸淳三年（1267）至八年间出任武冈知军，⑤这些祝文
当撰于这个时期，他自称"某实不职，三年之间，勤神者再"，多次祈
雨于诸神。陆文圭《张大帝祝文》："炉香未转，降幅孔嘉。"下附案
语："图经载，祷雨炉转不已。"张大帝名张渤，又称张王，张王信仰源
于江南东路的广德军，祈祷感应之神迹始于梁武帝祈雨获应，两宋
得以传播开来也主要因其调节水旱的神力。陆文圭为江阴人，所作

---

① 王旭：《谢雨文》，《全元文》第 19 册，第 558 页。
② 石介：《郓州知州祈雨文》，《徂徕石先生文集》卷二十，中华书局，1984 年，
　第 243 页。
③ 张养浩：《西华岳庙催雨文》，《全元文》第 24 册，第 719 页。
④ 叶梦鼎：《渠渡庙记》，《全宋文》第 343 册，第 338 页。
⑤ 周清澍：《从牟𪩘〈陵阳集〉看南宋的地方官》，《中华文史论丛》2012 年第 4
　期，第 6 页。

多篇祝文也都撰写于江阴,而南宋时江阴军就有张王行祠了。①《至正金陵新志》载句容张王庙时曾载:"又有庙后废寺及孝宅、砚池,旧县官祷祈,香炉移转不已,有碑记其事。"②与陆文圭所提及图经之载相符,只是未说明是祷雨。从陆之祝文可知,江阴及临近一带向张王祷雨之俗从宋延续到元代。蒲道源有 13 篇祈雨祝文,全是官方祭祀仪式所用,其中《祈雨群望祝文》共向 12 位神明祈雨,可借此一览其时祈雨常祀之神:东岳、崇德、文昌、梁洋土主、城隍、山河显灵公、玉泉、峎山、木马神女、社稷、风师、雷雨师。东岳、文昌、城隍、社稷及风雷雨师等为天下通祀。崇德祝文中称"惟王显灵岷江,正位王爵",应是指崇德庙所供奉的李冰。梁洋土主则是梁州当地境主,蒲道源曾任陕西儒学提举,祝文中梁州、梁川、梁洋即陕西汉中,峎山又写作旱山、汉山,在今汉中境内;玉泉"西山之麓,泉涌碧玉",无法确定是否也在梁州境内;山河显灵公与木马神女则不知具体所指。有关陕西境内祈雨活动的祝文还有西岳庙及咸阳县祈雨文。上文述及历代都前往"金天王庙"祷雨,《全元文》又见三篇西岳庙祈雨文,同恕《西岳祈雨文》、张养浩《西华岳庙祈雨文》皆称"西岳金天大利顺圣帝"。

祝文中有 11 篇醮词、5 篇斋文。王恽一人作 4 篇青词、2 篇斋文。其中一篇《祈雨青词》与《玉堂嘉话》一书中所收《春旱祈雨青词》③内容上八成重合。据《玉堂嘉话》,春旱青词为至元十四年丁丑岁春二月庚申朔,他赴翰林待制之职时所作,因此可推定《全元文》所收青词及斋意大约也是在这个时期撰写的,皆为元廷内制祈雨祝文。牟巘、刘燻、虞集的祈雨醮词也都是应制之作。另 3 篇斋文则是地方儒士之作,洪希文《永福院谢雨祝文》所谢之神为观世音。元代祈雨活动中常见僧道并用,如《郡守天池祈雨状》:"乃涓吉旦,

---

① 皮庆生:《他乡之神:宋代张王信仰传播研究》,《历史研究》2007 年第 3 期,第 60 页。
② 张铉纂:《至正金陵新志》卷十一上"祠庙",《宋元方志丛刊》第六册,中华书局,1990 年,第 5688 页。
③ 王恽:《春旱祈雨青词》,《玉堂嘉话》卷一,中华书局,2006 年,第 42 页。

谨遣管内僧某、道士某,躬诣灵湫,奉迎甘泽。"①不止于此,道士也参与佛僧主持的祈雨活动:"伏愿王某,同羽士吴某,冠裳虽异,乡井寔同。……开《法华》道场,设伊蒲法供。伏愿百灵昭格,诸佛证明。"②以上是祈雨祝文的情况,可以看出从体例到内容并无大变化,祷请对象也是延续了唐宋以来的信仰。

第二种祈雨公文仅有牟巘所作《祈雨未获申诸司状》,开篇写"本军今岁苗稼茂盛",即他任武冈知军时所作。牟巘在宋亡后就退居湖州,再未出仕,此篇状文无疑呈向宋廷。《全元文》中未见一篇元朝关于祈雨的公文,证明了宋元在祈雨制度上的明显差异。地方的祈雨祝文由地方官或儒士承担,元廷未有具体规制,他们因此多沿袭旧例。

第三种祈雨杂记计 64 篇。祈雨祝文多为格式化的公事文章,与之相比,祈雨记更个人化,对民间多种祠神、地方多样祈雨方式的记录更翔实。63 篇祈雨杂记共 49 位作者,仅有一名僧人。余下的作者身份集中,以地方学官为主,包括儒学教授、儒学学正、县学教谕及儒学生员,另有少量行政官员如儒学提举、县令等。《全元文》作为元人文集的汇纂集,祈雨杂记多录自地方志,在地方当学官,除了负责官学的教学及日常事务外,还需组织月朔释奠等具体事务,③而撰写祈雨记就属于这类事务。不乏地方官命他们"子当文以记之",或直接请他们前往祈雨,"最后闻县南百里东岩龙泓灵响特异,属教谕邵君某往祷,有龟跨跱泉上,瓶致以来"。④ 地方学官或亲身经历祈雨,或目睹耳闻,因此详细记录下了祈雨过程。其中还可见到不同人记录下同一次祈雨活动的情况,张翼《梁公祈雨灵应记》和杨天泽《梁公祈雨灵应记跋》两文前后间隔七年,杨天泽将张翼所记刊于

---

① 元好问:《郡守天池祈雨状》,《全元文》卷四五,第 1 册第 717 页。
② 谢应芳:《谢雨佛事疏》,《全元文》卷一三五五,第 43 册第 360 页。
③ 关于元代学官的研究,请参考:周祖谟:《宋亡后仕元之儒学教授》,《辅仁学志》第 14 卷第 1、2 期,第 191—214 页;陈高华:《元代的地方官学》,《元史研究新论》,上海社会科学出版社,2006 年,第 376—420 页;于金生:《元代的地方学官》,中国社会科学院 1990 年论文;王立平:《元代地方学官》,《固原师专学报》1994 年第 2 期,第 44—49 页。
④ 徐明善:《志喜堂记》,《全元文》卷五五四,第 17 册第 279 页。

石,并附跋,为宣扬平遥县侍御梁朝列重建应润庙请雨灵应之事。卫元凯《汤庙祷雨感应之碑》和王演《阳城县右厢汤庙祷雨灵应颂》都是称颂阳城主簿周文举带病徒行多处拜祝获雨,民众"瞻仰咨嗟",王演文末为颂,是采其民谣而成。另外还有李戡、释希磻为同一次请观音铜像祈雨而作的三篇诗序和次韵诗序。

　　虽然地域有别,仍可见共通的祈雨手段。多篇祈雨文都记载了祷龙湫、龙井、灵泉之事,堪称最普遍的做法之一:"乞升勺水,贮于罂,迎归城中,安置道宇。"①"何君闵之,具香币,跣步挈瓶,祷于灵泉,乞湫焉。"②"率僚属诣祠,既祷,仍瓶潭水归,置坛行祠,朝夕膏香,致敬不懈。"③该过程包括三个主要环节,一是派遣合适的人前往龙湫,县令亲至或携一众官员,或派专人前往,有"郡官僚各出俸金,议祷龙湫"的情况。④ 去前要斋戒沐浴,斋戒三日不等,携带祭品如"柔毛、香楮"即羊、香和纸钱,或常规的香币(香和币帛)。有的人在途中即"免冠徒跣",以受苦自罚显示虔敬。二是乞水,即拜祷后将龙湫的水装入容器,这个环节多见神秘的感应,如"湫底涌出樽酒,流抵岸侧,若将授君者。……君再拜,受而引之,以器入湫水"。⑤ 所获湫水或称"灵液",容器有瓶、罂,多半在这个时候就已经疾风起、雨骤下,说明上天已有感应,神龙兴云致雨,往往祷者更是拜祝不已。三是将水迎归,放置道宇、丛祠或是五龙祠等,象征着将神龙迎回庙宇供奉,继而焚香膏时时朝拜。上文提及的明代闽地龙井祈雨与之如出一辙,可见这种祈雨法的普遍及有效。但地方官员往往在决策上选择多管齐下,如请道士"作符檄,朱书铁简,命道士持诣天目山",⑥"渊沉铁券,乞灵龙湫"。⑦ 最典型者见于杨翮对休宁县祈雨的记录,他直言如雩祭等古礼已废而不传,撰写祈雨记是为了"书

---

① 蒲道源:《李录事祈雨有感诗序》,《全元文》卷六五三,第 21 册第 219 页。
② 蒲道源:《得雨记》,《全元文》卷六五五,第 21 册第 275 页。
③ 马曙:《龙祠祷雨记》,《全元文》卷九一六,第 28 册,第 267 页。
④ 陆文圭:《喜雨诗序》,《全元文》卷五六三,第 17 册第 545 页。
⑤ 陈旅:《乱石湫祷雨诗序》,《全元文》卷一一九六,第 37 册第 252 页。
⑥ 黄溍:《天目山祷雨记》,《全元文》卷九五三,第 29 册第 330 页。
⑦ 唐桂芳:《喜雨颂》,《全元文》卷一五八七,第 51 册第 721 页。

以告后来,用附祠祷之义,为请雨故事"。时为至正七年,文中记录了多种祈雨手段:"率僚吏遍祷群祀。复大合群祀之神于芝山祠宇,禁市肆毋得粥鱼肉。集老氏之徒,虔修醮仪。命学释者,亦鸠其徒来会。日宣梵言,诵经译助焉。遂除坛于东山之上,请方士吴汝霖主。以其法符,檄上下神祇及山川之能兴云致雨者。遣父老以朱书铁券取水富郎潭,合邑官吏士庶郊迎导水至坛所。"①官员祷群祀合诸神,商贩不烹荤菜,道士作斋醮,和尚诵经,方士起坛,乡贤求水,六批人员分头祈雨,雨足后多处谢神,前后八日间斋戒从事,官吏辍俸,无不尽其事。有意思的是祷者身份与所祷之神的关系,祠庙之神一般为官方承认而立祀,因是正祀故而官员前去;而山川等民间信仰则是方士前往。

然也不乏专门延请僧道之流进行祈雨的情况,光福寺住持记载平江路总管祈请寺内铜像观音到府祈雨,总管李戡亦留下一篇此次祈雨的诗序。住持序文末署名"光福住山希磻端肃上",希磻为大德间光福寺住持。《全元文》中另有一篇"端肃"名下的《观音像感应记》,除无末句,其他内容完全一样,作者一栏注"生平不详"。② 其实"端肃"并非人名,而为敬语。今苏州光福铜观音寺仍留有一方元大德五年(1301)的残碑,③上镌《平江路总管祈请光福铜观音感雨诗》,亦是佐证。道士祈雨见于泰不华《祷雨诗序》,至正三年(1343)六月不雨,绍兴父老向太守进言杨道士能致雨,太守就到长春宫设坛,礼致道士,果得时雨。此外,还有一则祈雨记中出现了土龙祈雨法,发生在大德六年(1302)的平遥县,"于是修雩祀,作土龙,遍谒县内神祠祷之,则辄无一应",④此处的土龙祈雨收效甚微,与文章中其后的应润庙祈雨而应形成鲜明对比,间接说明了始于汉代的土龙祈

① 杨翮:《清雨记》,《全元文》卷一八四二,第60册第385页。
② 同一篇"感应记"一录自1927年《江苏通志》,一录自1927刻本《江苏金石志》,此二条点校者不同,且其中一篇无署名,因此重复著录至"释希磻"和"端肃"两条下,并误以为有"端肃"其人。详见《全元文》第36册第301页、第59册第279—280页。
③ 缪荃孙等纂修:《江苏省通志稿》,北京图书馆影印本,第31页。
④ 武亮:《应润庙祈雨灵应记》,《全元文》卷九一六,第28册第274页。

雨法等实质上为交感巫术的祈雨手段,到元代已不甚流行。事实上,白居易早就认为作土龙等传统祈雨法不足以救大危大荒。朱熹更不以为龙、蜥蜴能直接降雨,只是带来气的"交蒸","非必龙之为也"。① 从现在知识系统来看,这种解释已经与大气循环很接近了。但归根究底,在朱熹那里,"气"是万物之根本"理"所产生的另一重要范畴,与作为自然现象的大气并不是一回事。

祈雨方式在不同朝代、地方都有倾向与取舍,儒生所撰的祈雨记留下了可贵的材料,但对于他们来说,撰写的必要性不仅在于记述祈雨事迹、歌颂地方官,而是要借祈雨之事来教化百姓,所谓"禄虽轻而道则尊,势虽孤而任则专,去民最近,礼乐之泽易浃于百里"。② 将他们在字里行间中的褒贬与议论综合起来,便是一套系统成型的祈雨观,这套观念以儒家经典为依据,背后正是儒家对宗教仪式及天人感应的解释,概括起来主要基于以下三个概念。这些概念出于经典,经由历代儒家尤其是宋儒阐发成系统理论,主导祈雨一类的国家祭祀,元代儒人仍然延续这一套理论。

一、诚。书曰:至诚感神。"是有其诚则有其神,无其诚则无其神。……幽明既交,是诚意接矣"。③ "天道无私,精诚之可格"。祈雨时虔诚的状态是核心,是天意能否感格的关键。诚是儒家在祭祀时面对祈祷对象时所强调的,祈雨记中描述祷者"暴身中庭,朝夕拜祝,……衣履渐湿,且拜且祝不已",④以一种不辞劳苦的外部表现来显示精诚。然而"诚"更是一种合内外之道、表里如一的状态。⑤ 乌斯道对此有一番论述:盖天地之道无思也,无为也。侯不涉毫发私意,中心无所思为,而对越于神明,人神无间也。⑥ 诚更在于祷者内心,内外不一者,便不得应。

---

① 黎靖德编、王星贤点校:《朱子语类》卷二,中华书局,1988年,第23—24页。
② 陶安撰:《送教谕张彦圣序》,《陶学士集》卷十二,《景印文渊阁四库全书·集部·别集类》,第1225册第724页。
③ 武亮:《应润庙祈雨灵应记》,《全元文》卷九一六,第28册第274页。
④ 王国宾:《县尹李公祈雨感应碑记》,《全元文》卷九○八,第28册第106—107页。
⑤ 《朱子语类》卷二三,第23—24页。
⑥ 乌斯道:《祷雨诗序》,《全元文》卷一七二四,第57册第105页。

二、气。朱德润:"五行殊功,二气实体。"①二气为阴阳,一进一退,一消一长,而有天地间无限变化。张载曾对"气"有形象的解释,阴阳二气带来气候变换:"和而散,则为霜雪雨露;不和而散,则为戾气噎霾;阴常散缓,受交于阳,则风雨调,寒暑正。"②吴澄将建康朱法师求雨应验归结于:"以志帅气,故能以气动气,而阳召阳,阴召阴,唯其气之所使,志为之帅。"③祈雨是为了改变阴阳二气不和的状态,使之融洽,故而降雨。

三、天人感通。邹维新称祈雨显应为:民之悦之,以心感心;神之听之,以和召和。④ 能够以和召和乃是基于同类相感的思想。汉代董仲舒发展出了一套成熟的宇宙论,将天之阴阳与人之阴阳对应起来。旱灾因二气失和,失和的原因则在于为政者失德,因此需省过修德。如贡师泰之自问自答:"吾诚其有未至乎? 不然,则是政失其平,行愆于常,虽有告,不吾听也。"⑤"天人感通"与"气"两个概念结合起来为:"盖吾之气即天地之气,其祷雨也,犹呵之必有润也……必曰非祷可得,是人与天不相贯也。公言云蒸雨降,从一念中流出,岂欺我哉!"⑥这三个概念形成一套因果相连的循环解释,与陶师渊所说就完全契合:"公能以忧国爱民之诚格于神,神能以云行雨施之功惠于众,易戾气而为和气,移歉岁而为有年,于此可见天无二致,幽明无二理。"⑦

除了这三个基本概念,在宋代祈雨文中还强调"仁",天有好生之德,生生就体现了"仁",灾异只是因为政者失德而降灾警告,可通过减免赋税、罢役等手段弥补过失。但在《全元文》的祈雨记中几乎看不到这一概念。

---

① 朱德润:《生生堂后铭为豫章胡伯雨赋》,《全元文》卷一二七九,第 40 册第592 页。
② 张载撰,章锡琛点校:《正蒙》卷一《参两篇》,《张载集》,中华书局,1978年,第 12 页。
③ 吴澄:《题朱法师求雨应验诗后》,《全元文》卷四九二,第 14 册第 548 页。
④ 邹维新:《马鬐山祈雨显应记》,《全元文》卷一一五九,第 37 册第 36 页。
⑤ 贡师泰:《道山亭祷雨记》,《全元文》卷一四〇一,第 45 册第 252 页。
⑥ 徐明善:《真文忠公祷雨说》,《全元文》卷五五四,第 17 册第 273 页。
⑦ 陶师渊:《苍山祷雨之记》,《全元文》卷四六八,第 13 册第 461 页。

儒家在通过撰写祈雨文宣扬儒家祈雨观的时候,也对佛道及民间信仰等祈雨方式进行了褒贬,尤其是在其他方式祈雨有效的事实上,他们如何看待法师法力就显得饶有意味。宋代皇帝无疑是坚持儒家祈雨观的,咸平四年(1001)七月七日,宋神宗谓臣曰:"近颇亢旱,有西州入贡胡僧,自言善咒龙祈雨。朕令于精舍试其术,果有符应。事虽不经,然为民救旱,亦无避也。"①言语中视胡僧祈雨为不经,不过是为百姓考虑不得已而为之。另有一事更引人深思,水口干记从日本僧人成寻的《参天台五台山记》中寻绎出成寻在熙宁六年(1073)三月受宋神宗所托进行祈雨的记录,②而关于这一事件,在中国的史料中却毫无记载,不论是偶然失记或是有意删削,这一结果与宋神宗对西州胡僧的看法完全一致。朱熹则是十分明确地指出:"若非所当祭底,便待有诚意,然这个都已错了。"③合礼的祭祀对象是什么,他坚持祭者身份与神对应的传统:"天子祭天地,诸侯祭山川,大夫祭五祀,士庶人祭其先。"④地方官只需祭当境山川,境外并无必要,这种对应也是因为气与之相关,不相关者,自不当祭。此外,他对佛道兴雨的那一套完全否定:"向在浙东祈雨设醮,拜得脚痛。自念此何以得雨? 自先不信。"⑤皮庆生在书中专辟一节爬梳南宋儒者对祈雨"异端"的批评,批评自南宋中后期起始多,批评立论于浮屠、黄冠等非儒感格之道,是为异端,且有违云汉传统,过于注重外部仪式操作、祭品、禁忌等事项,缺乏责己之道德反省。更为严重的是,释道及民间祈雨祭祀中无视神的品级差别,僭越礼的等级,这种指责毫无疑问与朱熹所倡导的一脉相承。与诸多批评形成对比的是,民间"和尚雨"的传诵反映出儒家祈雨在民间的相对冷落,因此更多的儒者在多数祷雨实践中,并不排斥民众所仰赖的祈

---

① 《续资治通鉴长编》卷五六《真宗·景德元年》,中华书局,2004 年,第 1244 页。
② 水口干记:《北宋的佛教祈雨礼法——以日本僧人成寻的祈雨为线索》,《新视野下的中外关系史》,甘肃人民出版社,2010 年,第 246—247 页。
③ 《朱子语类》卷二五,第 619 页。
④ 《朱子语类》卷九十,第 2291 页。
⑤ 《朱子语类》卷一二六,第 3034 页。

雨方法,只是强调其儒家祈雨立场。① 谢采伯就公允地对比多种祈雨法:"祈雨,三代用巫觋,后世用僧道。唐僧不空、罗公远、一行、无畏,祈雨法各不同。"②金朝亦在完善祈雨制度的过程中吸纳了儒家的祈雨传统,使用多样的祈雨法。③ 在元代多元宗教融合的背景下更是如此。吴澄将道教法师的祈雨归结于"以志帅气",但却丝毫不否认西僧善咒雨:以梵声咒雨咒晴而辄应,西僧至今能之。④ 前文所引杨翮的休宁县祈雨记中不同人员分祷不一样的神祠,其实暗中遵守了儒家礼法,却也不舍弃民间办法。元统二年的霞城太守及僚属更是径直至玄妙观"澡心拜章"。⑤ 与此大相径庭的,是杨维桢在《送邓炼师祈雨序》中记录的祈雨过程。⑥ 需要说明的是,其时为洪武二年(1369)夏,松陵太守因旱诣瞿昙祠求雨,但竟然"十日不降,守怒,欲焚昙像,浮屠氏拜以免",因此"移祷于邓炼师法坛,明日移坛公宇",在邓炼师"奏章上帝,然后役五雷丁甲,呼吸鬼物"的同时,"守自制心词一章"奏告。此番祈雨不久即应验,连续下雨三日,序文记民众相互欢庆:"此府公方寸中雨,而非邓之法力,则亦无以成其诚感之速也。"但太守却命人请杨维桢作文述邓之劳。这篇序文所叙祈雨过程一波三折,其中百姓欢庆内容恐有夸大,及其后太守命人作文一节都是为颂扬地方官虔诚而谦虚,太守欲焚像、民众否认炼师法力两处情节无疑反映了太守或撰者对佛道祈雨的不信服。李继本对此更直言不讳:"天降时雨,山川出云。……吾尽吾诚焉耳。……感应之机,古今一辙,固非方士者流以奇术秘计簧鼓乎颛蒙者比也。"⑦杨翮、吴澄祈雨记与杨维桢、李继本之文都收录在《全元文》里,前两者写于元代中后期,后两者写于明初,后者对佛道祈雨持更为激烈的批判态

① 皮庆生:《宋代民众祠神信仰研究》,第195—202页。
② 谢采伯:《密斋笔记》卷四,《景印文渊阁四库全书·子部·杂家类》,第864册第674页上。
③ 陈学霖:《金朝的旱灾、祈雨与政治文化》,《漆侠先生纪念文集》,河北大学出版社,2002年,第542—561页。
④ 吴澄:《题朱法师求雨应验诗后》,《全元文》第14册,第548页。
⑤ 潘础:《祷雨感应记》,《全元文》卷一八〇四,第59册第280页。
⑥ 杨继祯:《送邓炼师祈雨序》,《全元文》卷一三〇三,第41册第304页。
⑦ 李继本:《祷雨诗序》,《全元文》卷一八七六,第60册第976页。

度,恐怕与元明更迭,儒家思想重新占据统治地位不无关系。

通过分类梳理,《全元文》中的祈雨文呈现出以下基本面貌:从格式到内容均延续唐至宋逐渐确立下来的应用文特征;总数仅有《全宋文》所收祈雨文的六分之一,祈雨公文数量为零,说明元廷对祈雨活动的重视程度不及宋代,祈雨文更为个性化。但不论《全宋文》还是《全元文》,作为一个时代的文人总集,其中的祈雨文所见所写不免受限于儒者视角,进一步说还受制于一时一地的官吏。事实上,祈雨文来源有三处:一见于士人文集、碑记、地方志,二见于佛教、道教典籍,还有一类来源于民间传用的科仪文献,是具有突出操作性取向的使用科仪本。头两种常见,前文都已涉及,第三种少见且分散,因为种种原因渐渐零落或失传,难以进行专门、系统的收集。

三、《祷雨疏》疏文

霞浦《祷雨疏》就属于上述第三种文献,是了解民间祈雨活动的珍贵一手资料。官方主导的祈雨活动仪式正统,从外部形态及祝文内容易于判断宗教性质。民间祈雨则不同,在多数习俗调查中仪式所念祷之词多为口口相传,近似于民俗,内容及源流往往难以厘清,因此,《祷雨疏》作为难得的、一定规模的、有体系的文字材料,可借其充分了解明清时期民间祈雨仪式用语。另外,在"常事不书"原则下,今天所能看到的正史材料中罕有县级以下祈雨文,本册《祷雨疏》使用范围则是福安县以下地区,弥补了传统正史记载的不足。按上文祈雨文的分类,《祷雨疏》属于祝文一类,其内部又有两种疏文。第一种奏、申、牒及符使状,这类疏文简短,为程式化公文,区别在于所奏告的神明及相应的祷请用语,因此摄其大要,整理出如下30篇状文的四种基本样式。其书写遵守敬空原则,遇尊称留空格,且每超过30字即转行,文段看起来极不连贯。现对其进行标点,为方便阅读,不再留空,其样式如下:

(一)奏式。且臣厶领此来词,未敢擅便,具文状百拜奏闻者。右谨具奏(神名),恭望圣慈允俞奏恩,乞颁明敕上中下三界、东岳、地府、城隍、当境一切神祇,克应今夜,咸乘云驭,光降道场,证明修奉。专保禾苗秀茂,五谷丰登,鼠耗潜消,灾虫杜绝。更冀乡间清吉,人物咸安。但臣厶下情无任仰望圣恩之至,谨状。

（二）申式。且臣厶领此来词,未敢擅便,谨具文状百拜申闻者。右谨具申(神名),恭望圣慈允俞申恳,愿开赦宥怜悯愚民,乞颁敕旨,行下厶圣井行雨龙王菩萨。愿乞即刻兴云布雨,普润禾苗,回苏秀实,五谷丰登。但臣厶下情无任仰望圣恩之至,谨状。

（三）牒式。得此除已具奏天廷,外合行移文牒请(神名),照验详前事理,乞应今夜请降诸道场,证明修奉。云雷雨部一切龙神仙众,显神通于顷刻,展圣化于须史,驱雷掣电,兴云布雨,普天降下,田畴满足,禾稼回苏。坛司奉行,须至牒者。右牒请(神名)照验,谨牒。

（四）符使状。通乡贯,奉三宝,请龙祷雨济禾。会首厶,叶合境人等:言念生居山谷,业务田园,专勤东作,惟望西成。切见今年厶季以来,天时亢旱,连月不雨,溪涧绝流,泉无蟹眼,田折龟纹,禾苗枯槁,遍地燋黄。民心激切,坐若针毡,四方人民叫苦连天,哀声震地,四隅失望,国税无输,有种无收,老稚啼饥,愚民大患。思无祷告之方,仗有龙天可赖。各发诚心,取于厶月厶日,命请明流法臣厶,赍持香信,远叩厶龙圣井,祷请行雨龙王菩萨蒙赴金盆,应归到境,立坛供奉,果蒙感应。涓就今月厶日,恳请龙驭出游,迎至厶处,采蘋设供。祷请厶佛金容出座,迎归雨坛,同诚供奉,祈求雨泽普济燋枯。今则未敢擅便,就吉今月厶日,恭在雨坛,录词奏申天廷佛刹,颁牒城隍太岁、本坛当境合属诸司。是日依文修礼电光祈雨乞熟胜会一筵。今则开坛詧奏,始陈佛事。切恐天高地远,香信难传,捶鼓喧铃奉请三界奏事直符使者、值日功曹,即乞乘鹤跨马,速临佛事。集兹片善,领此殊勋,依教课,持经咒,焚化珍财。右谨上献三界奏事灵官、值日功曹使者、土地正神同生欢喜。伏乞赍领函牒,即速飞请天廷圣阙上中下三界圣贤同降法筵。愿乞风调雨顺,五谷丰登,害苗蟊类,悉愿消除,仍祈乡间吉庆,男女康安。但会首厶等下情无任仰望圣恩之至,谨状。①

---

① 这四种文疏的基本样式是从《祷雨疏》中同类文疏归纳统一整理出,非文书原文。

以上四种文疏与道教斋醮词相仿,基本为四六骈文,结构可分为陈述、祈愿、谢神三部分。开头陈述祷告缘由,后叙述愿望,最后以"无任仰望圣恩之至"结尾。书写格式及语言与编撰于元末明初的道法书《道法会元》所示一致,以下是一篇行文相近的祈雨文检:

奏通明天宫

具位臣姓某诚惶诚恐,稽首顿首百拜上言:臣不避风刀,冒干天听。臣昨照今岁自某月以来雨泽愆期,亢阳为虐,禾苗焦槁,民怀悴忧。又据某处某人等具状来投,亦为前事。臣领词激切,除已先经进拜信香、琼书、家书上告雷帝斗府师真,符委雷君行雨泽,未臻应感。臣切谓国以农为本,民以食为天。若废农则民无食而失所天,又将何以输国赋而立人极。……震动天声,布降霖雨,昭苏苗稼,沾足田畴。协成大有之年,以慰下民之望。干冒天威,臣诚惶诚恐,稽首顿首,下情不胜昧死激切屏营之至,谨具状上奏以闻。伏候敕旨。①

不过与《道藏》所载祈雨科范比,《祷雨疏》所见文检范式更完备,《道法会元》卷四九"神捷五雷祈祷文检",②以奏告为主,以天威遣役布雨职能神,申与牒并不一一列举;《道教文疏牒全集》卷四"祈晴祷雨醮",③奏申牒共16篇,仅为祈雨,并无中筵或谢恩环节。

除以上四种,《祷雨疏》还根据目标不同而有三种法事程序,其仪式节次不尽相同,集中在"启圣"和"入意"环节,即请神、奏报祈雨缘由,道教斋醮仪式中的其他常见环节如步虚、净坛这里并未提及,雷法祈雨中的存变之法也未述及,应是地方影响大于道教影响的缘故。详见下表:

表 3-2　祈雨仪式节次

目标	节　　次
祈雨	请龙佛安座→发奏、申、牒→符使状→安座中筵→安座完满
谢恩	向龙佛谢恩→发奏、申、牒→谢恩中筵→谢恩完满→谢恩解释
保苗	保苗请圣→发奏、申→符使状→保苗完满

---

① 《道法会元》卷四九,《道藏》第29册,第87页中至第88页下。
② 同上书,第87—94页。
③ 《道教文疏牒全集》(上),进源书局,2003年,第182—193页。

以上每一节次都要求上奏对应疏文。在一场完整的法事中,祈雨者首先要说明愿望,然后依次序奏请神明,最后还要酬神。用来陈情、祈愿的疏文通常篇幅较前一种更长,内容与主旨没有大变化,只是更详细地叙述旱灾带来的严重影响,对所祷之事的表达也更加完整,除了希求降雨,更希冀粮食丰收、百姓生活富足。这类文疏共29篇,文疏中的"厶"为待填写的人名、神名、地名、年号等具体信息,乡贯等亦留空。兹录三篇文疏进行校注:

(一)请龙/佛设供词意①

萨诃世界南赡部洲(通乡贯)奉圣请龙祈雨济禾乞熟会首厶,逮叶设供弟子厶,合乡眷等百拜圣聪,俯陈凡恳:言念同居斯地,共业田园,因地成财,上资供乎国课;谨身节用,下思祀于宗祠。凤念夕忱,恐不足以事父母;手胼足胝,犹竭力以育妻儿。由是营谋,祗奉上天之德命;冀谐期愿,仰赖龙圣之扶持。但会首厶众等不敢妄慕乎他求,惟愿所在田园之丰稔也。叨逢厶岁月值厶秋以来,正当禾苗吐穗之时、蔬果成实之际,惨遇天时失利,旱魃为殃,骄旸炽焰,泉竭田干,禾苗枯槁,遍地燋黄。又有野猪鼠耗百孽为殃,互相残害,致收成之乏薄,故谋作之。弗如人事失恒,未免放僻邪侈;民风不振,则启鬼怪人妖。愚氓不解其修身诚,惟归罪于岁凶者也。由是众竭诚心,营办香灯,涓就今月初十日,命请明流臣法正,带领传教嗣男吴法广[1],赍持香信直往钟龙圣井,祷请感应行雨龙王菩萨、随龙土地、卢林二位师公,金身宝相,蒙赴金盆,迎归本境,竖楼供奉。祈求甘雨滋济禾苗,救民忧苦,长歌五鼎,历日轮流设供,看诵经咒,焚化珍财。

右谨上献祈雨会上,龙佛云集,高真同生欢喜,容伸受纳。伏愿龙天圣德,荡荡巍巍;后土威灵,明明赫赫,悯下诚之恩祷,念民食之艰难。特赐允俞,转洪钧而严堡障;乞颁明令,开泰运而赐祯祥。腾云致雨,济润禾苗,滋荫田畴,罩雾迷空,[遮][2]蔽骄旸,驱除旱魃。俾岁稔年丰,民康物阜,螟虫绝影,蝗蜮灭迹。野猪远逐于海岛,鼠耗尽灭于山林。虎狼绝迹,猫鹠消亡;为殃百孽,普扫天涯。降福诸

---

① 《祷雨疏》第61页行10至第64页行5。

灵卫司地。官符[3]不得以生,盗贼何由而起?人人刚毅,物物蕃莒,风调雨顺,无旱魃枯燥之虞;地利人和,断愁叹篡争之病。庆云常集,甘雨频凝,五谷有两岐九穗[4]之丰,百种任车载斗量之盛。故畎让畔而行让路,老者安而少者怀,民风大振,孝弟以兴,闾(卷)[巷]赓歌,太平有象。山川社稷,享祀食而万代无疆;海宇臣民,共祝赞而一人有庆。祷祈不尽,悉赖帡幪[5],拜干[6]佛圣彰明,千真朗鉴。

年号

[1] 吴法正、吴法广此二人名还见于霞浦文书中的《明门初传请本师》《请职表》中,这两个人是明门中人,二人为父子关系,法正、法广是他们的法名。
[2] 此处脱字,此据《祷雨疏》第56页《迎龙/佛疏式》补。
[3] 官符,岁之凶神也。
[4] 两岐典出《后汉书·张堪传》"桑无附枝,麦穗两岐",说的是一株小麦分出两个岔。九穗出自《后汉书·光武纪论》"是岁有嘉禾生,一茎九穗",小麦有九个穗子。两岐九穗即用来形容年有收成、粮食丰收。
[5] 帡幪,原指帐幕,引申为庇护。
[6] 拜干,干,犯也,谦词,意为不得已冒犯佛圣。

(二)谢雨解释疏式①

通乡贯奉光明正教下请龙/佛祈雨谢恩法事臣厶、该会首厶等:言念生居山谷,悉属人流,荷二仪[1]而覆载,感三彩[2]以照临,蒙佛圣维持厚德。今庚厶季以来,为见天时亢旱,连月不雨,禾苗枯槁,遍地燋黄,有种无收,民成大患,老少啼饥,无方救济。仗有龙德妙力堪投,众诚虔于厶月厶日,命请明流厶赍持香信,直往厶圣井祷请行雨龙王菩萨爱及随龙土地蒙赴金盆,厶日迎归本境厶处,立坛供奉。蒙赐随车甘雨,普济燋枯(或请佛就写厶佛圣号),迎归雨坛,同诚供奉,祈求甘雨,滋济田畴。

但臣厶连日当空祷告龙天佛圣,恐虑冒犯天条圣阙,致有获罪,无所祷者。伏念会首恐晨昏奉祀香灯欠缺,私语妄言冒渎圣颜,倘有违有误,思无解释生。方涓吉今月厶日,恭在本宫崇建电光感雨谢恩胜会一筵,遥空扳迎圣御光降法筵,证明修奉,酌水馈花,敷呈

① 《祷雨疏》第44页行8至第46页行6。

供养。愿开惠眼，俯鉴凡情，于中谨具宥罪解释疏文一封，百拜投上：三界万灵十方真宰、诸天佛圣、五海龙王、当方境界列圣王侯，圣前容为鉴纳者。

伏望龙天佛圣大开赦宥之门，怜悯赤子妄作无知之罪，悯念臣厶传太上摩尼正教得掌兵权之职，体天行道，护国救民，舍邪皈正。[3]伏乞功曹护体，官将随身，依科行道，依教度人，不敢自专。宣赖天恩大施慈仁，保祐弟子厶并会首厶等星辰顺度，运限亨通，行藏无山水之蒙，出入有地天之泰，官无牵挽，横祸无侵，求谋遂意，动作称心，凡在光中，具蒙庇祐。拜干诸佛彰明，万灵洞鉴。

年号月日奉

光明正教下请龙/佛祈雨谢恩法事臣厶该会首厶等百拜谨疏

[1] 二仪，《易·系辞》：易有太极，是生两仪，①二仪指天地。
[2] 三彩，据上下文指"三光"，《白虎通·封公候》："天有三光：日、月、星。"②二仪、三彩前均留空书写，说明此处视为神圣字眼，或与摩尼教核心教义"二宗三际"有关。
[3] "传太上摩尼正教得掌兵权之职"及"伏乞功曹护体官将随身"一句，近似于天心正法中的"存变"，行法时可召遣摩尼正教下的神将吏兵，如贞明法院诸大官将。这表明了祷雨的摩尼正教教徒完全吸收了道教斋醮常用的"借兵遣将"之作法。

（三）又式州官龙请用③

正明内院

大明国福建等处承宣布政使司直隶福宁州公廨[1]居住奉光明正教下禳灾求雨弟子信官臣厶，率领同僚臣厶，偕乡宦厶、耆民厶，通州军民人等谨露丹诚，拜干圣聪，俯陈凡恩：但厶叶同僚乡宦耆民等，言念各忝人伦，实感皇天覆载，同沾福禄，荷蒙后土生成，授（戢）[职]涖任，及生兹土，蒙庇不轻。叨逢厶太岁孟夏沿及仲秋以来，赤魃[2]流殃，数月不雨，泉源断滴，禾稼干枯，军民痛切，触目伤心，但厶悔过净思，倘有狱冤莫能代雪，虑属耆宦廉耻欠禳。恐士商于途，

① 《周易正义》卷七《系辞上》，《十三经注疏》，第82页上。
② 班固等撰：《白虎通》卷一，中华书局，1985年，第65页。
③ 《祷雨疏》第66—67页。

苦而怨天恨地;或耕牧于野,劳以呼风骂雨,积成怨气冲天,致恼上天谴谪,盖生民不善,使治土灾伤,非一郡切之馑饥,闻八闽为之涂炭,目遇耳闻,岂堪坐视。由是输众谨竭丹诚,营备香灯,命佥祗就厶处立坛求雨得此,除于今月厶日具由录奏佛天圣阙,备申水府龙宫,及牒行雨合干真司,咸丐知明。厶日谨委任判厶、佥士厶,领回善众,赍香径诣厶玉井,祷请龙神厶,谨焚宝香迎请,诚心斋戒,悔过伺恩,至厶日幸蒙显应大济行雨龙王菩萨并当潭土地一切随御高真降驾盆盂,随车甘雨,迎归原设玄坛,宠(?)建禳灾求雨道场,每晨拈香斋供,逐日拜塔诵经,营诸善利,延奉龙天。祈求雨泽济润生灵,扫荡旱魃,勃兴禾稼,仍赐信官因诚进职。更祈士庶得雨,丰年爱及军民,同增福寿。

[1] 福宁州直隶福建承宣布政使司,福宁州直接隶属承宣布政使司是从成化九年(1473)开始,一直到明末,这一信息透露出了该疏文的年代在1473—1644年间。

[2] 赤魃,即旱魃,该篇文疏又称"旱魔"。祈雨祝文中,除了将旱灾原因归咎于官员之外,通常还认为是"妖魃"肆凶。这种带来旱灾的怪物有一专名:旱魃。《诗经》云:"旱魃为虐,如惔如焚。"孔疏:"魃字从鬼,连旱言之,故知旱神。《神异经》曰:'南方有人,长二三尺,袒身而目在顶上,走行如风,名曰魃。所见之国大旱,赤地千里。'"①它与风伯、雨师一样,从上古神话传说而来,且汉代至明初民间流传着它的多种形象,但无论何种形象,在祈雨仪式里它都作为被收伏的对象,名称也无变化。

《又式州官龙请用》以地方官口吻行文,祈雨法事用语及对神职人员的称呼与前文有明显不同,文疏主旨有浓厚的儒家思想痕迹。将之与前两篇相比,我们发现疏文主体发生了变化,其对旱灾的成因、祷雨的认识大不一样,用典也明显多于前两篇,典多出自《诗经》。史上官方对祈雨活动的管理从使用强制手段对民众祈雨活动进行干预,转变为使用更巧妙隐蔽的方式进行管控。管控体现在如对妈祖、天后等民间广为崇拜的神明进行敕封,表面上是官方对民间祠神的承认,实际上是利用对祠神的庙宇、封号、祭拜仪式等方面的规范化,实现民众思想的统一。该篇文疏未必是州官亲撰,但确

① 《诗经·雅·云汉》,《十三经注疏》,第562页下。

是为地方官准备的,这说明光明正教的祈雨活动得到了官方的承认。

以上三篇文疏语言、主旨较奏状、申状等并无区别,但洋洋洒洒达五六百字,除了为充分陈述百姓哀苦、表达对神明的恭敬以外,也是法事活动要求时长带来的结果。如果将"光明正教"等字眼抹去,文疏无异于道教文检,这也再次说明神谱才是祈雨的关键。而从《祷雨疏》奏请的众神来看,摩尼教神明占据了主体地位。光明正教的祷雨法事既采用道教的文检,也涵括当地民间的祈雨传统,又供奉独一无二的神明,并设有"明流""明宫""明命"等内部专用语,可以说就祈雨活动的组织形式而言,它已然是一个专门的教派。

小结

涂尔干认为可将世界划分为神圣与世俗两大领域,神圣事物与世俗事物的关系由信仰确定,而人类面对神圣事物的行为则由仪式确定,因此宗教现象包括信仰和仪式这两个基本范畴,信仰及仪轨将信奉的人结合在一个道德共同体内。[①] 参照此种两分法来看《祷雨疏》背后的"光明正教",则可以确定以"摩尼光佛"为首的包括摩尼教、道教、佛教及民间祠神等构成了一种与众不同、又不可冒犯的神圣的信仰,渝沙、睍达、会首、州官等仪式人员则构成了一个祈雨仪轨的统一体系。

另外,疏文中州官的加入表明儒家思想作为中国社会轴心在民间宗教生活中仍施加影响。儒家思想中信仰天命,认为自然有赏罚之力量,因此祈雨祭祀仪式中,"诚"与悔过是核心,事实上通过这种方式,决定权又回到了人手中。当然,这一套高妙说法就只能为士人接受,对于需要看到直接效果、心灵上得到安慰的普通百姓而言,佛僧念咒、道士施法这种直接与鬼神沟通的表现是他们更愿意相信和采纳的方式。

---

① 爱弥尔·涂尔干著,渠东、汲喆译:《宗教生活的基本形式》,商务印书馆,2011 年,第 29—44 页。

第四章　闽地多元化宗教
生活中的摩尼教

上一章的《祷雨疏》是一个以"摩尼光佛"为主神的文本。在结构奇特、层次复杂、往往在不同语言文本中某一特定神祇却完全占据不同地位的摩尼教万神殿中，摩尼光佛以其至高的地位始终葆有一个特殊的地位。在汉文摩尼教史料中，"摩尼光佛"一名已见于成书于开元十九年（731）的仪略，这一传统延续到明季，人们仍然对"摩尼佛名末摩尼光佛"（《大明律集解附例》卷十一）了然于心。"清净光明大力智慧无上至真摩尼光佛"十六字作为明教真言，在八闽大地上随处可见，成为方便法门。在被整合到民间祷雨书之际，作为祀谱中的大神，他是"太上真天摩尼光佛"，作为一教之代表，他又被称为"太上教主摩尼光佛"。

祷雨祈晴术在中国古代社会的宗教实践中有着悠久的历史，是古人面对大自然的超人力量作出自己的理念性的回应的努力，通过仪式使天帝神祇顺从人类的意愿，旱时降下甘霖，涝时拨云见日。在霞浦文书中保留下来的写本书，为我们提供了一窥明代闽地人作法的难得机会。上一章我们从"摩尼正教"这一角度展示摩尼教与闽地宗教互动的实相。这一章我们则从闽地宗教文本里出现的明教痕迹入手。

第一节　闽地宗教的"杂诸道法之辞"

霞浦文书的发现将学者的目光聚焦到了闽东一带。这一区域地处闽浙交界，既接收了宋元以来的多元宗教文化，又深受道教闾山派的影响。闾山派又称闾山教、闾山道，传教以闽地为中心，奉许逊为祖师，是吸收了闽越巫法并结合了道教符箓派法术、科仪而形成的一个道教支派。闽东地区的民间宗教多与闾山派联系紧密，但重峦叠嶂带来的天然隔绝造成了教派林立、形态各异的现象。据近年学者的田野调查,闽地至今仍活跃着瑜伽教、梨园教、夫人教、徐甲教、普庵教、法主教等教派。①

这些教派的传教祖师不同,所供奉的神明也不尽相同。它们的源流及之间的从属难以界定,但共同特征是,都以法师的道坛为核心。其法师行走于乡间,通过法事活动为乡民驱邪解厄。按照道教的说法,这些法师属于火居道士一类,但他们使用的源于家传或师徒授受的道法却不局限于道教范围内,而是在其道坛的壮大发展中不断融合多种来源的法术,这种做法显然为正统道流所不容。

南宋游历闽越一带的道士白玉蟾称瑜伽教为"邪师":

> 今之邪师杂诸道法之辞,而又步罡捻诀,高声大叫,胡跳汉舞,摇铃撼铎,鞭麻蛇,打桃棒,而于古教甚失其真,似非释迦之所为矣。②

白玉蟾的说法表明其时的闽地民间宗教在科仪用语、仪式表现上已交错混杂,多有重叠。我们将霞浦文书的《祷雨疏》与邻近地区的祈雨文检作比较,发现它们在内容上存在很高的相似度。下面是两段祈雨疏文的对照:

表 4-1　祈雨疏文对照表

《祷雨疏·取真武帝疏意》	《林洋湖·祈雨申奏式》
言念同居井里,业在田畴,务农为本,以食为先。春耕夏耨,不辞徒足之劳。秋获冬藏,实切资身之本。	言念凡人生居田亩,业在田畴,以农为本,以食为先。既勤东作之劳,全赖西成之兆,春耕夏耘,秋收冬藏。

右栏出自福安林洋湖康熙三十五年(1696)六月科仪抄本。③ 福安毗邻霞浦,林洋湖一地以信仰马仙、陈靖姑为主,可归属于闾山教。该抄本包括以下内容:祈雨状、祈雨申奏式、申张公、申天岳师、申蓬

---

① 劳格文著,谭伟伦译:《词汇的问题——我们该如何讨论中国民间宗教?》,《法国汉学》第 7 辑,中华书局,2002 年,第 260—270 页。
② 《海琼白真人语录》卷一,《道藏》第 33 册,第 114 页下。
③ 钟雷兴主编,缪品枚编撰:《闽东畲族文化全书·民间信仰卷》,第 245 页。

莱、申龙王、申夫人、申马仙、申祖师、三井龙王牒、牒各处龙王、牒本坛兵将吏、牒城隍、牒本境明王、祈雨科仪经文、神坛对联、谢雨联、谢雨文书式、转灯疏式,结构上与《祷雨疏》基本一致。最引人注意的是其文疏内容与《祷雨疏》一般无二,祷请用语如出一辙。祈雨文作为一种祝文,是存在固定格式的,但其内容往往因撰者身份而不一。道教祈雨文检的格式在宋代基本确定下来,但文检内容也因道士文采有别而有不同。因此即使祈雨文行文大同小异,但在文字上还是存在个人印迹的。从历代流传下来的上千篇祈雨文来看,并未存在内容完全雷同的情况。因此这两份祈雨文检内容几近相同不是巧合,而是提示我们:闽东一带存在一种通用的祈雨文检,这种文检受道教文检影响极深,为不同道坛的民间法师所承用,并在使用过程中配合他们所宗奉的来源不同的神明进行相应的改编。

《祷雨疏》祈雨文检与闽东其他教派祈雨文检内容上的高度相似是"杂诸道法之辞"的事实呈现。不止于此,在教派名称、法名、祖师称谓及法职称谓等涉及教派组织结构的重要构成部分上也存在诸多共同之处。

传世史料中关于闽地民间宗教的记载甚少,对其科仪内容的解读多仰赖于法师代代相传的科仪文献。下文使用的是近年学者在田野调查中搜集整理的科仪本,包括完整出版的成套科仪本汇编,[1]及学者在论述民间道坛科仪的文章、著作中披露出的零星科仪文检。[2] 由于大部分科仪文献无确切纪年(有纪年者多数为清代写本,或比《祷雨疏》年代晚),因此在进行具体内容的比较时,我们着重考虑的是地缘相近这一因素。

一般而言,各道坛有其坛号,但总是归属于某一个教派的,必在

[1] 叶明生、劳格文编著:《福建省建阳市闾山派科仪本汇编》,(台北)新文丰出版公司,2007年;叶明生编著:《福建省寿宁仙闾山梨园教科仪本汇编》,(台北)新文丰出版公司,2007年。
[2] 如叶明生《福建傀儡戏史论》,中国戏剧出版社,2004年;钟雷兴主编,缪品枚编撰:《闽东畲族文化全书·民间信仰卷》;李志鸿:《道教天心正法研究》,社会科学文献出版社,2011年;陈幼英主编,蓝炯熹编著:《水云仙府福安道观》,华夏出版社,2013年。

其科仪本中说明教名,如《祷雨疏》自称"光明正教"。与此相仿,寿宁县的保安坛使用"秉梨园正教行法事上元臣厶厶诚惶诚恐",①福安穆洋村的科仪本称"自幼传授闾山正教文武科典",②福建瑜伽教召请"本师"的科仪本称"后传瑜伽正教蔡法忠师公"。③ 这四例显示,闽东一带的民间宗教在制定教名时,使用了同样的四字构词法:核心界定词+正教。正教,几乎是历来一切中外宗教的自身认同,在中古以前的时代也称"正法"。近代一段时期,天主教自称"公教",字面含义近似,教会方面的用意全同。教名中带"正教"自然是为了强调教派的正统。后三种教派在民间有约定俗成的称谓:梨园教、闾山教、瑜伽教。那么"光明正教"或可称"光明教",而《祷雨疏》出现的另一个教名"摩尼正教"实际上即"摩尼教"。然而目前我们并未在闽东任何的科仪文献中见到这两种称谓。另外要说明的是,"闾山正教""瑜伽正教"并不仅仅出现在闽东,浙江南部泰顺县的科仪文献亦说明是"传闾山正教诸品",广西桂西、湖南上岩、安徽祁门等也有自称"瑜伽正教"者。④

　　民间道坛科仪十分复杂,学者曾使用"红头""乌头""文科""武科"即根据仪式的对象进行分类。然在这几大类下仍有名目繁多的子类,且并不是每一位法师都可执行某一类仪式,其间的界限十分模糊。不过在三份不同道坛的祈雨文检中,我们仍然发现了仪式者称谓上与《祷雨疏》相似的表现。光明正教祈雨法事的主要参与人员是"会首"和"明流",其他教派的道坛人员称谓与之类似:

---

① 寿宁县岱阳村保安坛吴乃宇手抄本《祈雨科》,见叶明生《福建傀儡戏史论》,第 432 页。

② 原件《罗天请职台司》由福安市穆云乡洋坪村钟法祺保存,详见钟雷兴主编、缪品枚编撰《闽东畲族文化全书·民间信仰卷》,第 195 页。

③ 李志鸿:《道教天心正法研究》,第 182 页图 5-2 右下图第 3 行。

④ 参见:祁刚:《浙南地方道教的职牒与度仪》,《宗教学研究》2014 年第 2 期,第 48 页;王熙远:《桂西民间秘密宗教》,广西师范大学出版社,1994 年,第 238 页;余成普主编:《行政的边缘、文化的中心:湖南通道上岩坪寨田野调查报告》,民族出版社,2014 年,第 276 页;陶明选著:《明清以来徽州信仰与民众日常生活研究》,光明日报出版社,2014 年,第 67 页。

　　霞浦祷雨疏：光明正教下祈雨济禾乞熟会首厶众等竭衷拜恩俯历丹忱，冒干洪造，所称意者：言念生逢圣世，忝处人伦……营备香灯，涓吉厶月厶日命请明流赍持香信，远叩钟龙圣井，祷请感应行雨龙王菩萨，爰及随龙土地。①

　　柘荣广济坛：奉仙圣下，建醮谢恩纠首厶厶等，佥启众诚，冒干洪造，但厶等兹者切见是岁夏秋两季，天旸亢旱，雨泽愆期，众发虔诚，涓取厶月厶日请命巫流恭诣东峰灵岩洞……②

　　林洋湖通应坛：今据大清国福建福宁府福安县厶厶都厶厶境居住奉圣母位下，迎祥请驾，奉供奶首厶厶领合境人等：言念生居下土，添序人伦……仗巫流臣一全恭请临水祖殿，迎请銮驾，贲临斯土，吉取正月厶日到境，各家老幼男女竞备彩旗锣鼓，迎接于宫。③

　　柘洋里瑜伽教：大清国福建柘洋里二十三境居住奉仙真，祷雨救济禾苗纠首弟子厶厶叶福首福户等，佥启众诚，冒干洪造：言念生居忝序人伦，天地盖载深恩……④

柘荣广济坛为闾山教道坛，闾山法有"巫法"之说，故有"巫流"之称。柘荣毗邻霞浦，马仙信仰在当地历史上的另一重要功能为祈雨，有"水旱无不祷之"的影响力，文段中"巫流"职能与"明流"一样，为迎仙/佛的教内人员。"纠首"一词，侯精一对北方碑铭及山西方言中出现的"纠首"一词进行考释，认为该词最早见于辽道宗大安七年（1091），指村镇里的管事人。⑤　柘荣广济坛中的纠首与此相近。不

①　《安座请雨疏式》，《祷雨疏》第9—10页行70—76，录文请见本书附录。
②　此为2008年11月25日柘荣西门广济坛袁桂华提供，详见叶明生《闽浙马仙信仰与地方仪俗》，《走入历史的深处——中国东南地域文化国际学术研讨会论文集》，上海人民出版社，2011年，第496页。
③　节录自福安林洋湖通应坛雷法震抄写《请奶疏式》，详见钟雷兴主编、缪品枚编撰《闽东畲族文化全书·民间信仰卷》，第239页。
④　李志鸿：《宋元新道法与福建的"瑜伽教"》，《民俗研究》2008年第2期，第141页《求雨接仙遣风疏》图；氏著《道教天心正法研究》，第254页图7-3。其中漫漶不清者可据霞浦《祷雨疏》拟补，如引文中的"伦""恩"字。
⑤　侯精一：《释"纠首"》，《中国语文》1982年第3期，第188—192页；氏著《现代晋语的研究》，商务印书馆，2008年，第196—204页。

过柘洋里瑜伽教中的"纠首"为行祈雨法事的主事者。这是否透露出乡民头人在村邑的法事中也承担了主持者的角色，换言之，暗示一种地方的"政教合一"的制度？"福首"则与"会首"相近，为村民因祈雨、求福而形成的组织的负责人。通应坛奉临水夫人为教主，临水夫人陈靖姑是闾山教中的一法主，因此也称巫流。又称大奶夫人（"奶"通"娘"），因此供奉民众的组织者称奶首。但此处关注的重点不在于其职能是否完全一致，而在于针对法事人员使用的称谓构词一样，尤其是"某+流"这样的构词，使用了教派的核心字眼指称教派专职人员（参见表4－2）。

表4－2　仪式人员称谓表

人　员	光明正教	闾山教	夫人教和瑜伽教	
法事主事者	明流	巫流	纠首	
乡民组织者	会首	福首	奶首	纠首

闽地已确知属于"明流"的人有吴法正、吴法广父子。这两个名字出现在了霞浦文书中的《明门初传请本师》（下文简称《明门》）。[1]从题名看这是一份历数明门历代法师的名录，然而观其具体内容，事实上还包括了闽东一带流行的祠神。进一步说，如果将明门视为一个类似道坛的宗教组织的话，该名录还包括了其他道坛的法师。在这份名录里，有"灵源历代传教宗师"：

灵源历代传教宗师：胡天尊祖师、高佛日祖师……吴法正祖师、吴回光祖师、谢法如、随担陈法震祖师、吴法性祖师、吴法广祖师、詹法通祖师。

霞浦义书中另有一份与此性质相近的科仪本《乐山堂神记》（下文简称《神记》），内容为记载乐山堂所供奉神祇及历代传教祖师的名录。其中有吴法广：

灵源传教历代宗祖：胡天尊祖师、胡古月祖师、高佛日祖师……

[1]　录文请参见林悟殊《摩尼教华化补说》附录，兰州大学出版社，2014年，第451—456页。下文行号亦据此录文。

随担陈法震尊者、吴法性师爷、谢法如师公、<u>吴法广（师公）</u>、詹法通师伯、谢法昭师伯、谢法元师伯、谢法行师伯。①

两份名录中吴法广的身份不同，一处为祖师，一处为师公。一般而言，祖师辈分高于师公。这透露出称吴法广为师公的《神记》，其文本形成的年代应早于称他为祖师的《明门》。两份名录有重叠有异文，说明所据同源，但未必可据以判定哪一本是另一本的蓝本。从神明架构看，我们倾向于认为乐山堂是一处道坛，它与明门的关系近似于盛隆坛与梨园教的关系，也就是说，乐山堂属于明门下的一个道坛。两份名录所列历代宗祖中的一大部分名字皆为以"法"字构成的名字，这是佛教以及道教法号、道号的常规作法，加上姓氏，则是表明他们的信徒身份还是在家状态。无独有偶，以"法"字构成的法名在闽地其他教派中也有使用。寿宁县盛隆坛的《请神科》是这样列举其道坛历代传师的：

历代祖本传师：一心奉请梨园会上传教师父、随身师阜、<u>随担先生黄法显</u>、黄道显、韦法达、韦法旺师公、章法灵师公；传教师公吕法为、法延、法正、法妙、法星、法应、法通、法扬师公……②

此科仪本是由叶明生披露的。据他的田野调查，寿宁的梨园教艺人取法名，专取带"法"的名字，以"法事臣"之职称之。其实上文已提及的林洋湖通应坛科仪本中，也存在"雷法厶"这样留空待填的署名。以上名录说明，乐山堂与盛隆坛的取法名制度是一样的，甚至这起名制度在闽东一带多个道坛应该也是通行的。通常民间道坛的法职是优先在家族内部传承的，如吴法广之于吴法正是"传教嗣男"。叶明生对梨园教的调查也显示，传承在父子、祖孙或兄弟、叔侄中进行，一般不传外姓，但在无嗣等情况下传外姓者，则需回报师门。③ 这是对传教名录中存在多个姓氏现象的一种合理解释，同样适用于《乐山堂神记》及《明门初传请本师》。

---

① 录文引自林悟殊《乐山堂神记释文》，《摩尼教华化补说》，第449页行15—31。
② 叶明生：《福建傀儡戏史论》，第228页。
③ 同上书，第221—222页。

祖师、师爷、师公、师伯是因辈分不同形成的特定称谓。但文中出现的随担,并不属于这一系列。《明门》中提到随担的还有如下一例:

> 惟愿是日/夜今时,随担门前降所祀,紫荆山上□天一圣舍投。①

"随担"一词,不见于字书,是一个比较费解的术语,以往研究者似未措意予以解说。不理解它,对相关制度终难知其究竟。该词多见于梨园教科仪文献中。梨园教是福建道教闾山派的一个支派,它以闾山派道法活动为核心,并结合古代提线木傀儡表现形式,形成一种既道既艺、既仪既戏的特殊宗教文化形态。② 上文所述盛隆坛就行梨园教法事。这个教派以演傀儡戏进行法事,木偶傀儡就是法器,这种从事道法活动的傀儡戏盛行于闽北地区的寿宁、福安、周宁、福鼎、霞浦及政和、屏南等县。在"遣霞"(驱除孕期妇女身上的恶煞)等仪式中,都需法师带着木偶前往人家入室作法。叶明生曾详述一批浙江庆元县博物馆收藏的民间木偶及其坛班科仪抄本。其中有两担木偶,分别为木箱担及篾笼担。木箱内盖上书:

> 刘法兴随担。本洞传受不乱,如兄弟侄徒,昔有人传接此担救(吉)[急]还恩者,去回请署则吉,若是(□)[忘]记不请,去来则凶。③

又寿宁县傀儡戏戏笼上一般书"梨园正教"及"神担",④神担指傀儡担,或称呼傀儡戏的行业祖师"田公师父"。随担则指以此傀儡担进行法事的历代班主,班主乃是对应戏班之称。闽东一带还有畲族巫师,他们将法器置于扁桶或竹箱,俗称"巫师担",与傀儡所称"神担"性质基本一样。又寿宁县山坑村福旺坛神龛上书:

---

① 《明门初传请本师》第4页行24,其中"上"与"天"之间又一字,惜页面破损,难以识别,黄佳欣、林悟殊录文拟补为"紫荆山上太一天一圣舍投"。参见氏著《摩尼教华化补说》,第452页行24。
② 叶明生编著:《福建省寿宁县闾山梨园教科仪本汇编》,第1页。
③ 叶明生:《梨园教:傀儡戏宗教形态考探——以闽东、浙南毗邻地区之体现傀儡戏为例》,《戏曲研究》第九十一辑,文化艺术出版社,2014年,第252页。
④ 叶明生编著:《福建省寿宁县闾山梨园教科仪本汇编》,第213页。

瑜伽坛内传教万法列代师父、随身师父、随担师爷圣位。①

神龛所写说明"随担师爷"与"随身师父"是一对成组的概念,按李志鸿对闽东瑜伽教的源流探究,瑜伽教继承了天心正法中的祖师信仰及与之相应的"家书"科仪。在法事过程中,法师要变成"祖师""本师""仙师"三师,并召请历代师公,借祖师的法力来行道法。② "随身"及"随担"应是这一信仰下的术语表述。

综上所述,"随担"应指最初使用法器并往下传承的祖师。《乐山堂神记》中只有陈法震使用这个称谓,不知道是他当时援用其他教派的称谓,还是他也使用傀儡这样的法器。以上这些线索提示了霞浦文书科仪经典与戏曲可能存在着紧密的联系,这对准确解读文书中摩尼教赞愿文(如《摩尼光佛》)里的大量舞台提示语具有重要意义。至于《明门》与"随担"一起出现的"紫荆山",则与紫荆山信仰有关。流行梨园教的寿宁县有一些十分特殊、鲜为外界所知的信仰现象,紫荆山信仰即其中一例。该信仰祀紫荆山五圣侯王,其来历不明,仅有流传于当地的一出傀儡戏可参照。戏名《抽六硐》,讲述的是五兄弟肝胆相照,并因护国有功而被封为侯王的故事。③

以上祈雨疏文,仪式人员称谓、教名、法名、特殊人员称谓涉及的是教派的组织形式,这五个方面充分表明,"明门"与闽地其他教派在基本架构上是一致的。

不仅如此,摩尼教的制度也被融合到了这种架构里。前面已经引述过的《祷雨疏》中"太上清真摩尼正教正明内院法性灵威^{精进意勇猛思}部主行祈雨济禾乞熟法事^{渝沙睨达}臣厶","渝沙"和"睨达"就是清楚的体现。渝沙,是摩尼教义为"净信听者"的中古伊朗语原语的音译,唐代摩尼教入华之初的译名是耨沙。④ 渝沙是耨沙的别译,用字

---

① 叶明生编著:《福建省寿宁县闾山梨园教科仪本汇编》,第9—10页。
② 李志鸿:《道教天心正法研究》,第181—184页。
③ 叶明生编著:《福建省寿宁县闾山梨园教科仪本汇编》,导言部分第15—16页。
④ 参本章第四节。

更为普通易识,当系中古以后明教走向民间的一个侧面体现。眜达即摩尼教僧侣称谓 *dynd'r*(回鹘语 *dentar*),义为"持教者",在汉文摩尼教经籍中又音译为"电达",意译为"师僧"。

"渝沙"又见于霞浦文书的《缴凭请职表》(下文简称《请职表》)。① 马小鹤曾论及这份表文,随后粘良图、黄佳欣都刊布了完整的录文,一共24行,各有得失,现据照片重录如下:

缴 凭 请 职 表

楚才先生皈真,詹芸亭代为主事。传摩尼如来正教精进意部主行加持度亡法师渝沙臣詹法扬,诚惶诚恐,稽首顿首百拜,谨表奏为大清国福建云云居住奉佛追修,缴凭升秩,求荐报恩,子厶厶泪哀眷等词称:痛为念亡过考厶,②原命厶年厶月厶日厶时受生,幼习儒业未就,承父法如所遗明门科典,居恒演诵,护坛有年。皈投叔祖法昭为师,传授心诀,曾于乙未年六月十五日恭就法主坛前,修设净供,启佛证明,具陈文疏表,取法名法行,请授正明内院精进意部主事之职为任,并领诸品法器、给出合同、号簿、职帖为据(号簿先缴法坛存案,职帖付与法行佩照),体教奉行一十三载。缘师祖法昭仙逝,未经奏名转职,不幸于今丁未年二月二十四日酉时皈真,昨于二月廿七殡殓凡形。③ 所有原给职帖,即经焚付,随身佩带,以凭对照。伏念考法行遵依教典,济生度死,颇有微勋,不揣冒昧,希乞赠秩。兹当二七届期,合伸表明,并请升秩。爰向今月是日延请法侣于家,修礼三宝如来度亡胜会一筵,迎请佛圣光降证明,宣通文疏表明,先缴原领职贴于中良,便恭进表缄,恳请天恩,转职升秩,以凭给贴缴付

---

① 马小鹤、吴春明:《摩尼教与清度亡灵——霞浦明教〈奏申疏牒科册〉研究》,《九州学林》2010秋季号,上海人民出版社,第43—44页。粘良图:《福建晋江霞浦两地明教史迹之比较》,《暨南史学》第7辑,广西师范大学出版社,2012年,第43—52页。黄佳欣:《霞浦科仪本〈乐山堂神记〉再考察》,第240—241页;收入林悟殊《摩尼教华化补说》,第423—440页。

② 粘良图录文"求荐报恩子厶厶泪哀眷等词称:痛念亡过考厶",参上条所引粘良图文章,第51—52页。黄佳欣录文"求荐报恩子厶厶泪哀眷等词称:痛笃念亡过考厶",参黄佳欣文,第240页。林悟殊录文为"求荐报恩子厶厶泪哀眷等词称:通笃念亡过考厶",林悟殊之书,第433页。

③ 原"七"下有"夜"字,后勾去。

候受任等因,但臣法扬领词虔恪,不容拒抑,未敢擅便,承兹请命,依科修崇,幸毕熏修,谨具文谢表顿首上言。伏以圣朝命官原有陟位之典,道家请职亦有升秩之条,今古同皈幽明一理。恭惟(签)昊天至尊玉皇上帝玉陛下,权尊三界,范总十方,赫声濯灵已懋昭于亘古,深仁厚泽尤洋溢于今兹。凡有爵位之班,须待宠锡之命。兹为皈真法官谢法行追资冥福,恳请升秩,照得法行生前秉心正值,制行端方,体教宣扬,志念精专,论功授爵,似宜褒嘉。臣法扬览孝诚之恳切,爰上表以陈情。伏愿恩开格外,泽洽寰中,恭望圣慈俯允表恩,请加授法行为勇猛思部主事之职。乞盼三圣灵答,以凭造报号簿,加给职帖缴照,拱候铨擢。仍乞圣旨遍颁上中下三界,幽显圣贤咸令知闻,庶见褒功奖德,聿彰天朝之盛典,供承任事,丕显明门之宗风矣。但法扬下情无任仰望天恩,激切屏营之至,谨奉表恭进以闻。

这是一份法师詹法扬(俗名詹芸亭)为已归真的楚才先生(谢法行)补奏升秩的文检,属于传度仪式文检的一种。表文填写了岁次及人名,直接框定了詹法扬等人及表文书写的相对年代。其中谢法行于乙未年六月十五日曾授"正明内院精进意部主事之职","体教一十三载"后,于丁未年二月二十四日酉时归真。霞浦文书另有一文检《度亡礼忏》写道:"雍正柒祀乙酉岁次厶月厶日奉行度亡法师渝沙底子詹法扬稽首百拜谨疏。"林悟殊认为两个詹法扬为同一人,并据文检的书写时间雍正七年(1729),推定上述谢法行归真的具体年份是雍正五年(1727)。① 那么授"精进意部主事"职就发生在康熙五十四年(1715)。《请职表》同一书册中还有《皈真牒》,说及谢法行"得年五十六岁",因此谢法行应为康熙十年(1671)生人。

文检开头詹法扬即奏明他的身份"摩尼如来正教精进意部主行加持度亡法师渝沙臣詹法扬",这一短语中有四个名衔,其一是教派归属:"摩尼如来正教";其二是法扬所属神圣部门:"精进意部";其三是法扬所主法事:"加持度亡";其四是法扬之法职或教阶:"渝

---

① 林悟殊:《摩尼教华化补说》,第445页。

沙"。闽东一带道坛深受道教天心正法的法术理念及架构的影响,[①]
天心正法中的祖师信仰在闽地科仪中尤得到充分的实践。从《请职
表》来看,其升秩制度也与天心正法相近。一般而言,同一法职有多
个阶次,这样来看,渝沙应该是一种法职。詹法扬启奏升法行之法
职为:"请加授法行为勇猛思部主事之职。"根据《祷雨疏》,这里我们
期待的是"勇猛思部睨达",然而该词并未出现,而是"主事"一职。
谢法行从"精进意部主事"升成"勇猛思部主事"。如果说教阶高低,
那么摩尼教中的睨达(出家僧)显然是高于渝沙(在家信众)。对应
的,勇猛思部高于精进意部。这样看来,《请职表》的升秩与之还是
一致的。但是睨达、渝沙本是摩尼教的僧俗称谓,这里显然已非本
义,而成了法职名称。因此虽然使用了摩尼教中的名相,但并不遵
从摩尼教原有的教阶制度,而是将之与道教教阶机制相结合,形成
了层级分明的传度制。当然,以上只是詹法扬时期的传度制,《祷雨
疏》年代应早于《请职表》,其时渝沙、睨达是在什么意义上使用的我
们还无从知晓。

霞浦文书中的科仪文献年代不一、种类繁多、来历复杂,甚至现
在装订为同一册的科仪本都未必是同一时期的,因此我们很难以一
概全。但就以上《祷雨疏》《明门》《请职表》《神记》四种文疏来看,
可以说,包含了摩尼教内容的科仪文献同时也吸纳了闽地民间宗教
的一些通用元素,并使用这些元素结合摩尼教内容构建出了一个教
派(道坛)的基本架构。

第二节 闽地万神殿中的摩尼光佛

一、闽地的瑜伽教与"明门祖师"

霞浦文书中的科仪文献包含了大量闽地民间宗教的内容,而闽
地民间宗教的科仪文献中也见到了明门的踪影。其一是闽东瑜伽
教的科仪本。

---

① 这方面研究有李志鸿所著《道教天心正法研究》。

　　闽地的瑜伽教自称"释迦遗教",奉释迦牟尼佛为教主,因此又有"释教"之称,这是结合了道教黄禄派、佛教瑜伽行派及闾山巫法的一种民间宗教。李玉昆在对泉州民间"法主公"信仰的讨论中曾涉及该教。① 叶明生则开启了对这个教派的专门研究。他对闽地多个瑜伽道道坛进行调查,并考证史料中对这一教派的记载,认为福建的瑜伽教是经过与民众认同的佛教信仰融合,将佛教瑜伽派的神通俗化,并结合巫道而形成的教派。徐甲教、夫人教、法主教等民间宗教在吸收闾山教影响的同时也与瑜伽教关系密切,主要表现在它们也供奉瑜伽教中的神祇、使用瑜伽教的三密科法这两方面。② 其后还有李志鸿对瑜伽教发奏科仪的研究。他考查了闽东"顺利法坛"的科仪仪式,对瑜伽教在吸收、运用道教科仪形式方面进行考辨,得出了几点结论:瑜伽教与新符箓派一样,增衍了神将系统;瑜伽教沿用了道教斋醮仪式中的科仪文书;瑜伽教吸收了步罡掐诀等道法;瑜伽教的"家书式"及"变窍"法术继承了天心正法新符箓派的"内修外法"理念;瑜伽教的传度仪及祖师信仰亦取法自道教。③ 他们二人的研究涉及了瑜伽教的基本特征、衍变形态及教法源流。

　　值得一提的是,明代曾有过一条与瑜伽教有关的禁例:

　　洪武二十四年(1391)命礼部清理释道二教……及民有效瑜珈教称为善友,假张真人名私造符箓者,皆治以重罪。④

明太祖下令清理佛教、道教中的异教,对斋醮、演经等科仪进行规范的同时,对民间称"善友者"等治以重罪。治罪的原因是这些善友效

---

① 李玉昆:《泉州民间信仰》,大众文艺出版社,2009年,第269—280页。
② 叶明生:《试论"瑜伽教"之衍变及其世俗化事象》,《佛教研究》1999年第8期,第256—264页。
③ 李志鸿:《宋元新道法与福建的"瑜伽教"》,《民俗研究》2008年第2期,第138—152页;《闽东瑜伽教发奏科仪研究》,《世界宗教文化》2010年第4期,第37—42页;《道教天心正法研究》,第181—187、258—264页。
④ 俞汝楫编:《礼部志稿》卷三四,《景印文渊阁四库全书·史部·职官类》,第356册第641页。

仿瑜伽教。按"瑜伽"原指佛教的一种修行方法,说的是身、口、意三密相应的修行法术。但从唐末开始,密教瑜伽的修持意义就逐渐淡化,而咒术法事却愈来愈受强调,宋代时更是与道教科仪及民间巫法相融合,因对实用性的承诺而在社会上广泛流行。至元代,统治者偏好藏传佛教(喇嘛教),经忏法事盛行于皇室,此种气氛下瑜伽法事更于民间畅行,但显示出芜杂的景象。明太祖出于皇权统一的考虑,对佛教、道教等进行了一系列规范化的治理,于洪武十五年(1382)颁布新规,将佛教分成禅、讲、教三类,其中的教即指瑜伽教。这不仅带来了教僧与禅讲僧鼎立的局面,还使瑜伽教僧专职化。明太祖下令规定:"凡持瑜伽教僧赴京试验之时,若于今定成规仪式通者,方许为僧。"①这表明一切瑜伽教僧都须经过官方的考核检验才能获得度牒,成为合法僧人,因此民间那些纷纷效仿瑜伽教然未经官方承认的善友即为非法行事了。我们知道,宋代闽地已有瑜伽教,而今天仍有人在使用清代的瑜伽教科仪本,这说明闽地瑜伽教在元明时期或许依然存在于民间。结合此禁令看,闽地的瑜伽教很可能是明代"善友"中的一种。虽有禁例,但它在民间并未停止发展,这与摩尼教在明代的发展情况相近,很有可能是因它们皆藏身于闽地丰富多元的民间宗教活动中才得以继续。

　　"善友"一称在宗教意义上有着很长的历史,最初见于佛教。就与本文相关的提法而言,《元史·刑法志》记载的一条禁令值得注意:"按诸以白衣善友为名,聚众结社者禁之。"②陈垣将此条归到摩尼教史料,认为白衣善友即指摩尼教。冯承钧持同样观点,但他们都没有说明依据。③ 刘铭恕认为此说值得商榷。④ 杨讷据上下文认为这是禁止一切在家的宗教信徒聚众结社,而不是禁止摩尼教。因

① 陈玉女:《明代瑜伽教僧的专职化及其经忏活动》,《新世纪宗教研究》2004年第3卷第1期,第38—88页。
② 《元史》卷一○五《刑法志》,第2684页。
③ 陈垣:《摩尼教入中国考》,《陈垣学术论文集》第一集,第373页;沙畹、伯希和著,冯承钧译:《摩尼教流行中国考》,第79页译者注。
④ 刘铭恕:《书〈摩尼教入中国考〉后》,《北平晨报》副刊《思辨》1936年6月16日第13版;收入《刘铭恕考古文集》上卷,河南人民出版社,2013年,第661页。

为"白衣"指在家修行者,而"善友"是佛教徒对同教人的称呼。① 根据明教在元代的发展,我们基本可以确定,元廷应不至于禁止摩尼教。至于元代瑜伽教是否已与"善友"有涉仍需更多材料,不排除瑜伽教因包含与明教相近的内容而被视作"白衣善友"。

闽东瑜伽教科仪书里有一部乾隆二十六年(1761)的《地主庆诞疏式》(下文简称《庆诞疏》)。所祈请的"历代祖师"里包括了多位明门的神明:

> 焚香拜请常住佛法僧三宝、天地水万灵、天轮正宫贞明大帝、观音、势至廿卅、法相惠明如来、净风、先意菩萨、天门威显灵相、通天具福度师、济南四九真人、夷活咭思大圣、庆元祖师、明望祖师、明门祖师、历代传灯宗师,焚香拜请普陀岩畔翠竹林中救苦救难灵感观音菩萨、北方玄天真武大帝、普庵廿将军、贞明院内赵、黄马、张、许、关六大元帅,温、康二太保,贞明坛下三十六员正将、七十二员护将、文班武列一殿神祇、释子某某前传后教列位师公:王显明先生、魏法达先生、王道明先生、林法广先生、王志明先生、王法普先生、王法盛先生,随意随行香火、随行功曹。②

这里的观音、势至菩萨、③法相惠明如来、净风、先意菩萨,为摩尼教中的神祇。惠明、先意、净风都是摩尼教创世神话中的神祇。为了压制黑暗势力,明尊"生出"(emanates)生命母,生命母又"生出"先意(the Primal Man),先意下有五子,即五明子。明尊后又进行了第二次召唤,"生出"光明之友(the Friend of Light),明友"生出"大般(the Great Builder),大般"生出"净风(the Living Spirit)。后明尊又"生出"拯救灵魂的光明夷数(Jesus the Splendour),光明夷数"生出"惠明(Light-Nous)。惠明解放被暗魔囚禁于人体中的五种敬体:相、念、心、想、意。敦煌《摩尼教残经》有"惠明法相宽泰而游",故言"法相惠明如来"。惠明、净风、先意也出现在《乐山堂神记》的开头

---

① 杨讷:《元代白莲教研究》,上海古籍出版社,2004年,第124页。
② 李志鸿:《闽东瑜伽教科仪本提要》,《道教天心正法研究》附录二,第291—292页。
③ "菩萨"简写作"廿卅",写本中多见。

部分,紧随"太上本师教主摩尼光佛"后出现。天门威显灵相、通天具福度师、济南四九真人、夷活咭思大圣这四尊,与《祷雨疏》"本坛"一项所列完全相同,具体所指这里不再重复。稍有不同在"夷活咭思"一名,《祷雨疏》作"夷活吉思",外来词的译名一般加"口"部表明其音译性质,说明《庆诞疏》保留了更原始的形式。明门祖师,即指"明门"的师祖,这一称谓尚未见于其他霞浦文书。但霞浦文书中其实也有部分属于瑜伽教的科仪文献,这在第二章已提及。贞明院内赵、黄、马、张、许、关六大元帅,温、康二太保,贞明坛下三十六员正将、七十二员护将则是《祷雨疏》"本坛"所列神祇的具体化。以上诸位神明都属于"明门"神祇,但又作为瑜伽教法师的历代祖师受供奉,说明瑜伽教与"明门"关系匪浅。值得注意的是,《庆诞疏》末页载:

> 乾隆二十六年七月某日吉旦五福堂僧皈圣集佳浆崇明堂开斋科书。

意为五福堂的僧人皈圣集中于佳浆崇明堂行开斋科法事而制作了本文疏。根据李志鸿的提要,崇明堂在佳浆境,佳浆是一个地方,今仍有一个佳浆村,划归福安县管辖。崇明堂是佳浆的一处道坛,这一坛名似有深意。

另外,乾隆二十五年的《温州府志》载有一座"明教瑜伽寺",同时期当地还有多座瑜伽寺。曾有学者认为这可能是一座摩尼教寺院。另一种说法是,当地瑜伽寺乃是元代温州密教兴盛时改寺额而留下来的。① 元代明教中兴,与当时统治者尊崇密教的关系如何尚无人论及。现在看来,明教与瑜伽教或许关系甚密,因为历史上摩尼教确与密教瑜伽有过潜在的复杂关系。唐代,活跃一时的摩尼教在开元二十年因"妄称佛教,诳惑黎元"而遭禁断,"妄称佛教"之说背后很可能有密教僧侣的推动。开元年间善无畏和金刚智译出密教经典四十余部,而开元十九年(731),拂多诞奉诏译出《摩尼光佛教法仪略》。《仪略》本身就大量引用佛教经文,并在诸多用语上与

---

① 严耀中:《汉传密教》,学林出版社,1999年,第59—60页。

密教经典非常相似,且密教也强调光明、尚白,并两教都擅长祈雨占星法术。诸多方面的相近,无一不坐实摩尼教"妄称佛教"之罪,导致其时对密教颇有好感的唐玄宗视之为"邪见"而下令禁断。[①] 不过,密教瑜伽与摩尼教都未能逃过"会昌法难"一劫,它们都在唐末一度绝迹,至宋代才又逐渐复苏。

目前来说,闽地无论是明门还是瑜伽教的科仪本,在形态上都呈现出复杂混乱、难以厘清的特点。但有一点是清楚的:瑜伽教在理念、科仪上仍保留了密教瑜伽的基本特征,明门科仪本也保留了大量摩尼教术语及毫无疑问出自摩尼教经典的赞愿文,这也是它们在杂糅多种宗教因素时得以区别于其他教派的基础,因此我们可以说,闽地瑜伽教是密教瑜伽的遗绪,而"明门"也可视作明教在闽地的余绪。这两者的密切关系一方面固然是因闽地宗教互相融合的传统,另一方面也不能忽视历史上它们在宗教面貌上早就存在着相似之处。

二、降龙村贞明坛的"摩尼光佛"

《乐山堂神记》《明门初传请本师》中的"随担"一词暗示了明门与傀儡戏可能存在的潜在关系。屏南县降龙村的傀儡戏坛寿发堂则从另一面反映傀儡戏科仪本中可能也吸收了摩尼教内容。叶明生曾至该戏坛收集资料,该坛班又称贞明坛,属闾山教与瑜伽教相结合的"闾瑜双轮"性质的道坛。该戏班在韩姓人中传承,明成化年间由周宁县李墩村迁至降龙村,在降龙村往下传了 20 代。第十八、十九、二十世虽有传嗣,但其传人并未修习,此傀儡戏班的最后演出时间是 1954 年。其中多数科仪本的纪年在乾隆六年至光绪年间,第十七代传人韩法龙(俗名韩云助)是大多数科仪本的修订者。[②]

2014 年,屏南县宣传部副部长张峥嵘因调查屏南提线木偶前往该县降龙村搜集材料。降龙村原有 140 多个木偶,现仅存十来个,因

① 王媛媛:《从波斯到中国:摩尼教在中亚和中国的传播》,中华书局,2012年,第 140—148 页。

② 叶明生:《福建傀儡戏史论》,第 233—236 页。

此做法事的傀儡戏也就不再演出了,木偶及科仪本由其传人韩仁绥、韩立华分别保存。按叶明生曾据《韩氏族谱》及科仪本整理形成了一个寿发堂的传系表,表中第十八世为韩礽绥(1947—　),应该就是韩仁绥。在其传人的阁楼里,张峥嵘发现其中有一册《贞明开正文科》,通过其中的"太上本坛教主摩尼光佛无上明尊十二光佛妙净香空捏槃诸圣金刚"之文字他判断该册记载的是摩尼教(明教)。据他了解,该戏坛在乾嘉时期称"寿发堂",在光绪年间改称"贞明坛"。随后他又前往韩立华家,在木箱中看到了保存的几具木偶。

张峥嵘在调查后撰《探寻降龙提线木偶》一文记述此次发现。文中附上了上述《贞明开正文科》其中两页的图片。[①] 图上可见一页的完整六行文字,另一页只见两行文字,现照录如下:

1　十者功德十一者济心十二者内外常
2　明壮严智惠是足如日名十二时完满功
3　德同礼颂
4　大慈夷数佛神通电光佛
5　广大心王佛观音势至佛
6　太上本坛教主摩尼光佛无上明尊
7　十二光佛妙净香空捏槃诸圣金刚
8　宝地佛贞实造相佛勤修乐明佛

第2行"壮"应作"庄",第7行"捏"应作"涅",这两个字说明民间的书写者文化水平不高,对所写内容也不熟悉。以上八行文字无疑与摩尼教有某种关系,1、2两行与《下部赞》行166、167基本一样。这批科仪文献的数量、结构、内容及其与摩尼教经典的关系、摩尼教与傀儡戏的关系还需等待完整公布后才能进一步讨论。

2016年3月,在福州举办了"霞浦摩尼教研究学术研讨会"。会

① 张峥嵘:《探寻降龙提线木偶》,《鸳鸯溪文艺》2015年总第5期,第73—75页;《今日屏南》2015年10月28日新闻稿,网址: http://www.todaypn.cn/Item/2558.aspx(2017年7月2日读取);图文版网址: http://www.pingnan.gov.cn/xxgk/gzdt/jrpn/201603/t20160322_54736.htm(2017年7月2日读取)。并参见张峥嵘《屏南降龙村摩尼文化新发现》,《宁德社科研究文集(2016)》,宁德市社科联,2017年,第231—245页。

议过程中,在主办方的安排下,一众学者前往降龙村考察。3 月 19 日上午,张峥嵘在降龙村的韩氏祠堂公布其发现。粘良图对此次公布过程及会议作了十分详尽的记述,刊载在他 2017 年新增订的《晋江草庵研究》一书中。① 2017 年 6 月,张帆发表了一篇探究屏南摩尼光佛信仰的文章,该文首先以降龙村的三尊"摩尼光佛灵相尊公"神像展开探讨,后将发现的摩尼教科仪本与当地的摩尼光佛庆诞仪式进行对照研究,梳理了以《贞明开正文科》(道光本、残本)、《贞明开正奏》为脚本进行的法事活动的基本流程,并提出一种看法:《贞明开正奏》是《贞明开正文科》的补充,是专门用于仪式中"申愿"这一环节的科仪书。该文对当地的摩尼信仰进行了详细的调查,对科仪书在仪式中的使用做了前沿性的探讨,披露了不少摩尼教性质显著的章节,并在摩尼光佛其他称呼的探讨中充分考虑方言这一要素,是第一篇关于屏南发现的研究型文章。② 总之,张峥嵘在屏南的这一发现与霞浦文书的出现一样令人欣喜,对中国摩尼教史研究具有重要意义,我们仍然十分期待这批科仪文献的早日公布。③

三、三明土堡镇宅牌上的"牟尼光佛"

出自摩尼教的神祇名还出现在了福建三明土堡的镇宅牌上。三明市在宁德市的西北面,分别与南平、宁德、福州接壤,是福建省内土堡最为集中的一个地区,因此有土堡群之称。土堡作为一种乡土性建筑,用于居住的同时更肩负防御的功能。除了在建筑结构设计上实现防御外,对土堡风水的考虑也是防御避难设计中的重要一环。其中有一种针对风水缺陷的人为补救办法:挡煞。这是一种防卫性"白巫术"(white magic)。挡煞办法有以下几种:刻"泰山石敢当"字样,使用风狮、怪兽守住风口,屋上安多齿铁叉,使用镇宅牌(置丁牌),参照鲁班尺决定架梁等的尺寸,门窗、架梁

---

① 粘良图:《晋江草庵研究》(增订本),第 150—158 页。
② 张帆:《福建屏南摩尼光佛信仰习俗考探》,《文化遗产》2017 年第 3 期,第 88—98 页。
③ 2018 年,屏南文书中的两册写本得以全文刊布,详见王丁《摩尼教与霞浦文书、屏南文书的新发现》,《中山大学学报》(社会科学版)2018 年第 5 期,第 113—127 页。

上刻画太极、八卦等图形,排水孔采用葫芦形孔或螃蟹纹孔,用沟煞、路煞等镇邪。[①] 其中的镇宅牌是由风水先生和木工师傅一同制作的,高170厘米左右,宽25厘米。牌上一面有符师画的符书,或刻画太极、八卦纹,余下的内容即写各路神名,以此祈求神明的庇佑;另一面记录建筑年代及吉祥话语。依据字数分成六字言牌及六—九字言牌。其中一块六—九字言的镇宅牌上刻有摩尼教的神祇名:

> 本师教主牟尼光佛到,三清帝主太极高真到,灵相吉师俱孚元帅到,三坊上圣五部仁师到,观音菩萨普庵禅师到,各班仙师巧匠玉娘到,南朝大帝圣祖仙妃到,定光伏虎湖觉泗州到。[②]

在这组神名前还有两组神名,第一组是众星君名,第二组为民间祠神名。此组神名也夹杂了诸个教派。"牟尼光佛",从名字形式看,无疑是摩尼光佛的异写。不过在泉州草庵寺考证属摩尼教寺院遗址时,草庵中有和尚主持,所奉"摩尼光佛"曾被民众当作释迦牟尼,也有"牟尼光佛"之讹传。"灵相吉师俱孚元帅"只能是从摩尼教而来。白玉蟾在论述明教来历时说:"其教中一曰天王,二曰明使,三曰灵相土地,以主其教,大要在乎清净、光明、大力、智慧八字而已。"[③]灵相是明教中的一种神明,虽不见于敦煌摩尼教经典中,但晋江苏内的境主宫除供奉摩尼光佛,还供奉秦皎明使、都天灵相等。"吉师"应该是霞浦文书的"吉师真爷",有一本谢氏法师保存的乾隆五十一年(1786)《吉祥道场门书》,其中写道:"明门威显福德灵相、吉师真爷、俱孚圣尊。"[④]吉师真爷应从"夷活吉思"变化而来。而"俱孚"即"耶俱孚"(见下部赞"头首大将耶俱孚"),为 Jacob 的音写形式,以色列人之祖雅各被吸收进摩尼教成天使,[⑤]而在霞浦文书中多称耶

---

① 李建军:《福建三明土堡群——中国防御性乡土建筑》,海峡书局,2010年,第128—131页。
② 同上书,第130页。
③ 谢显道编撰:《海琼白真人语录》卷一,《道藏》第33册,第115页上。
④ 录文请参见陈进国、林鋆《明教的新发现——福建霞浦摩尼教史迹辨析》,《不止于艺——中央美院"艺文课堂"名家讲演录》,第376—377页。
⑤ 马小鹤:《摩尼教耶俱孚考——福建霞浦文书研究》,《中华文史论丛》2012年第2期,第285—308、399页;收入氏著《霞浦文书研究》,第123—144页。

俱孚元帅、耶俱孚大将,在三明土堡镇宅牌上也是俱孚元帅。灵相、吉师、俱孚这三个神名有力地证实了"牟尼光佛"是"摩尼光佛"。

土堡的镇宅牌与避邪符等性质是一样的,只是尺寸大、安置地点特殊。摩尼教的 M 1202 文书,即那份用来驱魔辟邪的大力咒也同样是以神名作为符咒的主体内容。从镇宅牌上的神名来看,"本师教主牟尼光佛"只是其中的一尊神,并非当地人的"教主"。制作镇宅牌的风水先生也是一种民间的法师,最大的可能是他们在民间的法事活动中接收了这些摩尼教的神名,因这些看起来已经相当汉化的神名对法师而言并不具有浓重的外来宗教性质。"明门"的存在,则是摩尼教神名也在三明流传的主要原因。

小结

摩尼教流行闽地上千年,闽地的多元宗教传统无疑是一重要原因。基于这种背景,我们将霞浦文书与闽东的科仪文献进行对照,据其结果形成了这么一种推测:呼禄法师授侣三山,闽地流传摩尼教经典,明清时有法师者吸收当地科仪法,并结合摩尼教经典,杂糅而成一个自称"明门"的教派。法师在村落之间奔走救急,伴随着流动性极强的法事活动,明门中的神明被请进各道坛的万神殿中。众民间教派中,尤以瑜伽教、梨园教、闾山教与"明门"牵涉最深,具体表现在使用共同称谓、组织架构及仪式流程的相近上。根据摩尼教在东南沿海的发展历史,及至今闽东多地留存的摩尼教元素来看,"明门"的传播远不止于霞浦一地,整个宁德地区或说闽东、闽北一带都应有明门法师的足迹。甚至存在一种可能:明门下有分散多地的不同道坛,比如霞浦的乐山堂和屏南的贞明坛。

这样的话,对霞浦文书的研究,或者更准确地说,对闽地凡是含有摩尼教元素的文书的研究自然地包括了两个方面:一方面是基于中国摩尼教史的研究,另一方面是基于闽地宗教史的研究。其实从霞浦文书的头绪纷繁来看,我们的任务也是两方面的,即一方面甄别真正属于摩尼教的成分,另一方面下大功夫钻研当地民间宗教传统,将"明门"的构成予以全面复原和解释,以揭示外来宗教与中国本土宗教在最基层民众的层面互动融合的实相。

第三节　闽地的摩尼教护法

　　摩尼教从其根本教义上来说，是一个二元论的宗教。但若从其神祇体系来看，则近乎一个多神论的宗教。在摩尼的经典中，通过创世说（cosmogony）和宇宙论（cosmology）的论述，光明和黑暗的二元教义得到阐明，与此同时，一个系统的神谱也得以建立。这个神谱以大明尊为中心，吸收容纳了一系列从基督教、火祆教和犹太教等而来的神明。宗德曼先生曾撰专文对摩尼教的神名、鬼名、人名进行语言探源，[①]开启摩尼教神谱研究的先河。摩尼教流入中国，教徒译经，众神之名得到多种手段的汉译处理，有地道又贴近摩尼教内涵的汉名，如惠明（mnwhmyd rwšn）；或借用佛教名相进行翻译，如金刚相柱（srwšˈhrˈy）；或保留原中古伊朗语的音写，如夷数精和/夷数净和（yyšwˈzywˈ）。神名的翻译是摩尼教在汉地构建其宗教神谱的关键。

　　从现存汉文摩尼教经典及史料中的神名来看，明教神谱基本沿袭了中亚传统，福建新发现的霞浦文书中更是增加了不少源于中古伊朗语文献而不见于敦煌摩尼教三经的神名，其中就包括一组护法神名。依据汉文经典，护法明使既是信徒赞美祈愿的对象，更是引导信徒走向光明的护持者。敦煌《下部赞》中的《叹诸护法明使文》就是对明教中护法明使的赞颂，共三叠，其中出现三个神名。值得一提的是，茨默先生早在 2014 年即发现并释读出与这一赞颂平行的古突厥语文书，[②]该组文书与《叹诸护法明使文》中行 184—200、行219—221 的内容相对应。不过，古突厥语版本中并未出现护法神的名字。庆幸的是，近年发现的霞浦文书中提供了新的线索，有多册

---

① Werner Sundermann, ' Namen von Göttern, Dämönen und Menschen in iranischen Versionen des manichäischen Mythos', *Altorientalische Forschungen*, 1979/6, S. 95‑134.

② Peter Zieme, ' Alttürkische Parallelen zu den Drei Cantos über die Preisung der Lichtgesandten', Jens Peter Laut & Klaus Röhrborn (Hrsg.), *Fragen zur Übersetzung von manichäischen Texten*, Berlin, 2014, S. 199‑221.

文书、多节内容提及护法神,诸护法神的名字也一一出现。这些带有护法神名的段落除了作为赞愿文念诵,还被当作避邪解除的咒语使用。

一、护法神名考

霞浦文书是对一批出自福建宁德地区、以霞浦为主要发现地的民间文书的总称。这批文书的种类及文书间的关系目前还不很明确,但所见的述及明教护法神的内容没有大的出入。其中以《摩尼光佛》中的《大净口》一节出现的护法神名单最为完整。若与敦煌的三部经典相对照,《摩尼光佛》从内容和文体上来看,与《下部赞》最为相近,收录了多篇对象不一、用于不同时节、仪式环节的赞文。《下部赞》以七言赞偈为主,《摩尼光佛》中的赞文类型则有多种。《大净口》前有一段《小净口》,为音译文字,再之前是对五佛及摩尼教中十二时佛(十二光王)的赞颂,这一节没有标题,暂称"五佛及十二时赞"。其中十二时佛与《下部赞》中《收食单偈》的第一叠内容一样,"收食单偈"所指与粟特语 pšxrycyk frywn "Pašāhārē-Hymns"相近,即餐后祷文(aftermeal prayers)。[1]《大净口》后为《开坛赞》,即开始一场仪式时所用偈颂。因此根据上下文判断,"五佛十二时赞"及大小净口这一段文字(行358—393)应是在一场仪式的尾声阶段念诵的。护法神名集中见于《大净口》,全文如下:

大净口

我今以称赞,大圣摩尼光佛,从彼大明,[2]三常各三宝,五大五庄严,一一庄严居,微尘诸国土,九重微妙体,无数亿千身,皆从明数现,变化实难陈。我等五众齐心启请诸护法众:嚧缚逸、弥诃逸、喋缚啰逸、娑啰逸天王。一心虔恭,再请:遏素思明使、味素思明使、捺素思明使、那居啿呁素明使;头首大将耶俱孚,及悉潭仙味嗪皎明使诸护法众、一切降魔使。愿降威神,保护正法门。顿渐二众,普愿

---

① Wang Ding,《Tablecloth and the Chinese Manichaean hymn *Shoushidanji* 收食单偈》,《东方学研究论集》,京都:临川书店,2014,第127—142页。

② 从上下文及写本纸张边缘判断,此处或有脱页现象,因此内容不连贯。

常加护。法轮大转,佛日高悬,堂堂无障碍。诚心匪碍,我愿无穷,①
愿通三千界。②

《大净口》称赞摩尼光佛及诸位护法,其中列有十一名护法,③嚧缚
逸、弥诃逸、噤缚啰逸、娑啰逸天王已由马小鹤考证出为摩尼教从犹
太传统中吸收而来的四明使,④四天王在霞浦文书中多处出现,在不
同仪式及其赞文中显示出重要地位。其后再请的四位明使,其名字
的中古波斯语原型见于吐鲁番文书 M196 背面:

遇素思	味素思	捺素思	那居哝响素
*ɑt suo si	*muɑt suo si	*nât suo si	*nâ kįwo ţi kɐu suo
ʾrsws	mrsws	nrsws	*nktyqws<nstyqws
Arsus	Marsus	Narsus	*Naktikus < Nastikus

M196 最早有恒宁释读引用,⑤后芮柯将之与 M299e、M647 和
M2303 缀合成一件双面文书。⑥ 缀合后的文书包含四部分内容:第
一部分为"万物/万灵赞"(ʾpwryšn hrwʾʾyng);第二部分是尊神赞
(ʾpwryšn ʾy bʾn);第三部分就是 M 196 的背面,标题不完整,从内容
可知是给正教(摩尼教)之灵魂守护神(pʾsbʾnʾn wʾxšygʾn ʾyg dyn)
的赞文;第四部分则是祭坛赞(ʾpwryšn ʾy gʾh),是在 Bema 节即纪

---

① 写本"愿"下有一省略号表示有部分内容省略。
② 这段文字还见于福建宁德屏南文书《贞明开正文科》和《屏南方册》[王丁:《摩尼教与霞浦文书、屏南文书的发现》,《中山大学学报》(社会科学版)2018 年第 5 期,第 122 页(W03018 - W04020,F03018 - F03020),124 页(W18104 - W19112,F16137 - F18147)],无标题,存在异文,上下文也不同。这些差异的背后成因须基于对三册文书的整体分析才能解答。
③ "悉潭仙味嗪皎明使"或为两个护法名,详见下文。
④ 马小鹤:《摩尼教四天王考——福建霞浦文书研究》,《丝瓷之路:中国古代中外关系史研究 III》,第 34—81 页;收入氏著《霞浦文书研究》,第 117—122 页。
⑤ W. B. Henning, 'Two Manichaean magical texts with an excursus on the Parthian ending-*ēndēh*', *BSOAS* XII, 1947, p. 51. Mary Boyce, *A catalogue of the Iranian manuscripts in Manichean Script in the German Turfan Collection*, Berlin: Akademie Verlag, 1960, p. 14.
⑥ Christiane Reck, *Gesegnet sei dieser Tag. Manichäische Festtaghymnen.* Brepols, 2004, S. 158 - 162.

念摩尼的节日上所使用的赞文。M196 赞文中提到了 11 位护法的名字,包括上列四位,且其先后顺序与《大净口》完全一样。以上四个名字中,芮柯认为 Arsus 和 Marsus 是从 Narsus 一名而来、带有咒语性质的变型。① 确实,目前我们仅在这件中古波斯语文书和霞浦文书、屏南文书中见到 Arsus 和 Marsus 这两个名字,②而 Narsus 和 Nastikus 还出现在其他两件中古波斯语文书 M8 和 M20 中。Arsus 和 Marsus 二名或无实指,只是为了增强效力而仿造出来的神名。此外,《摩尼光佛·首净坛》(行 258—260)有:

> 北方清净嘘缚逸天王、遏素明使,伏望威聪降临坛所,导引亡灵旋登彼岸。启请北方清净界护法降魔遏素思结水坛。

"遏素"脱一"思"字,③这是 Arsus 单独出现的一例。文本将该神明与北方相配,即使省略了东、南、西方的情况,我们也能推测,包括 Arsus 在内的四位明使,与四天王一样,构成又一组守护四方的神明。霞浦文书中,神明与方位相对应的情况很多;作为仪轨文书,同类内容只举一例说明,剩余内容有所省略的情况亦十分多见。

有所不同的是,Narsus 和 Nastikus 则见于多件中古波斯语文书,④且往往是组合出现。这一对神名出现在霞浦文书、屏南文书中凡九例,其中不同的音写形式值得注意:

1.《摩尼光佛·依佛渐修如法炷焚修》行 89—90:能遏苏师。能悉嗷响思。娑邻度师。阿孚林度师。

2.《摩尼光佛·诵土地赞安慰》行 139—140:能遏苏思。能唯

---

① Christiane Reck, *Gesegnet sei dieser Tag. Manichäische Festtaghymnen*. Brepols, 2004, S. 160.

② 下文所列条目 7、8,其中 8 的写法"过(遏)叶(素)思明使"应为传抄所致的形误。

③ 包朗:《霞浦本、敦煌本摩尼教文献比较研究——以〈摩尼光佛〉为主》,兰州大学博士论文,2015 年。第 112 页及脚注 6 读作"遏素思"和"遏苏思能"等,认为是中古波斯语 hasēnag 的对音,将之与《下部赞》行 1274b11 中的"喝思嗹"勘同,不能成立。

④ 这两个神名又见于中古波斯语文书 M8、M20,参见文末"明教护法音译词一览表"。

啜呴素思。① 娑邻度师。阿孚林度师。

3.《兴福祖庆诞科甲·请护法文》②行 63—64：咒语。娑啰逸啰啰。嗤遏素思。嗤悉啼呴素思。波沙邻度师。阿孚林度师。

4.《兴福祖庆诞科甲·诵土地赞安慰》行 167：能遏^押素思。嗤悉谛呴思。婆娑邻度师。阿孚林度师。

5.《兴福祖庆诞科乙·请护法文》行 61—62：咒语。娑啰逸啰啰。嗤遏素思。嗤悉啼呴素思。波沙邻度师。阿孚林度师。

6.《兴福祖庆诞科乙·诵土地赞安慰》行 148—149：能遏^押素思。嗤悉谛呴思。婆娑邻度师。阿孚林度师。

7.《贞明开正文科》行 048—049：能悉呴怛思。波陵都思。阿诃弗邻都思。

8.《贞明开正文科》③行 106：一心奉请遏素思明使。奈素思明使。那素帝旬思明使。头首大将耶具孚及悉浑仙末秦皎诸护法。

9.《屏南方册》行 141—142：［过］（遏）［叶］（素）思明使。奈素思明使。那素帝旬思明使。头首大将耶具孚。及悉浑仙末秦皎诸护法。

10.《摩尼光佛·大净口》行 386—389：遏素思明使、末素思明使、捺素思明使、那居啜呴素明使；头首大将耶俱孚，及悉潭仙味嗪皎明使。

1—6 对 Narsus 这一名字的音写是一致的，1 和 2 中的"能遏苏师"和"能遏苏思"差异在于：师 * și 和思 * si。吉田丰曾指出一处细节，"弗里悉德"和"佛夷瑟德"中由于音写用字"悉"和"瑟"的区

---

① 马小鹤已注意并指出这两个名字所对应的中古波斯语形式，见：Ma Xiaohe & Wang Chuan, "On the Xiapu Ritual Manual Mani the Buddha of Light", *Religions* 2018/9, 212（http://www.mdpi.com/2077 - 1444/9/7/212/pdf），2018/7, p. 7；后在其文章中的表格中又给出了六个明使的对应形式。马小鹤、汪娟：《中国摩尼教神谱——敦煌、霞浦、屏南文书研究》，《西域文史》第十三辑，科学出版社，2019 年，第 43—64 页。
② 霞浦文书中《兴福祖庆诞科》有两个版本，其中三十页本存 213 行暂称作甲本，三十四页本存 238 行称作乙本。
③ 《贞明开正文科》《屏南方册》的对照录文见王丁《摩尼教与霞浦文书、屏南文书的发现》，《中山大学学报》（社会科学版）2018 年第 5 期，第 121—127 页。

别,前者应对应于中古波斯语的 prystg,后者则对应帕提亚语的 fryštg,[1]因此这里"师"和"思"的区别或说明其音写源于不同的中古伊朗语。4 和 6 以夹注小字"押"提示"遏"所对应的元音发音为"a"。8 和 9 则与《大净口》一致。Nastikus 一名则不尽相同,就音写而言,1 的"能悉嗷呴思"比 10"那居嗷呴素"更准确。悉 * siět 和唑 dzʰǎi,在霞浦文书中多见,都作为 s 的音写字;嗷 ʈi、啼 dʰiei、谛 tiei,也是对同一概念加以音写时使用的不同替代字。明显的异文是 2、3 和 5,受前几个名字的影响而讹作"嘧悉啼呴素思"(* Nastikusus),从而多出一个音节。

在上举 1—7 例中,其后还有"娑邻度师"和"阿孚林度师"两名,第 7 条屏南文书所使用的音写稍异,它们的原型亦可追溯到 M196 中另两个守护神的名字 Sarendus 和 Ahrendus:

娑邻度师　　　　　阿孚林度师

* sɑ liěn dʰuo ʂi　　* ɑ pʰiu liəm dʰuo ʂi

Sarindus　　　　　Ahrindus

同样,它们在 M196 中也是成对出现:sʾryndws u ʾhryndws,[2]u 即 ʾwd,为连词。另外,Ahrendus 即古突厥语文献中的 aḥrinṭws。[3] 芮柯疑 Sarendus 也是拟声变型,从 Ahrendus 而来,和上述的 Arsus 和 Marsus 一样带有增强咒语的功能。[4] Ahrendus 一名,Polotsky、

---

① Yoshida Yutaka, 'The Xiapu 霞浦 Manichaean text *Sijizan* 四寂赞(*Praise of the Four Entities of Calmness*)and its Parthian original'. In: Alberto Cantera & Maria Macuch(Hrsg.): *Zur lichten Heimat: Studien zu Manichäismus, Iranistik und Zentralasienkunde im Gedenken an Werner Sundermann*, Wiesbaden: Harrassowitz Verlag, 2017, p. 724.

② Christiane Reck, *Gesegnet sei dieser Tag. Manichäische Festtag hymnen*, Turnhout: Brepols Publishers, 2004, S. 159.

③ Peter Zieme, 'Review on: *Drevnetjurkskij slovar*' by V. M. Nadeljaev, D. M. Nasilov, È. R. Tenišev, A. M. Ščerbak', *Central Asiatic Journal*, 1970, vol. 14, p. 230. 另参: L. V. Clark, "The Manichaean Turkic Pothi-Book", in: *Altorientalische Forschungen* 9, 1982, p. 178,190, p. 208, No. 432.

④ Christiane Reck, *Gesegnet sei dieser Tag. Manichäische Festtag hymnen*, Turnhout: Brepols Publishers, 2004, S. 161.

Bohlig 及 van Tongerloo 将它与科普特语摩尼教文献《师尊篇章》（Kephalaia）中的"Aurentes"勘同。① Aurentes 出现在《使者来临》（Über das Kommen des Apostels）一章中，他是摩尼之前的几位先驱之一：

佛陀往东方去，Aurentes 及其他人……那些往东方去的均已派出。从佛陀、Aurentes 到派往波斯的苏鲁支，当时苏鲁支到了国王 Hystaspes 那里，从苏鲁支到伟大之子夷数的到来……②

H. H. Schaeder 主张 Aurentes 从佛教中的 Arhants 而来，③宗德曼在其基础上提出切实的证据："可以想见，古代印度语的 arhant 变成中古波斯语中的 * ahrent，就如同阿维斯陀语中的 pārihaēza 衍变成中古波斯语的 pahrēz 一样，因此出现了摩尼教粟特语文书中的 pwtʾyšty ZY rxʾntty（Buddhas 和 Arhants）。"④Gherardo Gnoli 进一步指出，摩尼教科普特语文献中的 Aurentes 是一个从梵语 arhant 而来的巴克特里亚语形式，是巴克特利亚语中诸多佛教借词中的一个语词。⑤ 另外，上述八例中的 3、4、5、6 中还出现了"波沙邻度师"和"婆娑邻度师"，这应是受汉语"婆娑"一词影响而产生的衍文。

---

① A. van Tongerloo, 'Light, more light …'. In：A. v. Tongerloo & S. Giverson（eds.）, *Manichaica Selecta*, *Studies presented to Professor Julien Ries on the Occasion of his seventieth birthday*, Louvain-Lund：International Association of Manichaean Studies-Center of the History of Religions, 1991, p. 372.

② H. J. Polotsky & A. Böhlig（Hrsg.）, *Kephalaia* I, *Manichäischen Handschriften der Staatlichen Museen Berlin* 1, Stuttgart, 1940, S. 12, Z. 15 - 20.

③ H. H. Schaeder, 'Der Manichäismus nach neuen Funden und Forschungen', *Morgenland：Darstellungen aus Geschichte und Kultur des Ostens* 28, 1936, S. 80 - 109.

④ W. Sundermann, 'Manichaean Traditions on the Date of the Historical Buddha'. In：H. Bechert（ed.）, *The Dating of the Historical Buddha-Die Datierung des historischen Buddha*, Part 1, Göttingen, 1991, S. 430, Fn. 28.

⑤ Gherardo Gnoli, "'Aurentes' The Buddhist 'arhants' in the Coptic 'Kephalaia' through a Bactrian Transmission", *East and West*, 1991, vol. 41, pp. 359 - 361.

　　《大净口》最后请的护法是：头首大将耶俱孚，及悉潭仙味嗦皎明使。"耶俱孚"即 yʿqwb，多位学者做过详细考证，此处不赘。"悉潭仙味嗦皎明使"所指代者有两种可能，一种是"悉潭仙"和"头首大将"功能相近，是"味嗦皎明使"的同位语；另一种可能是"悉潭仙"，是另一位神明。需要注意的是，上述引文中的 8 和 9 存在异文：悉浑仙，"潭"与"浑"字形相近，这应该是造成异文的原因。如果"悉潭仙"是又一位护法神的话，"悉潭（sjět dʰǎm）"或有可能是 M 196 中神名 Seth 复数形式（sytʿn）的对应音写，后又附"仙"字以标明其身份。不过目前在福建发现的文书中"悉潭仙""悉浑仙"仅见上引 8、9、10 三例，我们仍需更多线索。

　　味嗦皎，带口部的写法①表明这是一个音写形式。味是 mry 的音写，是一种尊称，意为"大人、大德"，汉文摩尼教文献中已有末摩尼、末冒、末思信法王等例。"嗦皎"的语源至今无解，以下三条线索值得追踪。首先，霞浦文书中，"味嗦皎明使"总与"耶俱孚"一同出现，相应地，中古伊朗语文书中，耶俱孚亦常与其他两位守护神同时出现。M 196 行 7—8，Jacob 与 Qaftinus 组合出现：yʿqwb ʾwd qptynws。《下部赞·叹诸护法明使文》中出现了三个神名：尊者即是劫傷怒思（H 205）、头首大将耴俱孚（H 215）、大雄净风能救父（H 216）。"劫傷怒思"是 qptynws 的汉文音写，这一点由宗德曼指出。② 中古波斯语文书 M 83 有 kftynws sʿrʿr 之语，sʿrʿr 意为"首领、指挥者、领导者"，该短语与"尊者即是劫傷怒思"大意相同。Qaftinus 一名，Wolfgang Fauth 指出是从 Qafus 来。在曼达安教巫术文本中有 Typos Atros、Batros、Piros 和 Qafus，Qaftinus 是从 Qafus 而来的扩展形式。Kāf 在 Dobberahn 的埃塞俄比亚卷中是一种增强的咒语，还可见写作 Keftenāēl 的天使名字。在伊斯兰创世传统中也有

---

①　该名在文书多处常简写作"末秦皎"，还存在讹误形式"味秦皎"。

②　Samuel N. C. Lieu, *Manichaeism in Central Asia and China*, Leiden/Boston：Brill, 1998, p. 51. 有关该词的考证细节参见马小鹤《霞浦文书研究》，第 142 页。

Kāf 这个形式。① Qaftinus 的汉名暂未见于霞浦、屏南文书中，或与味嗛皎有联系。

此外，常与 Jacob、Qaftinus 一同出现的还有 Barsimus。Bar 与 Mar 在形、音、义上或可勘同，Barsimus 或与味嗛皎存在联系。中古波斯语文书 M4 是一件向 Barsimus 祈祷的文书，祈请诸明使护佑，以耶俱孚和 Barsimus 为首。② Böhlig 主张 Barsimus 是希腊语文献中的 Balsamos 或 Balsames，天神中的一位。这两个希腊名字能溯源到两个叙利亚语形式，其一是 Baʿalšamīn，义"天神"（Herr des Himmels）；其二是 Baʿalšemeš，义"太阳神"（Herr der Sonne）。③ Wolfgang Fauth 对此有不同看法，他将 Barsimus 划入 Bar Baruch、Bar Pharanges、Bar Hauraran 这一类型组，但在词义上就有些费解。更远的一些可能是叙利亚美索不达米亚系统中的一个神名 Bar-Simia，曼达安教中的 Simiail 和犹太教中的 Simiel，都可作为该 Simus 一名词型构成的参考。④ 第三条线索，若单从读音考虑，味嗛皎（﹡muɑt dzʰi̯ĕn kieu）最有可能是帕提亚语人名 mry zqw（Mār Zaku）的音写，他是摩尼的使徒之一，在帕提亚语赞颂中，他被称作守牧者、伟大的老师、指引信徒的明灯。⑤ 他若被称作"味嗛皎明使"，并成为与耶俱孚并重的护法之一是极为合理的。

我们注意到上举八例中的 3 和 5，即两本《兴福祖庆诞科》中的夹行小注"咒语"，提示了护法名的功能。霞浦文书中，赞文、祷文特别是音写中古伊朗语的段落往往被当作咒语使用，一般认为这当中

---

① Hans-Joachim Klimkeit, *Hymnen und Gebete der Religion des Lichts Iranische und türkische liturgische Texte der Manichäer Zentralasiens*, Opladen：Westdeutscher Verlag, 1989, S. 208, Fn. 4.

② Mary Boyce, *A reader in Manichaean Middle Persian and Parthian*, Téhéran-Liège：Bibliothèque, Leiden：E. J. Brill, 1975, p. 191.

③ Alenxander Böhlig, *Gnosis und Synkretismus*, Tübingen：Mohr, 1989, S. 180.

④ Hans-Joachim Klimkeit, *Hymnen und Gebete der Religion des Lichts. Iranische und türkische liturgische Texte der Manichäer Zentralasiens*, Opladen：Westdeutscher Verlag, 1989, S. 200, 208.

⑤ 详见中古伊朗语文书 M6、M6232。

受中国东南地区"法教"兴盛、百姓生活中巫法传统厚重影响。但事实上,摩尼教的中古伊朗语文书也存在这种情况,继 1947 年 Henning 首度公布两件摩尼教符咒文书后,Enrico Morano 于 2003 年刊布了一份吐鲁番摩尼教文书中的数术文书目录,其中包含 20 件出现明使的赞文、祷文文书及 10 件符咒文书,前者又可细分成祝祷咒 (Segensprüche)和巫法咒(Zauberspruch)两类。他指出,前 20 件出现明使的文书虽是宗教文献,但无疑受到民众信仰的影响,或者说就是民众信仰的产物,本就具符咒性质。同时,咒语本身又是符咒文书最重要的部分,因为话语或者音节本身就具有解除魔鬼、恶灵的力量,因此对神、灵和明使名字的呼告可以增强这种力量。所以摩尼教中这些包含明使的宗教文书,其实也正处于符咒文书的边缘。[①] 霞浦文书中的这一组护法神名,其原型为中古伊朗语,其作为咒语的功能也早已有之,恐怕也正是因其护身避邪的性质,神名的音写、组合及顺序因此与原型相去不远。简而言之,不同时代不同地点民众对信仰的一致需求成就了摩尼教在传教上所能实现的深度与广度。

二、"土地灵相"试释

至此,出现在汉文摩尼教文献中的护法神有:四天王(1 嚧缚逸、2 弥诃逸、3 噤缚啰逸、4 娑啰逸)、5 遏素思明使、6 味素思明使 7、捺素思明使、8 那居噭呴素明使、9 耶俱孚、10 味嗪皎明使、11 悉潭仙及 12 劫伤怒思。这些神在中古伊朗语文献中有时称作"使者"(fryštag),又叫"灵魂的守护者"(pʼsbʼnʼn wʼxšygʼn);敦煌文献以"护法明使"名之。福建新发现的文书则有另一种说法——"土地灵相"。霞浦文书中对护法神的赞颂集中见于两段,一为七言八句,一为五言八句。这两段赞颂在霞浦、屏南文书数次出现:《摩尼光佛·

---

① Enrico Morano, 'Manichaean Middle Iranian incantation texts from Turfan'. In: D. Durkin-Meisterernst, S. C. Raschmann, J. Wilkens, M. Yaldiz, Peter Zieme (eds.), *Turfan Revisted — The first century of research into the arts and cultures of the Silk Road*, Berlin: Dietrich Reimer Verlag, 2004, pp. 221 – 226.

土地赞》（下文简称土本）、《兴福祖庆诞科·诵土地赞安慰》（兴本）、《贞明开正文科》（文科）、《屏南方册》（方册）、《贞明开正奏》（奏本）。不容忽视的是，以藏头诗形式嵌藏在晋江摩尼教寺院至今仍在使用的"草庵诗签"（下文简称诗签）里的文字也正是这两段赞颂，这个事实对如何理解"土地灵相"这一名相十分紧要。诸本所见两段赞颂如下：

赞颂一：

1. 清新喜庆大欢娱，愿从无上明尊降。加被天仙善神辈，在此殿堂居住地。勤加踊跃相冥卫，一切灾祸永消除。内外安宁无障碍，广见欢荣新庆乐。（诗签）

2. 清新喜庆大欢娱，愿从无上明尊降。加彼天仙尊神辈，在此殿堂居住者。勤加跃踊相冥卫，一切灾祸用消除。内外安宁无障碍，广见欢荣新庆乐。（土本）

3. 清净喜庆大欢娱，愿从无上明尊降。加被天仙尊神辈，在此殿堂居处者。勤加踊跃相冥卫，一切灾祸永消除。内外安宁无障碍，广见欢荣新庆乐。（兴本）

4. 清净喜庆大欢娱，愿从无上明尊降。加彼天仙善神辈，在此无堂居住者。勤加跃踊相（真）［冥］卫，一切灾祸永消除。内外安宁无障碍，广见欢荣新庆乐。（文科行030—033）

5. 清净喜庆大欢娱，愿从无上明尊降。加被天仙善神辈，在此殿堂居住者。勤加跃踊相（真）［冥］卫，一切灾祸永消除。内外安宁无障碍，广见欢荣新庆乐。（文科行078—081）

6. 清净吉庆大欢喜，愿从无上天尊降。加彼天仙善神辈，在此^祠_听堂居住者。勤加踊跃相冥卫，一切灾祸永消除。内外安宁无障碍，广见欢荣新庆乐。（方册行030—033）

7. 清净喜庆大欢娱，愿从天上明尊降。在此殿堂居住者。勤加踊跃相冥卫，一切灾祸永消除。内外安宁无障碍，广见欢荣新庆乐。（方册行081—086）

8. 清净吉庆大欢娱，从此无上明尊降。加彼天仙善神辈，在此殿堂居住者。勤加踊跃相冥卫，一切灾祸永消除。内外安宁无障

碍,广见欢新荣庆乐。(奏本)

赞颂二：

9. 敬礼及称嗟,勇健诸明使。助善尊神背,扶持正法者。[①] 土地诸灵相,加勤相保护。土地诸灵相,加勤相保护。(诗签)

10. 敬礼及称赞,勇健诸明使。助善尊神辈,护持正护法者。土地诸灵相,加勤相保护。护法威灵相,加勤相保护。(土本、兴本)

11. 敬礼及诸赞,勇健诸明使。助善诸神辈,护持净法者。土地诸灵相,加勤相保护。(文科行037—039,奏本)

12. 敬礼及诸赞,勇健诸明使。助善诸神辈,护持正法者。土地诸灵相,加勤相保护。(方册行037—039)

诸本存在异文,一些是书手在传抄过程中产生的脱衍文、讹误,如"护持正护法者"(8、9),后一个"护"字显系衍文,"正法者""净法者"皆通,因为摩尼教赞颂中有"护持清净正法者";"加彼""神背"为讹误;"无堂"当作"庑堂"。另一些是用字、用词的区别,不影响大意,如"尊神辈"与"善神辈","称嗟"与"称赞";"清新"与"清净",当以"清净"为是。一处值得注意的异文是6中的"$^{祠}_{听}$堂",若"听"非"厅"字之误,"听堂"这一说法应与摩尼教中的平信徒"听者"有关。

赞颂中的"冥卫""永消除""助善""护持"等语证实了护法这一身份,同时对其身份的描述更加具体明确,他们是"在此殿堂居住者""勇健诸明使",也是"土地诸灵相",又称作"护法威灵相",功能为护持信徒、护卫寺院。这些赞颂所属篇章的标题为"土地赞"及"诵土地赞安慰","土地"是中国古已有之的概念,存在于民间信仰、佛道两教中,指的是掌管一方土地的神。从霞浦文书中多见的

---

① "草庵诗签"嵌藏了摩尼教赞颂这一重要发现是粘良图作出的[详参氏著《晋江草庵研究》(增订版),第94—114页]。全套诗签81签,签诗为五言绝句或七言绝句,将每首签诗的首字等缀连起来得摩尼教赞颂。赞颂共96字,藏于第1至第79签,因此缀连时有多处不能仅缀连首字,还应包括签诗的头两字或首句的第五字,如第17签,签诗首句为"善神扶我背",这里需取善、神、背三字才能使文义贯通。另外,其第59签首句为"仁者身安寿必长",这里粘良图仍取首字,因此得"扶持正法仁",但根据霞浦、屏南诸本理校,这里我们认为应取该句的第二字"者",得"扶持正法者",特此说明。

"伽蓝土地""随佛土地"等神,及"诵土地赞安慰"等仪式文的标题来看,"土地灵相"一词与佛教中的说法极为相似。佛教仪轨中,常念诵"安慰土地真言"以求加护,有"伽蓝土地"之说,[1]又称"护僧伽蓝神""护伽蓝神",初专指十八伽蓝神,后泛指护持佛法的诸天善神。"灵相"一词亦习见于佛道典籍。这样一个显是借用佛教名相的短语之所以引起我们的关注,是因一条宋代道士阐述明教的史料。在《海琼白真人语录》中,白玉蟾详述明教的种种,其中提及:

> 其教中一曰天王,二曰明使,三曰灵相土地,以主其教,大要在乎清净、光明、大力、智慧八字而已。[2]

倒文这一现象应不影响我们将"灵相土地""土地灵相"这两个短语勘同。敦煌《摩尼光佛教法仪略·形相仪》中有"诸有灵相,百千胜妙,寔难备陈"之语。Haloun 和 Henning 译此处的"灵相"为"spiritual signs",译"形相"为"bodily signs"。[3] 张广达曾指出:摩尼教徒在汉译过程中采用假借佛教术语尤其是唯识论术语这一途径,特别是作为"灵魂"的第一肢体的"相"这一概念,其常与"性"连用的做法与唯识学的论著用法一致。"相"的其中一种语义为:大明尊的本体的功能的显现,[4]即可引英译文中的 sign(标记、记验)来对译。所以,灵相可理解为"灵魂/明性的显现"。

那么,对"灵相土地"的理解则需结合白玉蟾"以主其教"的这一说法。"天王""明使""灵相土地"三者未见于其他汉文史料,向来也没有学者说明其所指。我们认为,它们应是就明教的神谱体系而言,类似的"三重结构"(tripartite structure)还见于其他语言的摩尼

---

① 《敕修百丈清规》中有"佛日增辉法轮常转,伽蓝土地护法护人",《大正藏》卷四八第 1121 页 a21。
② 谢显道编:《海琼白真人语录》卷四,《道藏》第 33 册,第 114—115 页。
③ G. Haloun & W. B. Henning,'The Compendium of the Doctrines and Styles of the Teaching of Mani, the Buddha of Light',*Asia Major*, N. S. 3/2, 1952c, p.194.
④ 张广达:《唐代汉译摩尼教残卷——心王、相、三常、四处、种子等语词试释》,氏著《文本、图像与文化流传》,第 334 页。

教文献。① 科普特语《师尊篇章》(Kephalaia)中,明使摩尼说:"明界中有众神(Götter)、众宝地/明界(Reiche)和明使(Engel)三种,那些直接从明父'生出'的称作众神,而众神召唤出的即为众宝地/明界,众宝地/明界召唤出的就是诸明使。众神对抗敌人(黑暗)但落败,众宝地/明界是再次召唤的产物,他们在这世界的上上下下完成了大明尊之意。明使是被派遣出的那些,他们向所有困于敌人的灵魂走去,给它们带去希望和信心。"②"生出"(emanations)是摩尼教二宗三际说的关键。创世之前,有明暗二宗,即明父与暗魔,此为初际;后来暗侵入明,即中际阶段时,明父生出善母以对抗黑暗,善母再召唤出初人,后初人被打败,其五个儿子为暗魔所惑,于是又有明父的第二、三次召唤。这一创世说兼具摩尼教教义,明困于暗,即人之灵性困于肉身,诸神为释放明性而来,摩尼教信徒的目标之一就是为了早日得脱暗魔、到达明界。③

在中古伊朗语文献中,也存在对神进行区分的说法,但分类不尽相同。粟特语双面文书 M178,其正面内容阐述了摩尼教的"五大",其中的第三大为: Blessed Places('frytyt 'wt'kt),那里有明神(Light Gods)、使者和摩诃罗萨本(Angels and Elements)及大力者(Powers)这三种。④ 文书并未说明这三种类别的区分依据。不过,只从字面义来看,这种分类与汉文说法更加呼应,明神(rwšnd'hβγyštt)对应天王,使者和摩诃罗萨本(fryštyt 'ty mrδ'spndt)对应明使,大力者(z'wrkynd)对应灵相土地。此外,帕提亚语文书 M137 中区分了

① 详参 Werner Sundermann, 'Manicheism ii. THE Manichean pantheon', *Encyclopædia Iranica*, online edition, 2002, http://www.iranicaonline.org/articles/manicheism-ii-the-manichean-pantheon(2015 年 5 月 27 日读取).

② H. J. Polotsky & A. Böhlig(Hrsg.), *Kephalaia* I, *Manichäischen Handschriften der Staatlichen Museen Berlin* 1, Stuttgart, 1940, S.125－126.

③ 另外,《师尊篇章》中的"父之名"一章中说到:"明父之大在于地,在其居处地……"(Seine Größe ist die große Erde, in welcher er wohnt und sich befindet……) H. J. Polotsky & A. Böhlig, *Kephalaia* I, *Manichäische Handschriften der Staatlichen Museen Berlin* 1, Stuttgart, 1940, S. 63.这一说法可作为汉文"灵相土地"的注解:明尊在大地上的显现。

④ W. B. Henning, 'A Sogdian Fragment of the Manichaean Cosmogony', *BSOAS* 12, 1948, p. 307.

gods（bgʾn）和 angels（fryštgʾn）：" Full of mercy is this day of confession of gods, of the assembly of gods and angels①（ʾxšdʾgʾym rwc wxʾstwʾnyftyzdʾnʾngʾmbgʾnʾwt fryštgʾn.）." 这里 gods（bgʾn）和 angels（fryštgʾn）的两分法与 M178 分类相近，都为白玉蟾所说的"天王"和"明使"提供一种解释。

综合以上多语言文献的情况，我们提出一种推测：汉文史料中的天王、明使和灵相土地是由上而下的神祇分类，就名相本身而言，这三个词应与中古伊朗语中的 bgʾn、fryštgʾn 和 zʾwrkynd 的说法有关；就神谱体系而言，其划分标准应与科普特语文献所述的分类依据相仿：是否由明父直接"生出"，确切地说，"天王"指的是由明父直接"生出"的那些神明，善母、惠明即属于这一类；"明使"是天王召唤出来的，初人属于此类；"灵相土地"则是"明使"召唤出来的，诸护法就属这类。当然，多种语言的摩尼教文献对这样一种神谱体系的描述显然并不足够明确，特别是汉文文献，无疑"天王""明使"这样的名称易引起疑义。被称作"四天王"的护法神并不属于最高一级的天王，"明使摩尼"和"味嗦皎明使"这两位明使也并非同一层级的神明，称谓造成的混淆可能是这样一种谱系未被广泛传播的原因之一，因此汉文史料中仅《海琼白真人语录》存有这样的说法。

不过，就"生出"这一重要概念，霞浦文书仍有多处体现，本文考察的《大净口》即有如下说法：

> 我今以称赞，大圣摩尼光佛，从彼大明，三常各三宝，五大五庄严，一一庄严居，微尘诸国土，九重微妙体，无数亿千身，皆从明数现，变化实难陈。我等五众齐心启请诸护法众……

"明数"，屏南文书作"明父"，更贴近摩尼教对最高神的中亚传统称谓。"皆从明父现"，诸神都是明父本体的显现，摩尼教的根本教义到了中国东南沿海地域仍得到阐明。"我等五众"的说法很有意思，或与摩尼教的五级教阶有关。"佛日高悬"之语则令人联想到霞浦

---

① F. W. K. Müller, *Ein Doppelblatt aus einem manichäischen Hymnenbuch* (*Maḥrnâmag*), *APAW*, 1912/5, S. 367; W. B. Henning, 'Sogdian Tales', *BSOAS* 11, 1945, p. 485, n. 7.

文书《明门出传请本师》中的"高佛日祖师",其全句为"灵源传教历代宗祖胡天尊祖师、胡古月祖师、高佛日祖师",可见不仅胡古月一名,高佛日这个名字也是通过拆分重组而构造出的人名。此外,归属护法的四天王,霞浦文书也对其来历有所说明:

> 十天王者,梵名阿萨漫沙也。此天内有十二面宝镜,上面观于涅槃,下面照于阴司地府。十面鉴于十天诸魔背叛等事,化四天王管四天下身超八地及十天……四天大明神。①

四天王是由十天王所化,也就是说,属于"灵相土地"一类的四天王,并非最高神直接生出,而是由上一级的神明"十天大王"召唤出的。②

我们基本能够确定,"土地灵相"作为对护法神的称呼,是明教神谱三重结构中的一类,这样一种分类标准同样见于其他语言的摩尼教文献。另外,《摩尼光佛·土地赞》一共六段,由汉字音写和汉文韵文组成,目前虽尚未发现完全对应的中古伊朗语母本,但护法名字及其排序表明,文书中的这些内容是以中古伊朗语本为蓝本进行编撰的,相隔万里且相距多个世纪,摩尼教神谱的流传存在高度的稳定性。有所变化的是,明教的护法神在闽地更受重视:草庵诗签中的"土地赞"表明他们与明教寺院的联系更为紧密;霞浦文书中高频出现的护法神及其赞颂,表明他们在民间科仪仪式上发挥重要作用。

三、灵相宫

"土地灵相"是对护法诸神的一个统称,不过霞浦文书中与此并存的还有"都天灵相""天门威显灵相",这两个名字指代某一尊司天

---

① 《摩尼光佛·赞天王》,行99—104。
② 文书中关于四天王由来又有另一说法:"五方天王化四明神,锐持手甲穿身,御冤敌护真人,令正教免因循。"从标题《请护法文》及内容可以确定四明神是四天王。上述十天王之事有粟特语文书 M178 印证,这里的五方天王却无考。白玉蟾说明教"持八斋、礼五方",霞浦文书中多见东、南、西、北、中央五方,并将神明分别与五方相配,所谓的"五方天王"或与"礼五方"有关。

的神。有学者因此改上引《海琼白真人语录》中的句读为："其教中一曰天王,二曰明使,三曰灵相,土地以主。其教大要在乎清净、光明、大力、智慧八字而已。"①主张在众多灵相中,土地灵相品位最高。"都天灵相"及"天门威显灵相"这两个道教意味颇浓的称谓与"土地灵相"的关联实有待考证。不过,福建民间有多个崇奉灵相的实例,它们无一例外地都与摩尼教中的神明有关。

其一,在泉州晋江苏内村境主宫崇奉的五尊神中,左一"都天灵相"和右一"秦皎明使"为摩尼光佛的从祀,从宫内粉壁画中的形象来看,前者为文官,后者为武将。当地人有为佛庆祝诞辰的习俗,极有意思的是,"都天灵相"的庆诞日是九月的最后一个星期日,也就是摩尼教徒持斋的密日。

其二,屏南降龙村中村民神榜上有"摩尼光佛、灵相尊公"。降龙村法师藏有涉摩尼教内容的科仪书《贞明开正文科》等"本坛土地灵相、移活吉师大圣",因此神榜中的灵相尊公应与摩尼教有关。

其三,福建三明的大田县有座"灵相宫",宫之缘起有如下说法:

> 灵相尊王、吉思真人起源于延平府尤溪四十九都新阳石龟堡民教经堂,于明朝万历年间迁址于铭溪四十四都安仁堡庵兜坪,后又迁址于本都坂头宝地,原名圆通堂。……2012 年,圆通堂得郑氏族人与社会各界人士捐资重建,于 2014 年竣工,更名为灵相宫。②

大田民间传统有"迎灵相尊王"之习俗,因文中将"灵相尊公"与"吉思真人"并举,因此线索指向摩尼教。"吉思真人",应即霞浦文书中的"夷活吉思大圣",又可追溯至景教《尊经》中的"宜和吉思",其为粟特语 yw'rk's 的音写,这个粟特语形式是 gywrgys 的变形,同

---

① 详参林悟殊《霞浦林瞪崇拜之我见》,《文史》2015 年第 2 辑,第 125 页;林悟殊:《霞浦抄本明教"四天王"考辨》,《欧亚学刊》总第 13 辑,2015 年,第 174 页。

② 郑福善:《灵相宫(圆通堂)》,《广平风物》,福建省大田县政协文史资料委员会、福建省大田县广平镇人民政府编:《大田文史资料》第 28 辑,海峡书局,2015 年,第 82 页。

时回鹘语文献当中也见Yuwargis。[1]在霞浦、屏南文书中,吉思真人(吉师真爷)与"天门威显灵相"等神并列为"本坛"的神祇,可以说被视作本坛的护法神。因此大田县的这座灵相宫的由来应与摩尼教有关联。

其四,"灵相、吉师、俱孚元帅"又一同出现在福建三明某土堡的镇宅牌上。镇宅牌是由风水先生和木工师傅一同制作的,高170厘米左右,宽25厘米。牌上一面有符师画的符书,或刻画太极、八卦纹,余下的内容即写各路神名,以此祈求神明的庇佑;另一面记录建筑年代及吉祥话语。依据字数分成六字言牌及六—九字言牌。其中一块六—九字言的镇宅牌上刻有摩尼教的神祇名:

> 本师教主牟尼光佛到,三清帝主太极高真到,灵相吉师俱孚元帅到,三坊上圣五部仁师到,观音菩萨普庵禅师到,各班仙师巧匠玉娘到,南朝大帝圣祖仙妃到,定光伏虎湖觉泗州到。[2]

在这组神名前还有两组神名,第一组是众星君名,第二组为民间祠神名。其中的"灵相、吉师、俱孚元帅"就是霞浦文书中多见的灵相、夷活吉思和耶俱孚。有一本谢氏法师保存的乾隆五十一年(1786)的《吉祥道场门书》,其中胪列"明门威显福德灵相、吉师真爷、俱孚圣尊",[3]可见与这座镇宅牌的神名来路同源。这里"耶俱孚"和"吉

---

[1] 其粟特语词形请参: N. Sims-Williams & J. Hamilton, *Documens turco-sogdiens du IXe-Xe siècle de Touen-houang*, London: School of Oriental and African Studies, 1990, 64f., 68 and plates 13, 14, 16. Christianan Reck, *Berliner Turfanfragmente manichäischen Inhalts in soghdischer Schrift*, Stuttgart: Franz Steiner, 2006, S. 274。回鹘语词形参: Peter Zieme, *Altuigurische Texte der Kirche des Ostens aus Zentralasien*, Piscataway: Gorgias Press, 2015, S. 38, 188。有关该词的研究综述请参: Takahashi Hidemi, 'Representation of the Syriac language in Jingjiao and Yelikewen documents'. In Samuel N. C. Lieu & Glen Thompsen (eds.), *The Church of the East in Central Asia and China*, Turnhout: Brepols, 2020, pp. 23–92。

[2] 李建军:《福建三明土堡群——中国防御性乡土建筑》,第130页。

[3] 录文请参见陈进国、林鋆《明教的新发现——福建霞浦摩尼教史迹辨析》,《不止于艺——中央美院"艺文课堂"名家讲演录》,第376—377页。

师"的并列出现也让人联想"夷活吉思大圣"(Mar Yiwarkis)与"味嗉皎明使"存在的可能关系。

其五,泉州安溪有座贞明堂,奉都天灵相,有关情况记述如下:

> 贞明堂,坐落于长坑乡祥泉村凤尾山,内供奉都天灵相(汉相张良),兼祀朱公圣候、五谷帝仙、法主圣君。始建无考,历经修葺。现为二进庙堂,占地面积约 400 平方米。堂壁堂柱有联曰:"灵相上升,万古声名垂宇宙;明神下降,千秋威显护祥华","贞固干事,兴汉灭楚,功不居萧何以下;明哲保身,炼丹脱凡,志常在神仙之班","楚争善用计,高祖一布衣,方能成就帝业;汉约不相背,萧何三杰将,安得同称功臣"。①

上引两联其中一联以"灵相""明神"为首,另一联嵌入"贞""明"二字,使用之初应与明教有联系。"贞明"是霞浦文书万神殿的一尊重要神祇,同时文书多处强调一部经典《贞明经》,因此安溪的贞明堂与都天灵相的同时出现不是巧合,至于将"都天灵相"指为汉相及其一系列叙述张良事迹的对联,应是后来者的附会。

从上述五个实例来看,吸收进摩尼教的各路神祇也在传教过程中融入闽地的万神殿,或合流或改造,其神名经历了不同程度的改易。藉霞浦、屏南文书中的成组音写神名,我们得以窥见地道汉名后的实相。作为"世界宗教"的摩尼教构建出了一个脉络并不清晰的神谱,流传到民间信仰丰富的闽地后其面貌更为错综复杂。民间宗教文献及寺庙宫观中蕴藏的诸多历史信息依旧令人期待。

表 4-3　明教护法音译词一览表

	汉译名	中古伊朗语形式	通用译名	中古伊朗语及有关语言文书	相关研究
1	嚧缚逸 *lu bua jĕt	rwp'yl [rufaēl]	Rufael	M4, M19, M20, M196, M1952, M781, M1202, So10678, So18212	马 2013①

---

① 凌文斌主编:《安溪寺庙大观》"贞明堂"条,海风出版社,2007 年,第 206 页。

（续表）

	汉译名	中古伊朗语形式	通用译名	中古伊朗语及有关语言文书	相关研究
2	弥诃逸 *mjiḙ xa jɐ̈t	myxˀyl [mīxaēl]	Michael	M4, M20, M196, M1952, M781, M1202, So10678	马 2013
3	喋缚啰逸 *ŋiɐp bua la jɐ̈t	gbrˀyl [gabraēl]	Gabriel	M4, M19, M20, M196, M727c, M1952, M781, M1202, So10678	马 2013
4	娑啰逸 *sa la jɐ̈t	srˀyl [saraēl]	Sarael	M4, M19, M20, M196, M727c, M1952, M781, M1202, So10678	马 2013
5	遏素思 *ɑt suo si	ˀrsws [arsus]	Arsus	M196	Reck 2004; 马 & 汪2019②
6	味素思 *muɑt suo si	mrsws [marsus]	Marsus	M196	Reck 2004; 马 & 汪2019
7	捺素思 *nât suo si	nrsws [narsus]	Narsus	M8, M20, M196	Reck 2004; 马 & 汪2019
8	嘶悉谛呴思 *nəŋsjɐ̈t tieikɐu si	nstyqws [nastikus]	Nastikus	M8, M20, M196	Reck 2004; 马 & 汪2019
9	劫伤怒思 *kiɐp tʰɑŋ nuo si	qptynws [kaftinus]	Qaftinus	M13, M20, M82, M196, M1202, So18212	Sundermann apud Lieu 1998③
10	阿孚林度师 *ˀa pʰiu liəm dʰuo ʂi	ˀhryndws [ārendus]	Ahrendus	M13,M196	Henning 1947; Zieme 1970; 马 & 汪2019④
11	娑邻度师 *sɑ liɐ̈n dʰuo ʂi	sˀryndws [sārendus]	Sarendus	M196	Reck 2004; 马 & 汪2019
12	耶俱孚 *ia kiupʰiu	yˀqwb [yākōb]	Jacob	M4, M13, M20, M43, M82, M132, M196, M235, M503, M727c, M788	Waldschmidt & Lentz 1926; Henning apud Tsui 1943⑤

（续表）

	汉译名	中古伊朗语形式	通用译名	中古伊朗语及有关语言文书	相关研究
13	夷活吉思 *i kuɑt kjĕt si	yw'rks [yiwarkis]	Gīwargīs	Or.8212(89), Ch/U6536b, SI 4847 [SI D 11]	Saeki 1951; 吴 2001; 林 2015[⑥]
14	悉潭(仙)[⑦] *sjĕt dʰam (sjɛn)	syt [sēt]	Seth (?)	M13, M196	Henning 1947; Zieme 1970; 尤(本文)
15	味嗪皎 *muɑt dzʰjĕn kieu	mry zqw [mār zaku]	Mār Zaku (?)	M1, M6, M8, M6232+M6230	Boyce 1975[⑧]; 尤(本文)
16		brsymws [barsimus]	Barsimus	M4, M13, M20, M727c, M1202, So18212	Müller 1904[⑨]
17		nwx'yl [nuxaēl]	Nuchael	M13	Müller 1904; Morano 2004[⑩]

注释：

① 马小鹤：《摩尼教四天王考——福建霞浦文书研究》，余太山、李锦绣主编：《丝瓷之路——中国古代中外关系史研究 III》，第 81—113 页；此据马小鹤《霞浦文书研究》所收同文，第 101—122 页，特别是第 117—121 页。

② Christiane Reck, *Gesegnet sei dieser Tag. Manichäische Festtaghymnen*, Turnhout：Brepols Publishers, 2004, S. 158－162. 马小鹤、汪娟：《中国摩尼教神谱——敦煌、霞浦、屏南文书研究》，《西域文史》第十三辑，第 43—64 页。

③ Samuel N. C. Lieu, *Manichaeism in Central Asia and China*, Leiden/Boston：Brill, 1998, p. 51.

④ W. B. Henning, 'Two Manichaean magical texts with an Excursus on the Parthian ending -ēndēh', *BSOAS XII*, 1947, p. 51. Peter Zieme, 'Review of *Drevnetjurkskij slovar*' by V. M. Nadeljaev, D. M. Nasilov, Ė. R. Tenišev, A. M. Ščerbak', *Central Asiatic Journal*, 1970, vol. 14, p. 230.

⑤ E. Waldschmidt & W. Lentz, *Die Stellung Jesu im Manichäismus*, APAW, Berlin：verlag der Akademie der Wissenschaften, 1926, S. 8－9. W. B. Henning apud Tsui Chi, 'Mo Ni Chao Heia Pu Tsan. The Lower (Second?) Section of the Manichaean Hymns', *BSOAS*, XI, 1943, p. 216, n. 3.

⑥ P. Y. Saeki, *The Nestorian documents and relics in China*, Tokyo：The Toho Bunkwa Gakuin, 1951, pp. 320－323. 吴其昱：《唐代景教之法王与尊经考》，《敦煌吐鲁番研究》第 5 卷，北京大学出版社，2001 年，第 25 页。林悟殊：《福建霞浦抄本元代天主教赞诗辨释——附：霞浦抄本景教〈吉思咒〉考略》，《西域研究》2015 年第 4 期，第 115—134 页。

⑦ 悉潭有可能是 syt 的复数 *syt'n 的音写。此承王丁先生提示。

⑧ Mary Boyce, *A reader in Manichaean Middle Persian and Parthian*, Leiden-Téhéran-Liège：E. J. Brill, 1975, pp. 139－140.

⑨ Barsimus 见于文书 M4、M20，最早由米维礼识别出，参：F. W. K. Müller, *Handschriften-Reste in Estrangelo-Schrift aus Turfan*, *Chinesisch-Turkistan*, *Teil II*, *APAW*, Abh. II, Berlin：Verlag der König Akademie der Wissenschaften, 1904, S. 45, 55, 59。此外，表中的 Narsus、Narstikus 和 Qaftinus 亦见于文书 M20，最早也是由他识别出，参同书第 45、47 页。

⑩ Enrico Morano, 'Manichaean Middle Iranian incantation texts from Turfan'. In D. Durkin-Meisterernst, S. C. Raschmann, J. Wilkens, M. Yaldiz & Peter Zieme（eds.），*Turfan Revisited — The first century of research into the arts and cultures of the Silk Road*, Berlin：Dietrich Reimer Verlag, 2004, p. 222. Nuchael 除见于 M13 外，也见于另一文书，参上引 Müller 1904, 第 45 页脚注 1。

（本文的汉语中古音构拟，采用高本汉系统：Bernhard Karlgren, *Gramma Serica Recensa*, Stockholm 1957）

结　论

一

本书是对外来宗教在中华文化本体语境中进一步发展样式（自身的选择性适应与被同化）的一个初步探讨，选择有"变色龙"这一谑称的摩尼教在中古晚期时代东南沿海特别是闽地的发展表现为研究对象，上编偏重选题历史背景的勾勒，下编则选取以"光明正教"自称的霞浦民间道教科仪本《祷雨疏》为典范文本，聚焦东南滨海地区社会中的民众信仰的本土宗教和外来宗教的交融和自我改造历程。本书从宗教社会思想史的视角出发，充分注重传世文献与出土文献相结合的研究进路，使用比较方法，时时注意古今流变、中外民族互鉴，并重视与闽地地方少数民族（如畲族）有关习俗的印证。

本书基于科仪本中"明门正教"的自我定义，特别由宗教制度的讨论切入，着重分析法事制度的名称、教名、法名、特殊人员称谓等涉及教派组织形式的术语，进行宗教文化制度疑点的梳理、解释。祷雨祈晴是中国农业社会的古老实践。商周帝王在久旱不雨之际往往要亲预典礼，向上天谢罪祈求甘霖，拯救黎民。历朝历代的祷雨祈晴活动既有官员参与，也有佛僧、道士加盟，留下千百篇祈雨文。纵观历代祈雨活动的发展变迁，可以发现一个趋势，那就是官方的主导影响日渐消退，也就是以传统儒家文化祀典为基础的仪式活动，佛道教尤其是道教的参与次数占压倒性多数。本书目前达到的一个初步结论是：霞浦文书《祷雨疏》是中古农业社会生活习俗中的祈雨实践传统的地方性延续，其特点是民间性及传统的官方性有所遗存，但新鲜元素却更为突出，表现在由外来宗教蜕变转化的"摩尼正教"承担了祈雨祀典的主角，"明教会"中"明流"的新方式是承用地方常见的道教科仪本而注入自己的新内容。这样，明清之际闽地的民间祈雨活动由颇令人耳目一新的仪式实现,冠以外语名称的法事执事人"渝沙""睍达"取代了以往的法师、道士,仪式中穿插民众似懂非懂的咒语咏唱,印证了俗话所说"远来的和尚会念经"这一历久弥新的宗教社会心理学的定律。以往借助儒生司仪、佛教僧侣、道门法师进行的祈雨活动,在中古晚期的闽地增加了新的明教因素,似乎花样翻新了,但借助明教进行祈雨活动的本意,仍然是千古不变的安神其表,安心其里,旧瓶装新酒,饮者自甘。

　　中国东南沿海地区应是摩尼教流行最久的地区。王国维曾说"南北之交,死灰复燃,寻其缘起,别出三山",①伯希和预言"将来必有一日在三山或泉州等地获睹数百年来风雨不能剥蚀之题刻",②刘铭恕则说"摩尼教之事,恐至今犹未沫于东南海域矣"。③ 霞浦文书的存在表明,时至今日包含摩尼教内容的科仪文献仍为闽地的民间法师传用,这可以说是摩尼教在传教过程中融入中国信仰体系的结果。

　　摩尼教入华之初就显示出积极传教、融入中国主流社会的态势,其方式是在译经事业上全面借助此前已在中国立足的外来宗教——佛教的概念体系,在摩尼僧道明的主导下译出长篇经典《下部赞》和《残经》。同时,在证实入华还不到 20 年的时间里,直接用汉文撰写出《摩尼光佛教法仪略》,对摩尼教的教理教义、教史、神谱、教会组织形式、著作目录等基本事项进行梗概式的介绍,并冠以"奉敕"的名义,显示出摩尼教传教团希图以自上而下的方式破门而入,最有效率地开展其传教事业,以精英阶层为突破口,进入中国社会。以近乎乱真的方式撰述摩尼教经典的例子是近年由学者揭出

---

① 王国维:《摩尼教流行中国考》,《亚洲学术杂志》1921 年第 2 期专著六,上海亚洲学术研究会,第 12 页。

② 伯希和著,冯承钧译:《福建摩尼教遗迹》,《西域南海史地考证译丛九编》,中华书局,1958 年,第 140—141 页注释 50。

③ 刘铭恕:《书〈摩尼教入中国考〉后》,《北平晨报》副刊《思辨》1936 年 6 月 16 日第 13 版;收入《刘铭恕考古文集》上卷,第 655 页。

的《弥勒摩尼佛说开悟佛性经》①《佛性论》,②前者被收入正式佛教经录《开元释教录》,后者则混杂在以佛寺旧藏故纸残经为主体的敦煌藏经洞,可见对摩尼光佛不是释迦牟尼佛的认知在唐代已经大成问题。

正是因为摩尼教这一刻意比照、模仿佛教以达到传教捷径的做法太过雄心勃勃,明显引起了佛教的反感,招致了官方的首次警告,唐玄宗亲下敕令,判"摩尼教妄称佛教,诳惑黎元",限令摩尼教只能在旅居唐朝的西胡人群中传教,不得向华人渗透。此后摩尼教的时来运转来自30年以后的安史之乱,在军事上助唐平定叛乱的回鹘人因为信仰摩尼教,使得摩尼教在大江南北的一些重要地点得以立寺,再次扩大影响,发展传教地盘。使摩尼教在中原受到灭顶之灾的是全面向外来宗教实行禁断迫害的唐武宗,摩尼教与佛教、火袄教一起被宣布为不受欢迎的人,僧侣教士非驱逐辄迫令还俗,寺院被拆毁,信徒四散。不久对佛教的重新承认,没有带来对摩尼教的平反,而正是这样的命运使得志在传教的摩尼教转而寻求光复的新途径——放弃以往借助官方认可、精英阶层支持、外族携带,开始了走向民间的历程,开始了摩尼教在中原大地的新生阶段。

霞浦文书的出现,标志着摩尼教在闽地活动的地点延伸到闽东北,扩展了明教法师"授侣三山"地域上的广度。谈及摩尼教的地方化,有广义、狭义两个方面的理解。广义的理解实际上起自摩尼教的华化,即前述其在中原文化背景下的自我阐释,借助佛教名相乃至"妄称佛教",用汉文制造新经典。如同佛教在北朝时期利用异族统治北中国的200年间中国固有文化。狭义的、也是真正意义上的摩尼教的地方化,根据传世记载,起自宋世呼禄法师的传教三山(今福州)。作为一个胡人血统的摩尼僧,呼禄法师如何度过劫波,离开摩尼教传统的中心地带北中国,不远万里前往江南传教弘法,史籍缺载。他的闽地传承,以往也毫无踪迹可寻。现在幸而出现了霞浦文书和民间族谱资料,使我们终得一窥呼禄法师到闽地之后的"明

---

① 张广达:《唐代汉译摩尼教残卷——心王、相、三常、四处、种子等语词试释》,《文本、图像与文化流传》,第345页。
② 曹凌:《敦煌遗书〈佛性经〉残片考》,《中华文史论丛》2012年第2期,第309—337页。

门"头绪。

摩尼教在中国的历史一波三折。唐代舒元舆为鄂州永兴县重岩寺碑作序时写到:"合天下三夷寺,不足当吾释寺一小邑之数也。"①"三夷"是对当时兴盛的外来宗教摩尼教、景教、祆教的一个蔑称,由此可见,面对虽然同样是外来宗教却立足已久并获得在本土土壤中长足发展的佛教以及中国固有的道教的强势存在,这三种新来的(new comers)宗教在中国传教之艰难。会昌法难后,失去来自官方认可的摩尼教开始了寻求独立发展的进程。在东南地区,摩尼教以"明教"自称,走向民间,并借助闽浙发达的雕版印刷业刊印明教经典和画像。在寺宇和教团组织方面,明教中人于温州建造斋堂,并在三山(福州)成立了"明教会"。种种传教努力使得"明教"蜚声遐迩,引起了士大夫、和尚和道士的非议,他们渐渐将明教归入"吃菜事魔"一类,引起了官方的警惕。大儒如朱熹,甚至也在晚年遭人构陷,罪名之一便是与"吃菜事魔"有说不清的瓜葛,可见就非正统信仰的指斥具有的杀伤力之巨。

在宋代史料的记载里,我们看到的更多是明教向儒、释、道三教靠拢的努力。宋末大儒黄震记录了一座摩尼教寺院——崇寿宫,并记录下崇寿宫住持张希声以儒者、释氏、道经之据分述摩尼教与三教之渊源。元代的明教发展得更为独立,其时的寺院名"选真寺""潜光院"即带有浓重的摩尼教性质,且宗教活动更为公开,有信士陈真泽于草庵镌造圣像,还有庄惠龙者"构摩萨坛于其里之右",并且他的第三子庄天德为睍达,即摩尼教僧侣。明教信徒数量不小,因此有专门管理"江南诸路明教、秦教"的"也里可温"教长。

明教在宋元时期的发展无疑是它成功进入闽地万神殿的基础。闽地向有多元宗教的传统,在闽东又以与"巫法"密切相关的"法教"最为盛行。曾有学者称之为"巫教",并将"巫教"与儒释道三教并列合称为"四教"。②闽地的民间宗教,究其根柢,在于"拜神不拜教"。

———————————

① 《全唐文》卷七二七《舒元舆》,第 7498 页下。

② 王见川:《中国民间信仰研究的省思》,《"民间"何在,谁之"信仰"》,中华书局,2009 年,第 35 页。

多神论的背后是对实用性的追求。《祷雨疏》中有言"人向急时抱佛脚"，换言之，摩尼教神明在万神殿中占有一席之地乃是因为当地民众对所有能庇佑他们的神明都无任欢迎。因此我们在霞浦文书和其他闽地民间教派的科仪文献里见到了一个杂糅了摩尼教元素和民间宗教内容的教派——明门。在乡民眼里，明门与当地的其他民间宗教没有太大区别，摩尼光佛及相应的一套强大的咒语护持是法师信奉、乡民祈请的主要原因。所以到了今天，摩尼教的神明仍以一种日常的形态安居于闽地百姓的宗教生活中。

　　我们不能说这些法师或者请法师作法的民众是摩尼教徒，就像我们不能认为泉州晋江将摩尼教偈颂当作"摩尼公咒"念诵的那些民众是摩尼教徒一样，然而这种现象却引起我们对摩尼教在闽地发展的另一层思考。摩尼教在中亚的教团湮灭以后，中国东南沿海仍流行该教。如果说元代繁荣的文化交流和对外贸易发展使得闽地仍有信仰摩尼教的胡人存在，那么发展至明清，什么样的人能够念诵那些宛若天书的音写偈颂？开封的犹太后裔在失去与中国以外的犹太人的联系后，就渐渐无法通晓他们手中的希伯来文经典。而何乔远在《闽书》中记述的"今民间习其术者行符咒，名师氏法，不甚显云"，[1]是否就是真正的摩尼教徒已不存而只有"明门"法师以法事行走于闽地的写照？

　　霞浦文书与闽东的科仪文献还提醒了我们宗教与戏曲的联系，如元杂剧中有涉祆教之曲文，闽东傀儡戏班中也有摩尼教的因素。明清教坊中有"白眉神"，刘铭恕认为此"白眉神"即祆神。[2]在降龙村的民间传说中，摩尼光佛又与"白眉佛"有关，其中是否也与祆教有联系？

　　摩尼教在中国实现了在世界其他地区无法企及的传教深度，在世界其他地区摩尼教普遍衰落的情况下，明教在中国的浴火重生也为外间世界所知，阿拉伯史料中甚至有以为摩尼教源于中国以及摩

---

[1]　何乔远编撰：《闽书》卷七《方域志》"华表山"条，第172页。

[2]　刘铭恕：《元人杂剧中所见之火祆教》，《边疆研究论丛》（1942—1944年卷），第35—50页；收入《刘铭恕考古文集》上卷，第633—646页。明清教坊中的白眉神请参见第644—645页。

尼创教人本来是一位绘画大师的传说。[①] 虽然这不是历史事实,但是却从侧面体现出中华文化在接受外来文明的历程中,既开放接受又时时不忘"自身的文化本位"(陈寅恪语),对外来文化根据自身情况与需求创造性地加以改造。借用国际摩尼教研究大家宗德曼教授的话,摩尼教在东南沿海水土中实现"中华再造"(Chinese remake),[②]为世界文明交流史留下了一笔成功的宗教遗产。

二

我们几乎可以确定,与闽地法师传统并存的还有一个士绅传统,《祷雨疏》中的州官文疏就是一个强烈的信号。陈荣捷曾呼吁:"与其将中国人的宗教生活分为儒释道三个部分,还不如将它分为两个层次来的正确。这两个层次一个是寻常百姓的层次,一个是知识已开者的层次。"[③]其中第一个层次在古代社会中占中国人口的85%。这表明那些寻常百姓所信仰的宗教才是事实上的中国宗教,然而却难以详细地被记录在案,因为书写的权利掌控在第二个层次的人手里。以往的偏见是,士绅所归属的这一层次属于理性主义者,并不真正相信鬼神的存在,他们对仪式的认识重在"祭"上,重在感悟圣人的言语进行反思,所谓的宗教更近乎教化的意义;普通民众所归属的这一层次对鬼神和仪式的看法更近乎迷信,他们对仪式的认识重在"拜"上,面对神明时悔过之心并不多,而在于祈求发愿。可以说,知识已开者通过在思考哲学议题、人生意义的过程中寻找到了一种安身立命的办法,而寻常百姓则在集体的仪式中获得一种归属感、安全感。另外,要考虑的是,寻常百姓是在一个以家族、宗

① Jes P. Assmusen, *X^w āstvānīft. Studies in Manichaeism*, Copenhagen:Prostantapud Munksgaard, 1965, p.10.

② Werner Sundermann, 'Iranian Manichaean Texts in Chinese Remake:Translation and Transformation'. In: Alfredo Cadonna — Lionello Lanciotti(eds.),*Cina e Iran. Da Alessandro Magno alla Dinastia Tang.* Firenze 1996,pp. 103 - 119.

③ 陈荣捷著,廖世德译:《现代中国的宗教趋势》,文殊出版社,1987年,第181页。

族为核心的社区里,民间的宗教活动都是以这种社区为单位的,宗教生活与社会生活是完全融在一起的,庙宇法师就在百姓身边,许多民俗也往往与神诞有关,普通民众不需要另外的时间、空间来进行一种宗教的祭拜。

从以上两个层次来看,摩尼教在唐代的传播追求的是作为知识已开者的宗教,然而遭受到了彻底的禁断。士绅无法认同摩尼教的教义及异质文化下的教规,教义上摩尼教确实不如佛教那样卷帙浩繁,相比之下,摩尼教的二宗三际说简单、绝对得多,显然无法满足士绅系统对思辨的要求。宋代以后,摩尼教走向民众,作为寻常百姓这一层次的宗教,摩尼教反而展现出优势来。简单说来,摩尼教本身就是一个乐于杂糅、擅于融合的宗教,因此进入闽地宗教生活的方式是开放温和的,它强调禁欲甚于对抗,不排斥不反抗的方式既让民众容易接受,也不至于让地方官员过分担心。另外,摩尼教注重文字与语言的表达方式,有十分华丽的赞美诗,有描述灵魂受难或得救的感人至深的诗篇。伊朗语摩尼教文献中有很多譬喻故事,包含母题之丰富,以致于有学者如 Willi Bang 认为,摩尼教是在欧亚大陆间传播叙事文学种子的信使。

有关明教在闽地的历程,还有若干可以进一步思考的问题:一种异文化宗教进入,当地是否具备接受条件,是这种宗教能否取得传教成功的基本前提。呼禄法师传教闽地,看来取得了成功。其时当地之前的信仰风俗必然是摩尼教得以进入该地的前提条件,而这一环境条件究竟如何?目前我们所知甚少,原因主要是地方史志记载少,有待于进一步开掘史源。

霞浦文书中数量可观的胡语汉写段落,经研究者初步探索,已确定一些属于经典摩尼教的赞文偈颂,来自摩尼教会的标准仪式用语帕提亚语(Parthian)。问题是佶屈聱牙的外语文本,即使训练有素的法师可以咏唱出来,在汉地信众一方仍是天书。那么胡语汉写的部分是否暗示着另有一部分胡人后代,在呼禄法师的时代以及以后一段时间仍然具备胡语能力,能够在明教法事活动中使用帕提亚语?联系到闽地临海历来是域外商舶辐辏之地这一事实,人口中始终保持一定比例的非汉人成分,居住在蕃坊,其母语、宗教背景有条件保存相当长的一段时间而不被主流汉文化同化,宗教仪式得以在世代间口耳相传,并形诸文字。

参 考 文 献

一、古籍

《白虎通》,班固等撰,中华书局,1985 年

《北梦琐言》,孙光宪撰,林艾园点校,上海古籍出版社,1981 年

《泊宅编》,方勺著,许沛藻、杨立扬点校,中华书局,1983 年

《避暑录话》,叶梦得撰,田松青、徐时仪校点,上海古籍出版社,2012 年

《不系舟渔集》,陈高撰,《元人文集珍本丛刊》,(台北)新文丰出版
    社,1985 年

《长春真人西游记》,李志常著,王国维校注,广文书局,1972 年

《吹剑录外集》,俞文豹撰,《景印文渊阁四库全书》第 865 册《子部·
    杂家类》,台湾商务印书馆,1983 年

《淳熙三山志》,梁克家修纂,福州市地方志编纂委员会整理,海风出
    版社,2000 年

《徂徕石先生文集》,石介撰,中华书局,1984 年

《大明律释义》,应槚撰,《续修四库全书》史部政书,上海古籍出版
    社,2002 年

《大宋僧史略》,赞宁撰,《大正藏》第五十四册,大正一切经刊刻会,
    1924—1932 年

《大唐开元礼》,民族出版社,2000 年

《大云轮请雨经》,不空译,《大正藏》第十九册,大正一切经刊刻会,
    1924—1932 年

《道法会元》,《道藏》第二十九册,文物出版社、上海书店出版社、天
    津古籍出版社,1988 年

《道命录》,李心传编,中华书局,1985 年

《独醒杂志》,曾敏行著,朱杰人标校,上海古籍出版社,1986 年

《梵网经菩萨戒本疏》,法藏撰,《大正藏》第四十册,大正一切经刊刻
    会,1924—1932 年

《佛说佛名经》,菩提流支译,《大正藏》第十四册,大正一切经刊刻会,1924—1932 年

《佛祖统纪》,志磐撰,《大正藏》第四十九册,大正一切经刊刻会,1924—1932 年

《福建通志》,陈寿祺等纂,华文书局,1968 年

《高峰文集》,廖刚撰,《景印文渊阁四库全书》第 1142 册《集部·别集类》,台湾商务印书馆,1983 年

《故训汇纂》,宗福邦等编,商务印书馆,2003 年

《光绪漳州府志》,沈定均修,《中国地方志集成·福建府县志》第 29 辑,上海书店出版社,2000 年

《光绪福鼎县乡土志》,黄鼎翰纂,福建人民出版社,1989 年

《海琼白真人语录》,谢显道编撰,《道藏》第三十三册,文物出版社、上海书店出版社、天津古籍出版社,1988 年

《黄氏日钞》,黄震撰,《影印文渊阁四库全书》第 708 册《子部·儒家类》,台湾商务印书馆,1983 年

《皇宋通鉴长编纪事本末》,杨仲良撰,《续修四库全书》第 386—387 册,上海古籍出版社,2002 年

《弘治温州府志》,王瓒、蔡芳编,胡珠生校注,上海社会科学院出版社,2006 年

《晦庵先生朱文公文集》,朱熹撰,朱杰人等编,《朱子全书》第 25 册,上海古籍出版社、安徽教育出版社,2010 年

《鸡肋编》,庄绰撰,萧鲁阳点校,《唐宋史料笔记丛刊》,中华书局,1983 年

霞浦柏洋乡上万村《济南郡林氏宗谱》,同治十一年(1872)修

《稽神录》,徐铉撰,白化文点校,《古小说丛刊》,中华书局,1996 年

《释氏稽古略》,觉岸编,《大正藏》第四十九册,大正一切经刊刻会,1924—1932 年

《嘉定赤城志》,陈耆卿纂,明弘治刻本

《嘉庆福鼎县志》,谭抡纂修,(台北)成文出版社,1974 年

《江苏省通志稿·古迹志金石志》,缪荃孙等纂修,北京图书馆影印本,江苏古籍出版社,2002 年

《建炎以来系年要录》,李心传撰,《丛书集成初编》第 80 册,商务印书馆,1936 年;《建炎以来系年要录》,胡坤点校本,中华书局,2013 年

《金华黄先生文集》,黄潘撰,商务印书馆,1936 年

《景德传灯录》,道元辑,朱俊红点校,海南出版社,2011 年

《镜山全集》,何乔远撰,福建人民出版社,2015 年

《旧唐书》,刘昫等撰,中华书局,1975 年

《老学庵笔记》,陆游撰,李剑雄、刘德权点校,中华书局,1979 年

《老子化胡经》,《大正藏》第五十四册,大正一切经刊刻会,1924—1932 年

《礼部志稿》,俞汝楫编,《景印文渊阁四库全书》第 598 册《史部·职官类》,台湾商务印书馆,1983 年

《李卫公会昌一品集》,李德裕撰,《国学基本丛书》,商务印书馆,1937 年

《两浙金石志》,阮元编,浙江古籍出版社,2012 年

《密斋笔记》,谢采伯撰,《景印文渊阁四库全书》第 864 册《子部·杂家类》,台湾商务印书馆,1983 年

《勉斋先生黄文肃公文集》,黄榦撰,《宋集珍本丛刊》第 68 册,线装书局,2004 年

《民国连江县志》,曹刚等修,邱景雍纂,《中国方志丛书》,(台北)成文出版社,1968 年

《民国平阳县志》,王理孚修,刘绍宽纂,《中国地方志集成·浙江府县志辑》62,上海书店,1993 年

《闽书》,何乔远编撰,福建人民出版社,1994 年

《明律集解附例》,光绪三十四年重刊万历三十八年沈家本订影印本

《名卿绩纪》,王世贞撰,《明代传记丛刊》,明文书局,1991 年

《明太祖实录》,上海书店,1982 年

《明史》,张廷玉等撰,中华书局,1974 年

《南史》,李延寿撰,中华书局,1975 年

《盘洲文集》,洪适撰,影印傅增湘校清光绪刻本,《宋集珍本丛刊》第 45 册,线装书局,2004 年

《乾隆福宁府志》,朱珪修,李拔纂,(台北)成文出版社,1967年

《乾隆温州府志》,李琬修,《中国地方志集成》,上海书店,1993年

《全宋文》,曾枣庄、刘琳主编,上海辞书出版社,2006年

《全唐文》,董诰等编,中华书局,1983年

《全元文》,李修生主编,江苏古籍出版社,1999年

《入唐求法巡礼形记校注》,圆仁著,白化文、李鼎霞、许德楠校注,周一良审阅,花山文艺出版社,1992年

《十三经注疏》,阮元校刻,中华书局,1980年

《上清灵宝大法》,王契真,《道藏》第三十一册,文物出版社、上海书店出版社、天津古籍出版社,1988年

《上清灵宝大法》,金允中编,《道藏》第三十一册,文物出版社、上海书店出版社、天津古籍出版社,1988年

《释氏稽古略》,觉岸编,《大正藏》第四十九册,大正一切经刊刻会,1924—1932年

《双溪文集》,王炎撰,清钞本,四川大学古籍所编:《宋集珍本丛刊》第63册,线装书局,2004年

《四朝闻见录》,叶绍翁撰,沈锡麟、冯惠民点校,中华书局,1989年

《宋本册府元龟》,王钦若等编修,中华书局,1989年

《宋大诏令集》,司义祖整理,中华书局,1962年

《宋高僧传》,赞宁撰,范祥雍点校,中华书局,1987年

《宋会要辑稿》,徐松辑,中华书局,1957;徐松辑,刘琳、刁忠民、舒大刚、尹波等校点:《宋会要辑稿》,上海古籍出版社,2012年

《宋史》,脱脱等撰,中华书局,1977年

《搜神记》,干宝编著,马银琴、周广荣译注,中华书局,2009年

《苏轼文集》,苏轼撰,孔凡礼点校,中华书局,1986年

《太仓稊米集》,周紫芝撰,上海古籍出版社,1987年

《太平广记》,李昉等编,汪绍楹点校,中华书局,1961年

《唐国史补》,李肇撰,上海古籍出版社,1979年

《唐会要》,王浦撰,中华书局,1955年

《陶学士集》,陶安撰,《景印文渊阁四库全书》第1225册《集部·别集类》,台湾商务印书馆,1983年

《通典》,杜佑撰,王文锦等点校,中华书局,1988 年

《万历漳州府志》,罗青霄修纂,《明代方志选》,台湾学生书局,1965 年

《万历福宁州志》,殷之辂修,朱梅等纂,《日本藏中国罕见地方志丛刊》,书目文献出版社,1990 年

《万历福安县志》,陆以载等纂修,《日本藏中国罕见地方志丛刊》,书目文献出版社,1991 年

《渭南文集》,陆游撰,《陆游集》第五册,中华书局,1976 年

《霞浦县志》,罗汝泽等修,徐友梧纂,(台北)成文出版社,1967 年

《新唐书》,欧阳修、宋祁撰,中华书局,1975 年

《魏书》,魏收撰,中华书局,1974 年

《五杂组》,谢肇淛撰,傅成点校,上海古籍出版社,2012 年

《五代会要》,王浦撰,上海古籍出版社,1978 年

《霞浦县畲族志》,俞郁天编纂,霞浦县民族事务委员会《霞浦县畲族志》编写组编,福建人民出版社,1993 年

《霞浦县志 1929 年》,霞浦县地方志编纂委员会,1986 年

《续宋编年资治通鉴》,刘时举撰,丛书集成初编本,商务印书馆,1935 年

《雪山集》,王质撰,清孔氏微波榭钞本,四川大学古籍所编《宋集珍本丛刊》第 61 册,线装书局,2004 年

《夷坚志》,洪迈撰,何卓点校,中华书局,1981 年

《一切经音义》,慧琳撰,《大正藏》第五十四册,大正一切经刊刻会,1924—1932 年;慧琳撰,徐时仪校注《一切经音义三种校本合刊》,上海古籍出版社,2012 年

《萤雪丛说》,俞成撰,《丛书集成初编》影印儒学警悟本,中华书局,1985 年

《玉堂嘉话》,王恽撰,中华书局,2006 年

《云笈七签》,张君房编,涵芬楼《正统道藏》第 22 册;张君房编、李永晟点校《云笈七签》,中华书局,2003 年

《元典章》,陈高华、张帆、刘晓、党宝海点校,中华书局、天津古籍出版社,2011 年

《元史》,宋濂等撰,中华书局,1976 年

《张载集》,张载撰、章锡琛点校,中华书局,1978 年

《赵清献公文集》,赵抃撰、傅增湘校,明汪旦嘉靖四十一年刻本,四川大学古籍研究所编《宋集珍本丛刊》第 6 册,线装书局,2004 年

《柘荣县志》,柘荣县地方志编纂委员会编,中华书局,1995 年

《真灵位业图校理》,陶弘景纂,闾丘方远校定,王家葵校理,中华书局,2013 年

《至顺镇江志》,脱因修,俞希鲁纂,《宋元方志丛刊》第三册,中华书局,1990 年

《至正金陵新志》,张铉纂修,《宋元方志丛刊》第六册,中华书局,1990 年

《芝园续集》,宋濂撰,《宋学士文集》,《四部丛刊初编·集部》247,上海书店,1989 年

《朱子语类》,黎靖德编,王星贤点校,中华书局,1988 年

《资治通鉴》,司马光编著,胡三省音注,中华书局,1956 年

二、近人论著

(一) 中文文献

包朗:《霞浦本、敦煌本摩尼教文献比较研究——以〈摩尼光佛〉为主》,兰州大学博士论文,2015 年

蔡鸿生:《唐宋时代摩尼教在滨海地域的变异》,《中山大学学报》(社会科学版)2004 年第 6 期,第 114—117 页

曹凌:《敦煌遗书〈佛性经〉残片考》,《中华文史论丛》2012 年第 2 期,第 309—337 页

岑仲勉:《摩尼师与阴阳人》,《唐史余瀋》,中华书局上海编辑所,1960 年,第 130—131 页

陈长城:《莆田涵江发现摩尼教碑刻》,《海交史研究》1988 年第 2 期,第 117—118 页

陈春声主编:《海陆交通与世界文明》,商务印书馆,2013 年

陈高华:《摩尼教与吃菜事魔——从王质〈论镇盗疏〉说起》,《中国农民战争史论丛》1983 年第 4 辑,第 97—106 页;《陈高华文

集》,上海辞书出版社,2005 年,第 536—542 页

陈高华:《元代的地方官学》,《元史研究新论》,上海社会科学院出
版社,2006 年,第 376—420 页

陈进国:《福建霞浦县发现明教遗物》,《世界宗教研究》2009 年第 2
期,第 159 页

陈进国、吴春明:《论摩尼教的脱夷化和地方化——以福建霞浦县的
明教史迹及现存科仪文本为例》,台湾佛光大学"民间儒教与救
世团体"国际学术研讨会,2009 年 6 月 9—11 日

陈进国:《福建霞浦摩尼教(明教)的重大发现》,厦门大学,2009 年
10 月 16 日讲演

陈进国、林鋆:《明教的新发现——福建霞浦摩尼教史迹辨析》,李
少文、雷子人主编:《不止于艺——中央美院"艺文课堂"名家
讲演录》,北京大学出版社,2010 年,第 343—389 页

陈荣捷著,廖世德译:《现代中国的宗教趋势》,文殊出版社,1987 年

陈荣捷:《朱子新探索》,台湾学生书局,1988 年;华东师范大学出版
社,2007 年

陈万里:《闽南游记》,开明书店,1930 年

陈晓杰:《从上帝到万神殿——以真德秀之青词祷告为例》,《儒道
研究》第一辑,社会科学出版社,2013 年,第 203—232 页

陈学霖:《金朝的旱灾、祈雨与政治文化》,《漆侠先生纪念文集》,河
北大学出版社,2002 年,第 542—561 页

陈寅恪:《金明馆丛稿初编》,上海古籍出版社,1980 年;三联书店,
2001 年

陈幼英主编,蓝炯熹编著:《水云仙府福安道观》,华夏出版社,
2013 年

陈玉女:《明代瑜伽教僧的专职化及其经忏活动》,《新世纪宗教研
究》2004 年第 3 卷第 1 期,第 38—88 页

陈垣:《史讳举例》,科学出版社,1958 年

陈垣:《陈垣学术论文集》第一集,中华书局,1980 年

陈智超:《南宋"吃菜事魔"新史料》,《北京师院学报》1985 年第 4
期,第 21、29—31 页

陈智超编注:《陈垣来往书信集增订本》,生活·读书· 新知三联书店,2010 年

陈志华:《楼下村》,清华大学出版社,2007 年

茨默、王丁:《从吐鲁番考古到吐鲁番考证》,《吐鲁番学研究》2008 年第 1 期,第 125—135 页

戴晓云:《佛教图像抑或道教图像? ——几本宗教著作中图像题材归属问题之商榷》,《汉藏佛学研究:文本、人物、图像》,中国藏学出版社,2013 年,第 573—587 页

樊丽沙、杨富学:《霞浦摩尼教文献及其重要性》,《世界宗教研究》2011 年第 6 期,第 177—183 页

范立舟:《朱熹与吃菜事魔》,《中国哲学史》2014 年第 3 期,第 77—85 页

冯承钧译:《西域南海史地考证译丛九编》,中华书局,1958 年

冯家昇等编:《维吾尔史料简编》,民族出版社,1981 年

Fritz Graf 著,王伟译:《古代世界的巫术》,华东师范大学出版社,2013 年

复旦大学文史研究院编:《"民间"何在,谁之"信仰"》,中华书局,2009 年

耿世民:《摩尼教寺院文书初释》,《考古学报》1979 年第 3 期,第 497—516 页;收入新疆社会科学院考古研究所编《新疆考古三十年》,新疆人民出版社,1983 年,第 529—548 页;氏著《新疆文史论集》,中央民族大学出版社,2001 年,第 354—382 页;荣新江编:《黄文弼所获西域文献论集》,科学出版社,2013 年,第 98—118 页

古乐慈著,王媛媛译:《一幅宋代摩尼教〈夷数佛帧〉》,《艺术史研究》第十辑,中山大学出版社,2008 年,第 139—189 页

何振良、林德民编著,叶文程审校:《磁灶陶瓷》,厦门大学出版社,2005 年

侯精一:《释"纠首"》,《中国语文》1982 年第 3 期,第 188—192 页;氏著《现代晋语的研究》,商务印书馆,2008 年,第 196—204 页

怀华:《福建晋江华表山摩尼教遗址》,《文物》1958 年第 4 期,第

28 页

黄超云：《宋代漳州的摩尼教》，《漳州职业大学学报》1999 年第 2
　　期，第 50—53 页

黄佳欣：《霞浦科仪本〈乐山堂神记〉再考察》，广州中山大学"海陆
　　交通与世界文明"国际学术研讨会，2011 年 12 月 2—5 日；收入
　　陈春声主编《海陆交通与世界文明》，商务印书馆，2013 年 3 月，
　　第 229—260 页；收入林悟殊《摩尼教华化补说》，第 227—
　　240 页

何振良、林德民编著，叶文程审校：《磁灶陶瓷》，厦门大学出版社，
　　2005 年

黄世春：《福建晋江草庵发现"明教会"黑釉碗》，《海交史研究》1985
　　年第 1 期，第 73 页

计佳辰、杨富学：《福建摩尼教研究的百年成就及存在的问题》，《世
　　界宗教文化》2012 年第 5 期，第 112—116 页；《宗教与民族》第
　　10 辑，宗教文化出版社，2016 年，第 364—373 页

计佳辰：《霞浦摩尼教新文献〈兴福祖庆诞科〉录校研究》，西北民族
　　大学硕士学位论文，2013 年

姜伯勤：《敦煌艺术宗教和礼乐文明》，中国社会科学出版社，
　　1996 年

金柏东主编：《温州文物论集》，浙江人民出版社，2009 年

劳格文著，谭伟伦译：《词汇的问题或我们该如何讨论中国民间宗
　　教》，《法国汉学》第 7 辑，中华书局，2002 年，第 260—270 页

雷闻：《祈雨与唐代社会研究》，《国学研究》第 8 卷，北京大学出版
　　社，2001 年，第 245—289 页

雷闻：《郊庙之外：隋唐国家祭祀与宗教》，生活·读书·新知三联
　　书店，2009 年

李建军：《福建三明土堡群——中国防御性乡土建筑》，海峡书局，
　　2010 年

李玉昆：《20 世纪福建摩尼教的新发现及其研究》，《福建宗教》1999
　　年第 1 期，第 36—38 页；收入《泉州港与海上丝绸之路》（一），中
　　国社会科学出版社，2002 年，第 471—477 页

李玉昆:《泉州民间信仰》,大众文艺出版社,2009年

李志鸿:《宋元新道法与福建的"瑜伽教"》,《民俗研究》2008年第2
　　期,第138—152页;《闽东瑜伽教发奏科仪研究》,《世界宗教文
　　化》2010年第4期,第37—42页。并参见氏著《天心正法研
　　究》,社会科学文献出版社,2011年,第181—187、258—264页

李志鸿:《道教天心正法研究》,社会科学文献出版社,2011年

连立昌、秦宝琦:《中国秘密社会·元明教门》,福建人民出版社,
　　2002年

连立昌:《福建秘密社会》,福建人民出版社,1989年

连立昌:《明教性质刍议》,《福建论坛》1988年第3期,第39—43页

廉亚明:《中国东南摩尼教的踪迹》,《海交史研究》2000年第2期,
　　第71—77页

廉亚明著,徐达译:《摩尼宫是否为福建第二所摩尼寺》,《中山大学
　　研究生学刊》2001年第1期(第22卷),第47—51页

林梅村、陈凌、王海城:《九姓回鹘可汗碑研究》,《欧亚学刊》第1
　　辑,中华书局,1999年,第151—171页

林顺道:《苍南元明时代摩尼教及其遗迹》,《世界宗教研究》1989年
　　第4期,第107—111页

林顺道:《摩尼教〈选真寺记〉元碑》,《中国文物报》第30期,1997
　　年7月27日第3版

林顺道:《摩尼教传入温州考》,《世界宗教研究》2007年第1期,第
　　125—137页;收入氏著《方志资料审核论稿》,方志出版社,2007
　　年,第179—181页

林悟殊:《金庸笔下的明教与历史的真实》,《历史月刊》1996年第
　　98期,第62—67页

林悟殊:《摩尼教及其东渐》,淑馨出版社,1997年

林悟殊:《泉州摩尼教渊源考》,林中泽主编:《华夏文明与西方世
　　界》,博士苑出版社,2003年,第75—93页

林悟殊:《福建明教石刻十六字偈考释》,氏著《中古三夷教辨证》,
　　中华书局,2005年,第5—32页

林悟殊:《宋元温州选真寺摩尼教属性再辨析》,《中华文史论丛》

2006 年第 4 期总第八十四辑,第 265—288 页

林悟殊:《摩尼教华名辨异》,马西沙主编:《当代中国宗教研究精选丛书·民间宗教卷》,民族出版社,2008 年,第 41 页

林悟殊:《霞浦科仪本〈奏教主〉形成年代考》,《九州学林》第 31 辑,上海人民出版社,2013 年,第 102—135 页;收入氏著《摩尼教华化补说》,第 388—422 页

林悟殊:《摩尼教华化补说》,兰州大学出版社,2014 年

林悟殊:《唐代摩尼教"风"入神名考——夷教文典"风"字研究之二》,《西域研究》2014 年第 3 期,第 65—76、143 页

林悟殊:《霞浦抄本明教"四天王"考辨》,《欧亚学刊》2015 年第 2 期,第 166—204 页

林悟殊:《福建霞浦抄本元代天主教赞诗辨释——附:霞浦抄本景教〈吉思呪〉考略》,《西域研究》2015 年第 4 期,第 115—134 页

林振法主编:《苍南林氏通览》,中国社会出版社,2006 年

林振礼:《朱熹与摩尼教新探》,《朱子研究》2004 年第 23 期,第 89—98 页

林子周、陈剑秋:《福建霞浦明教之林瞪的祭祀活动调查》,《世界宗教文化》2010 年第 5 期,第 82—85 页

林子周:《姑婆神信仰与拜干娘现象探析》,叶明生主编:《贤良港妈祖文化论坛:海峡两岸传统视野下的妈祖信俗研讨会文集》,宗教文化出版社,2013 年,第 313—321 页

刘欢萍:《试论中国古代祈雨文的主题特征及其文化内蕴》,《文化遗产》2012 年第 3 期,第 68—76 页

刘铭恕:《书〈摩尼教入中国考〉后》,《北平晨报》副刊《思辨》1936 年 6 月 16 日第 13 版;收入《刘铭恕考古文集》上卷,河南人民出版社,2013 年,第 654—655 页

刘铭恕:《〈陈垣学术论文集〉第一集读后》,《刘铭恕考古文集》(上),河南人民出版社,2013 年,第 659—663 页

刘铭恕:《元人杂剧中所见之火祆教》,《边疆研究论丛》,1942—1944 年卷,第 35—50 页;收入《刘铭恕考古文集》上卷,河南人民出版社,2013 年,第 633—646 页

刘铭恕:《宋代海上通商史杂考》,《中国文化研究汇刊》1945 年第 5 卷第 1 期上册、下册

刘铭恕:《泉州石刻三跋》,《考古通讯》1958 年第 6 期,第 60—62 页

刘铭恕:《有关摩尼教的两个问题》,《世界宗教研究》1994 年第 3 期,第 134—135 页;氏著《刘铭恕考古文集》(上),河南人民出版社,2013 年,第 647—648 页

刘屹:《敦煌十卷本〈老子化胡经〉残卷新探》,荣新江主编:《唐研究》第 2 卷,北京大学出版社,1996 年,第 101—120 页

刘屹:《唐代道教的化胡经说与道本论》,《唐代宗教信仰与社会》,上海辞书出版社,2003 年,第 84—124 页

陆永生:《崇寿宫与黄震〈崇寿宫记〉》,慈溪市方志办公室编:《慈溪旧闻》,浙江古籍出版社,2009 年,第 419—420 页

罗明先:《人神对话:明清〈祈雨文〉透视》,《哈尔滨师范大学社会科学学报》2016 年第 1 期,第 141—143 页

罗世平:《敦煌泗州僧伽经像与泗州和尚信仰》,《敦煌吐鲁番学研究论集》,书目文献出版社,1996 年,第 124—135 页

吕立汉编:《浙江畲族民间文献资料总目提要》,民族出版社,2012 年

马西沙、韩秉方:《中国民间宗教史》,上海人民出版社,1992 年

马西沙主编:《当代中国宗教研究精选丛书·民间宗教卷》,民族出版社,2008 年

马小鹤:《摩尼教、基督教、佛教中的"大医王"研究》,《欧亚学刊》第一辑,中华书局,1999 年,第 243—258 页

马小鹤、吴春明:《摩尼教与济度亡灵——霞浦明教〈奏申牒疏科册〉研究》,《九州学林》,上海人民出版社,2011 年,第 15—47 页;马小鹤:《摩尼教与济度亡灵》后记,《天禄论丛:中国研究图书馆员学会学刊》第 2 卷,广西师范大学出版社,2012 年,第 221—223 页

马小鹤:《摩尼教耶俱孚考——福建霞浦文书研究》,《中华文史论丛》2012 年第 2 期,第 285—308、399 页;收入氏著《霞浦文书研究》,兰州大学出版社,2014 年,第 123—144 页

马小鹤:《光明的使者》,兰州大学出版社,2013 年

马小鹤:《摩尼教四天王考——福建霞浦文书研究》,余太山、李锦绣主编:《丝瓷之路——中国古代中外关系史研究 III》,商务印书馆,2013 年,第 81—113 页;收入马小鹤《霞浦文书研究》,兰州大学出版社,2014 年,第 101—122、125 页

马小鹤:《摩尼教卢舍那佛考——霞浦文书和〈宇宙图〉研究》,《天禄论丛:中国研究图书馆员学会学刊》第 4 卷,广西师范大学出版社,2014 年,第 46—67 页

马小鹤、汪娟:《中国摩尼教神谱——敦煌、霞浦、屏南文书研究》,《西域文史》第十三辑,科学出版社,2019 年,第 43—64 页

马晓林:《元代国家祭祀研究》,南开大学博士论文,2012。

牟润孙:《宋代摩尼教》,《辅仁学志》1938 年第 7 卷第 1、2 期,第 125—146 页;《宋史研究集》第 1 辑,国立编译馆中华丛书编审委员会,1958 年,第 79—100 页;校订本《宋代之摩尼教》收入《注史斋丛稿》,新亚研究所,1959 年,页 95—118;中华书局,1987 年,第 94—117 页。

牧田谛亮著,索文林译:《中国近世佛教史研究》,华宇出版社,1984 年

粘良图:《晋江草庵研究》,厦门大学出版社,2008 年;增订本,厦门大学出版社,2017 年

粘良图:《福建晋江霞浦两地明教史迹之对照》,"国际视野下的中西交通史研究学术研讨会"论文,暨南大学,2010 年 12 月 21—24 日

粘良图:《福建晋江霞浦两地明教史迹之比较》,《泉州师范学报》2012 年第 1 期,第 7—13 页;《暨南史学》第 7 辑,广西师范大学出版社,2012 年,第 43—52 页

粘良图:《霞浦县史迹之我见》,陈春声主编:《海陆交通与世界文明》,商务印书馆,2013 年,第 204—214 页

牛汝极:《十字莲花》,上海古籍出版社,2008 年

欧大年(Daniel L. Overmyer) 著,马睿译,郑须弥审校:《宝卷:十六至十七世纪中国宗教经卷导论》,中央编译出版社,2012 年

彭晓静、杨富学:《福建摩尼教祈雨与丝路沿线祈雨传统之关联》,
《石河子大学学报》2016 年第 1 期,第 29—33 页

皮庆生:《他乡之神:宋代张王信仰传播研究》,《历史研究》2007 年
第 3 期,第 53—71 页

皮庆生:《宋代民众祠神信仰研究》,上海古籍出版社,2008 年

祁刚:《浙南地方道教的职牒与度仪》,《宗教学研究》2014 年第 2
期,第 44—48 页

饶宗颐:《穆护歌考——兼论火祆教、摩尼教入华之早期史料及其对
文学、音乐、绘画之影响》,《大公报在港复刊卅周年纪念文集》
卷下,香港大公报出版,1978 年,第 733—771 页;收入氏著《选
堂集林·史林》,中华书局香港分局,1982 年,第 472—509 页;
氏著《文辙——文学史论集》(下),(台北)台北学生书局,1991
年,第 463—496 页;氏著《饶宗颐史学论著选》,上海古籍出版
社,1993 年,第 401—441 页

容庚:《碧霞元君庙考》,《京报副刊》1925 年第 157 期,第 182—
184 页

荣新江:《森安孝夫著〈回鹘摩尼教之研究〉评价》,《西域研究》1994
年第 1 期,第 99—103 页;收入氏著《中古中国与外来文明》,生
活·读书·新知三联书店,2001 年,第 460—468 页

荣新江:《摩尼教在高昌的初传》,《中国学术》第 1 辑,2000 年,第
158—171 页;收入氏著《中古中国与外来文明》,生活·读书·
新知三联书店,2001 年,第 369—385 页;《吐鲁番新出摩尼教文
献研究》,文物出版社,2000 年,第 215—230 页

荣新江:《西域——摩尼教最终的乐园》,《寻根》2006 年第 1 期,第
4—9 页

荣新江编:《黄文弼所获西域文献论集》,科学出版社,2013 年

沙畹、伯希和著,冯承钧译:《摩尼教流行中国考》,商务印书馆,
1933 年

邵凤芝:《介绍一件明朝晚期的祷雨祝文》,《文物春秋》2006 年第 6
期,第 69—71 页。

沈曾植:(释持)《和林三唐碑跋》,《亚洲学术杂志》1921 年第 2 期

专著四,上海亚洲学术研究会;收入钱仲联辑录《沈曾植海日楼文钞佚跋》(四),《文献》1992 年第 2 期,第 225—288 页

沈曾植:《海日楼札丛》,中华书局,1962 年

水口干记:《北宋的佛教祈雨礼法——以日本僧人成寻的祈雨为线索》,《新视野下的中外关系史》,甘肃人民出版社,2010 年,第 246—259 页

束景南:《朱熹年谱长编》,华东师范大学出版社,2014 年

孙庆容主编,黄世忠、吴春明、王兴明副主编:《霞浦文物》,《霞浦文史资料》第 27 辑,中国人民政治协商会议福建省霞浦县委员会,2010 年

爱弥尔·涂尔干著,渠东、汲喆译:《宗教生活的基本形式》,商务印书馆,2011 年

窪德忠著,萧坤华译:《道教诸神》,四川人民出版社,1989 年

王丁:《陈寅恪的"语藏"跋〈陈寅恪致傅斯年论国文试题书〉》,《科学文化评论》2005 年第 1 期,第 60—77 页

王丁:《柏林吐鲁番特藏中的一件汉文摩尼教文书》,《京都大学 21 世纪 COEプログラム特别讲演会"唐代研究のために"报告书》,京都大学人文科学研究所,2005 年,第 1—19 页,后收入高田时雄主编《唐代宗教文化与制度》,京都大学人文科学研究所,2007 年,第 41—65 页

王丁:《摩尼教与霞浦文书、屏南文书的发现》,《中山大学学报》(社会科学版)2018 年第 5 期,第 113—127 页

王丁:《语藏集》,上海文艺出版社,2021 年

王国维:《摩尼教流行中国考》,《亚洲学术杂志》1921 年第 2 期专著六,上海亚洲学术研究会,第 1—12 页

王立平:《元代地方学官》,《固原师专学报》1994 年第 2 期,第 44—49 页

王熙远:《桂西民间秘密宗教》,广西师范大学出版社,1994 年

王媛媛:《唐代摩尼教史研究综述》,《新疆师范大学学报》2004 年第 4 期,第 97—101 页

王媛媛:《从大云寺到大云光明寺——对中原摩尼寺额的考察》,

《文史》2005 年第 4 辑（总 73 辑），第 199—210 页

王媛媛：《新出汉文〈下赞部〉残片与高昌回鹘的汉人摩尼教团》，
　　《西域研究》2005 年第 2 期，第 51—57 页；收入段晴主编《吐鲁
　　番学新论》，新疆人民出版社，2006 年，第 163—168 页

王媛媛：《中国东南摩尼教研究评述》，《中国史研究动态》2005 年第
　　7 期，第 11—20 页

王媛媛：《中古波斯文〈摩尼教赞美诗集〉跋文译注》，朱玉麒主编
　　《西域文史》第 2 辑，科学出版社，2007 年，第 129—153 页；收入
　　荣新江、孟宪实、李肖主编《秩序与生活：中国时期的吐鲁番社
　　会》，中国人民大学出版社，2011 年，第 293—326 页

王媛媛：《唐开元二十年禁断摩尼教原因辨析》，《中华文史论丛》
　　2008 年第 2 辑（总第 90 辑），第 293—320 页

王媛媛：《汴京卜肆与摩尼教神像入闽》，《故宫博物院院刊》2009 年
　　第 3 期，第 95—112 页

王媛媛：《高昌摩尼教圣像艺术的宗教功能辨析》，新疆吐鲁番学研
　　究院编：《吐鲁番学研究——第三届吐鲁番学暨欧亚游牧民族
　　的起源与迁徙国际学术研讨会论文集》，上海古籍出版社，2010
　　年，第 670—686 页

王媛媛：《庇麻与头冠——高昌摩尼教圣像艺术的宗教功能》，朱凤
　　玉、汪娟编：《张广达先生八十华诞祝寿文集》，（台北）新文丰
　　出版公司，2010 年，第 1085—1129 页

王媛媛：《中国东南摩尼教使用十字架符号质疑》，《艺术史研究》第
　　12 辑，中山大学出版社，2010，第 39—60 页

王媛媛：《高昌摩尼教艺术中的女神形象与教会中的女性教徒——
　　以吐鲁番出土摩尼教残片 III7283 为例》，罗丰主编：《丝绸之路
　　上的考古、宗教与历史》，文物出版社，2011 年，第 276—293 页

王媛媛：《唐大历、元和年间摩尼寺选址原因辨析》，《西域研究》
　　2011 年第 3 期，第 33—38 页

王媛媛：《从波斯到中国：摩尼教在中亚和中国的传播》，中华书局，
　　2012 年

王媛媛：《再论日本大和文华馆藏摩尼教绢画》，《唐研究》第 18 卷，

北京大学出版社,2012 年,第 375—400 页

王媛媛:《唐代汉文摩尼教资料所见之"法王"》,陈春声主编:《海陆交通与世界文明》,商务印书馆,2013,第 215—228 页。

王媛媛:《日藏"摩尼降诞图"再解读》,《西域研究》2014 年第 3 期,第 77—85 页。

吴承学、刘湘兰:《中国古代文体史话:祝祷类文体》,《古典文学知识》2009 年第 5 期总第 146 期,第 106—114 页。

吴春明:《霞浦摩尼教史迹》,《霞浦文史资料》第 27 辑,政协福建省霞浦县委员会,2010 年

吴晗:《明教与大明帝国》,《清华学报》第 13 卷,1941 年,第 49—85 页

吴其昱:《唐代景教之法王与尊经考》,《敦煌吐鲁番研究》第 5 卷,北京大学出版社,2001 年,第 13—58 页

吴文良著,吴幼雄增订:《泉州宗教石刻》,科学出版社,2005 年

吴幼雄:《泉州宗教文化》,鹭江出版社,1993 年

吴幼雄:《福建泉州发现的也里可温(景教)碑》,《考古》1988 年第 11 期,第 1015—1022 页

夏鼐:《两种文字合璧的泉州也里可温(景教)墓碑》,《考古》1981 年第 1 期,第 59—62 页

萧启庆:《元色目文人金哈剌及其南游寓兴诗集》,《汉学研究》1995 年第 13 卷第 2 期,第 1—14 页;《内陆亚洲历史文化研究韩儒林先生纪念文集》,南京大学出版社,1996 年,第 165—184 页;氏著《内北国而中国蒙元史研究》,中华书局,2007 年,第 749—765 页

许理和著,李四龙、裴勇译:《佛教征服中国》,江苏人民出版社,2005 年

徐文堪、马小鹤:《摩尼教"大神咒"研究——帕提亚文文书 M1202 再考释》,《史林》2004 年第 6 期,第 96—107 页

严耀中:《汉传密教》,学林出版社,1999 年

杨富学:《林瞪及其在中国摩尼教史上的地位》,西北民族大学"民间宗教研究:第四届宗教与民族学术论坛",2012 年 9 月 21—

25 日;《中国史研究》2014 年第 1 期,第 109—124 页;《宗教与民族》第 10 辑,宗教文化出版社,2016 年,第 333—353 页。Lin Deng and his position in the history of Manichaeism in China, 8th International Conference of the International Association of Manichaean Studies, *School of Oriental and African Studies* (*SOAS*), London, 9‑13 September, 2013.

杨富学、包朗:《霞浦摩尼教新文献〈摩尼光佛〉校注》,暨南中外关系史学术研讨会,2013 年 12 月;《寒山寺佛学》第 10 辑,甘肃人民出版社,2015 年,第 74—115 页

杨富学、史亚军:《摩尼教与宋元东南沿海农民起义——研究述评与展望》,《宗教学研究》2013 年第 2 期,第 241—246 页

杨富学、包朗:《摩尼教〈冥福请佛文〉所见佛教地狱十王》,《世界宗教文化》2014 年第 1 期,第 85—90 页

杨富学、史亚军、包朗:《霞浦摩尼教新文献〈冥福请佛文〉校录研究》,《文献研究》第 4 辑,学苑出版社,2014 年,第 83—98 页

杨富学、包朗:《从霞浦本〈摩尼光佛〉看摩尼教对佛教的依托》,《宗教学研究》2014 年第 4 期,第 256—266 页

杨富学、包朗:《霞浦摩尼教文献〈摩尼光佛〉与敦煌文献之关系》,《敦煌吐鲁番研究》第 15 卷,《中国敦煌吐鲁番学会成立三十周年国际学术研讨会专号》,上海古籍出版社,2015 年,第 409—426 页

杨富学、彭晓静:《福州福寿宫所见摩尼光佛像杂考》,《形象史学研究》2015 年第 2 期,第 136—157 页

杨富学、彭晓静:《摩尼教祈雨:从波斯到福建》,王欣、万明主编:《中外关系史视野下的一带一路》,陕西师范大学出版社,2016 年,第 302—318 页

杨讷:《元代白莲教研究》,上海古籍出版社,2004 年

杨庆堃著,范丽珠译:《中国社会中的宗教的现代社会功能与其历史因素之研究》,上海人民出版社,2007 年

杨晓霭、肖玉霞:《宋代祈谢雨文的文体类别及其所映现的仪式》,《西北师大学报》2012 年第 4 期,第 18—23 页

姚崇新、王瑗瑗、陈怀宇：《敦煌三夷教与中古社会》，甘肃教育出版社，2013 年

叶明生：《试论宗教的世俗化》，《福建省宗教研究会论文集·宗教与现代社会》，福建教育出版社，1997 年，第 209—230 页

叶明生编著：《福建省龙岩市东肖镇闾山教广济坛科仪》，(台北)新文丰出版公司，1997 年

叶明生：《试论"瑜伽教"之衍变及其世俗化事象》，《佛教研究》1999 年第 8 期，第 256—264 页

叶明生：《梨园教，一个揭示古代傀儡与宗教关系的典型例证——以闽东梨园教之法事傀儡戏为例》，《国际偶戏学术讨论会论文集》，《中华戏曲》2002 年第 27 期，第 17—53 页

叶明生：《福建傀儡戏史论》，中国戏剧出版社，2004 年

叶明生：《澎湖民间信仰"普庵教"传自福建闽南考》，《闽南文化研究(下)》，海峡文艺出版社，2004 年，第 1257—1273 页

叶明生：《福建泰宁的普庵教追修科仪及瑜伽教关系考》，《民间佛教研究》，中华书局，2007 年，第 244—280 页

叶明生编著：《福建省寿宁县闾山梨园教科仪本汇编》，新文丰出版公司，2007 年

叶明生：《闽浙马仙信仰与地方仪俗》，《走入历史的深处中国东南地域文化国际学术研讨会论文集》，上海人民出版社，2011 年，第 487—497 页

叶明生：《福建宋杂剧的发现及其艺术形态初考》，《福建杂剧、南戏论集》，中国戏剧出版社，2013 年，第 1—31 页

叶明生：《论民间傀儡戏的祭仪文化特质》，《2009 年福建艺术研究论集》，中国戏剧出版社，2013 年，第 277—307 页

叶明生：《梨园教：傀儡戏宗教形态考探——以闽东、浙南毗邻地区之体现傀儡戏为例》，《戏曲研究》第 91 辑，文化艺术出版社，2014 年，第 240—265 页

叶明生、劳格文编著：《福建省建阳市闾山派科仪本汇编》，(台北)新文丰出版公司，2007 年

尤小羽：《摩尼教符咒从波斯到阿拉伯和中国福建的流传》，《中山

大学学报》2017年第2期,第110—117页

尤小羽:《明教护法考》,《中山大学学报》(社会科学版)2020年第6
    期,第116—126页

尤小羽:《明教与东南滨海地域关系新证》,《海洋史研究》2020年第
    16辑,第298—321页

余成普主编:《行政的边缘文化的中心:湖南通道上岩坪寨田野调
    查报告》,民族出版社,2014年

虞万里:《敦煌摩尼教〈下部赞〉写本年代新探》,《敦煌吐鲁番研究》
    第一卷,北京大学出版社,1996年,第37—46页

余成普主编:《行政的边缘文化的中心:湖南通道上岩坪寨田野调
    查报告》,民族出版社,2016年

元文琪:《福建霞浦摩尼教科仪典籍重大发现论证》,《世界宗教文
    化》2011年第5期,第169—180页。

张帆:《福建屏南摩尼光佛信仰习俗考探》,《文化遗产》2017年第3
    期,第88—98页

张广达:《文本、图像与文化流传》,广西师范大学出版社,2008年

张泽洪:《道教斋醮史上的青词》,《世界宗教研究》2005年第2期,
    第112—122页

张峥嵘:《探寻降龙提线木偶》,《鸳鸯溪文艺》2015年总第5期,第
    73—75页;《今日屏南》2015年10月28日新闻稿,网址:
    http://www.todaypn.cn/Item/2558.aspx(2017年7月2日读
    取);图文版网址:http://www.pingnan.gov.cn/xxgk/gzdt/jrpn/
    201603/t20160322_54736.htm(2017年7月2日读取)

赵伟:《道教壁画五岳神祇图像谱系研究》,文化艺术出版社,
    2013年

郑振满、丁荷生编:《福建宗教碑铭汇编(泉州府分册)》,福建人民
    出版社,2003年

中共中央马克思、恩格斯、列宁、斯大林著作编译局译:《资本论》,
    人民出版社,2004年

钟雷兴主编,缪品枚编撰:《闽东畲族文化全书·民间信仰卷》,民
    族出版社,2009年

钟雷兴主编,缪品枚、雷丹丹编撰:《闽东畲族文化全书·乡村卷》,民族出版社,2009 年

周梦江:《从苍南摩尼寺的发现谈温州摩尼教》,《海交史研究》1990年第 2 期,第 75—79 页

周清澍:《从牟巘〈陵阳集〉看南宋的地方官》,《中华文史论丛》2012年第 4 期,第 1—41 页

周祖谟:《宋亡后仕元之儒学教授》,《辅仁学志》第 14 卷第 1、2 期,第 191—214 页

庄为玑:《谈最近发现的泉州中外交通的史迹》,《考古通讯》1956 年第 3 期,第 43—48 页

庄为玑:《泉州摩尼教初探》,《世界宗教研究》1983 年第 3 期,第 77—83 页

(二) 外文文献

重松俊章:《唐宋时代末尼教魔教问题》,《史渊》第十二辑,1936 年,第 85—143 页

池田温:《中国古代写本识语集录》,东京大学东洋文化研究所,1990 年

吉田豊:《漢訳マニ教文獻における漢字音寫された中世イラン語について》(上),《内陸アジア言語の研究》II,1986 年

吉田豊:《カラバルガスン碑文のソグド語版について》,《西南アジア研究》,1988 年

吉田豊:《唐代におけるマニ教信仰—新出の霞浦資料から見てくること—》,唐代史研究会編:《唐代史研究》第 19 辑,2016 年 8月,第 22—41 页

吉田豊:《9 世紀東アジアの中世イラン語碑文 2 件》,《京都大学文学部研究纪要》第 59 号,2020 年,第 97—269 页

桑原骘藏著,陈裕菁译:《蒲寿庚考》,中华书局,1957 年

森安孝夫:《ウイグル=マニ教史の研究》,《大阪大学文学部纪要》第 31、32 卷合并号,大阪大学文学部,1991 年

森安孝夫撰,白玉冬译:《黄文弼发现的〈摩尼教寺院经营令规文

书〉》,《黄文弼所获西域文献论集》,科学出版社,2013 年,第
136—176 页

石本道明:《苏轼磻溪祷雨文》,《汉文学会会报》1986 年第 31 辑,第
212—230 页

石田幹之助:《敦煌发现〈摩尼光佛教法仪略〉に见ぇたる二三の言
语に就ぃこ》,《白鸟博士还历记念东洋史论丛》,1924 年,
pp. 157‒172 & 287‒289.

泽田瑞穗:《增补の宝卷研究》,国书刊行会,1975 年

竺沙雅章:《吃菜事魔について》,《青山博士古稀纪念宋代史论
丛》,1974 年,第 239—262 页;《中国佛教社会史研究》,同朋舍,
1982 年,pp. 199‒228;袁征摘译:《论"吃菜事魔"》,《世界宗教
文化》1988 年 9 月第 3 期,第 24—26 页。李洋主译:《关于吃
菜事魔》,刘俊文主编:《日本学者研究中国史论著选译》第七
卷,中华书局,1992 年,第 361—385 页

J. P. Assmusen, *X^u āstvānīft. Studies in Manichaeism*, Copenhagen:
Prostantapud Munksgaard, 1965.

J. P. Asmussen, *Manichaean literature, representative texts chiefly
from Middle Persian and Parthian writings*, Delmar (New
York): Scholars' Facsimiles & Reprints, 1975.

W. Bang und A. von Gabain, Türkische Turfan Texte II: Manichaica,
SPAW, Berlin, 1929.

E. Benveniste, *Mission Pelliot en Asie Centrale*, *vol. iii*, *Textes
Sogdiens*, Paris: P. Geuthner, 1940.

Mary Boyce, 'Sadwēs and Pēsūs', *Bulletin of the School of Oriental
and African Studies* 4 (1951), pp. 908‒915.

Mary Boyce, *A catalogue of the Iranian manuscripts in Manichean
Script in the German Turfan Collection*, Berlin: Akademie Verlag,
1960.

Mary Boyce, *A reader in Manichaean Middle Persian and Parthian*,
Téhéran-Liège: Bibliothèque, Leiden: E. J. Brill,1975.

Alenxander Böhlig, *Gnosis und Synkretismus*, Tübingen: Mohr, 1989.

Peter Bryder, 'The Zebra as a Chameleon. Manichaean missionary technique'. In: H. Preißler / H. Seiwert (eds.), *Gnosisforschung und Religionsgeschichte. Festschrift für Kurt Rudolph zum 65. Geburtstag.* Marburg: diagonal-Verlag 1994, pp. 49 – 54.

Chao Shin-yi, 'The Precious Volume of Bodhisattva Zhenwu Attaining in the Way: A Case Study of the Worship of Zhenwu in Ming-qing Sectarian Groups'. In: Philip Clart & Paul Crowe (eds.), *The people and the Dao: New studies in Chinese Religious in Honour of Daniel L. Overmyer.* Nettetal: Institut Monumenta Serica, 2009, pp. 63 – 81.

Éd. Chavannes et P. Pelliot, 'Un traité maniché en retrouvé en Chine', *Journal Asiatique*, 1911, pp. 499 – 617;1913,99 – 199 & 261 – 394.

L. V. Clark, 'The Manichaean Turkic Pothi-Book', in: *Altorientalische Forschungen* 9, 1982, pp. 145 – 218.

Larry Clark (ed.), *Uygur Manichaean Texts*, Turnhout Brepols, 2013.

Marcel Erdal, *A Grammar of Old Turkic*, Leiden: Brill, 2004.

Antonino Forte, 'Deux études sur le Manichéisme chinois', *T'oung Pao*, 1973, 59 (1/5), pp. 239 – 251.

Geng Shimin, 'Notes on an ancient Uighur official decree issued to a manicheanmonastry', *Central Asiatic Journal*, 1991, pp. 207 – 223.

Kósa Gábor, 'The Fifth Buddha. An overview of the Chinese Manichaean material from Xiapu (Fujian)', *Manichaean Studies Newsletter* 28, 2013/2014, News Bulletin, pp. 9 – 30.

Kósa Gábor, 'Parallels and inconsistencies between two recently identified sets of Chinses Manichaica: the textual corpus from Xiapu (Fujian) and the paintings preserved in Japan'. Invited special talk at 8th International Conference of the International Association of Manichaean studies, School of Oriental and African Studies (SOAS), London, 9 – 13 September 2013.

Kósa Gábor, 'Major discoveries of Manichaen materials during the past century', Surprise from the Past? The impact of modern discoveries of ancient and medieval texts, 11 – 12 November, 2013, SDU, Odense, Denmark.

Kósa Gábor, 'Possible traces of the Manichaean Book of Giants traditions in the recently identified Chinese Manichaica (the Xiapu manuscripts and the Cosmology painting)', Tales of Giants from Qumran and Turfan: Ancient Contexts, Traditions and Influences, Ludwig-Maximilians-Universtät, Munich, Germany, 6 – 8 June 2014.

Kósa Gábor, 'Who is the King of Honour and What Does He Do? Gleanings from the new Chinese Manichaean sources'. In: Durkin-Meisterernst, Desmond (ed.), Memorial Volume in Honour of Werner Sundermann, Wiesbaden: HarrassowitsVerlag, pp.259 – 272.

Kósa Gábor, 'The Book of Giants Tradition in the Chinese Manichaica'. In: Mattew Goff & Loren T. Stuckenbruck, (eds.), *Tales of Giants from Qumran and Turfan: Ancient Contexts, Traditions and Influences* (Wissenschaftliche Untersuchungerzum Neuen Testament), Tübingen: Mohr Siebeck, pp.145 – 186.

Kósa Gábor, 'Mānī's religious forerunners in a Chinese Manichaean manuscript from Xiapu (Fujian)'. In: Hoppál, K. Bulcús, Ábrahám (eds.), *Theories and Trends in Religion and in the Study of Religion*, Budapest: L'Harmattan, 2015, pp. 87 – 108.

Gherardo Gnoli, '"Aurentes" The Buddhist "arhants" in the Coptic "Kephalaia" through a Bactrian Transmission', *East and West*, 1991, Vol. 41, pp. 359 – 361.

G. Haloun & W. B. Henning, 'The Compendium of the Doctrines and Styles of the Teaching of Mani, the Buddha of Light', *Asia Major*, N. S. 3/2, 1952c, pp. 184 – 212.

W. B. Henning, 'The Sogdian Texts of Paris', *Bulletin of the School of Oriental and African Studies*, 11/4（1946），pp. 713－740.

W. B. Henning, ‘Two Manichæan magical texts with an excursus on the Parthian ending-*ēndēh*’, *Bulletin of the School of Oriental and African Studies*, 12/1(1947), pp. 39－66.

W. B. Henning, ‘A Sogdian Fragment of the Manichaean Cosmogony’, *BSOAS* 12, 1948, pp. 306－318.

Manfred Hutter, Manis Kosmogonische Šābuhragān-Texte, Wiesbaden: Otto Harrasowitz, 1992.

Bernhard Karlgren, *Gramma Serica Recensa*, Stockholm: The Museum of Far Antiquities, 1957.

Ralph Kauz, “Der ‘Moni gong’— ein zweiter manichäischer Tempel in Fujian?”. In: Ronald E. Emmerick, Werner Sundermann & Peter Zieme（eds.）, *Studia Manichaica/IV. Internationaler Kongreß zum Manichäismus, Berlin, 14.－18. Juli 1997*. Berlin: Akademie Verlag, 2000, pp. 334－341.

Hans-Joachim Klimkeit, *Hymnen und Gebete der Religion des Lichts Iranische und türkische liturgische Texte der Manichäer Zentralasiens*, Opladen: Westdeutscher Verlag, 1989.

John Lagerwey, *China: A religious State*, Hong Kong: Hong Kong University Press, 2010.

A. von Le coq, Türkische Manichaica aus Chotscho III, *APAW*, Berlin, 1922.

Samuel N. C. Lieu, *Manichaeism in the later Roman Empire and Medieval China*, Manchester: Mohr Siebeck, 1982.

Samuel N. C. Lieu, *Manichaeism in Central Asia and China*, Leiden/Boston: Brill, 1998.

P. van Lindt, *The names of Manichaean mythological figures. A comparative study on terminology in the Coptic sources*. Wiesbaden: Otto Harrassowitz, 1992.

Ma Xiaohe（马小鹤）, ‘Remains of the Religion of Light in Xiapu County, Fujian Province’,《欧亚学刊》第8辑,中华书局,2007

年,第 81—108 页

Ma Xiaohe & Wang Chuan,'On the Xiapu Ritual Manual Mani the Buddha of Light', *Religions* 2018/9,212（http://www.mdpi. com/2077－1444/9/7/212/pdf）,2018/7,pp.1－39.

Enrico Morano,'Manichaean Middle Iranian incantation texts from Turfan', in: D. Durkin-Meisterernst, S. C. Raschmann, J. Wilkens, M. Yaldiz, Peter Zieme（eds.）, *Turfan Revisited — The first century of research into the arts and cultures of the Silk Road*, Berlin: Dietrich Reimer Verlag, 2004, pp. 221－226.

Moriyasu Takao,'On the Uigur čxšapt ay and the Spreading of Manichaeism into South China', in: R. E. Emmerick et al. （eds.）, *Studia Manichaica. IV. Internationaler Kongreß zum Manichäismus, Berlin, 14.－18. Juli 1997*, Berlin: Akademie-Verlag, 2000, pp. 430－40.

Moriyasu, T. / Y. Yoshida / A. Katayama,'Qara-Balgasun Inscription'. In: Moriyasu T. / A. Ochir（eds.）, 1999, pp. 209－224.

Moriyasu T. & Y. Yoshida,'New edition of the Chinese version of the Karabalgasun In Scription', *Studies on the Inner Asian Languages* 34（2019）, pp.1－59.

S. Murayama,'Eine nestorianische Grabinschrift in türkischer Sprache aus Zaiton', *Ural-altaische Jahrbücher* 35（1964）, S.394－396.

F. W. K. Müller, *Handschriften-Reste in Estrangelo-Schrift aus Turfan, Chinesisch-Turkistan, Teil II*, *APAW*, Abh. II, Berlin: Verlag der König Akademie der Wissenschaften, 1904.

F. W. K. Müller, *Ein Doppelblatt aus einem manichäischen Hymnenbuch（Maḥrnâmag）*, *APAW*, Abh. V, Berlin: Verlag der König Akademie der Wissenschaften, 1912.

Antonio Panaino,'Strategies of Manichaean Religious Propaganda'. In: D. Durkin-Meisterernst et al.（eds.）, *Turfanrevisited*. Berlin: Reimer Verlag, 2004, pp. 249－255.

Paul Pelliot,'Les traditions manichéennes au Fou-kien', *T'oung pao*,

2^{iem}ser, Vol. 22, No. 3(1923), pp. 193 – 208.

Paul Pelliot, *Notes on Marco Polo*, Vol. 1. Paris: Adrien Maisonneuve, 1959.

H. J. Polotsky & A. Böhlig (Hrsg.), *Kephalaia* I, *Manichäischen Handschriften der Staatlichen Museen Berlin* 1, Stuttgart: Kohlhammer Verlag, 1940.

Christiane Reck, Gesegnet sei dieser Tag. Manichäische Festtaghymnen, Turnhout Brepols, 2004.

Christianan Reck, Berliner Turfanfragmente manichäischen Inhalts in soghdischer Schrift, Stuttgart: Franz Steiner, 2006.

P. Y. Saeki, *The Nestorian documents and relics in China*, Tokyo: The Toho Bunkwa Gakuin, 1951.

H. H. Schaeder, ' Der Manichäismus nach neuen Funden und Forschungen', *Morgenland: Darstellungen aus Geschichte und Kultur des Ostens* 28, 1936, S. 80 – 109.

Chr. Reck & W. Sundermann, ' Ein illustrierter mittelpersischer manichäischer Omen – Text aus Turfan [M 556]', *Zentralasiatische Studien*, Band 27, 1997, pp. 7 – 23.

Martin Schwartz, ' Qumran, Turfan, Arabic magic, and Noah's name', *Res Orientales* 14 (Charmes et sortilèges) 2002, pp. 231 – 238.

Thomas Thilo, ' Einige Bemerkungen zu zwei chinesisch-manchäischen Textfragmenten der Berliner Turfan-Sammlung'. In: H. Klengel und W. Sundermann ed., *Agypten-Vorderasien-Turfan*, Berlin: De Gruyter, 1991, S.161 – 170.

N. Sims-Williams & J. Hamilton, *Documens turco-sogdiens du IXe-Xe siècle de Touen-houang*, London: School of Oriental and African Studies, 1990.

Werner Sundermann, ' Namen von Göttern, Dämonen und Menschen in iranischen Versionen des manichäischen Mythos', *Altorientalische Forschungen*, 1979/6, S. 95 – 134.

Werner Sundermann, 'Cosmogony and cosmology in Manicheism', *EncyclopædiaIranica*, Vol. VI, 1991, pp. 310 – 315.

Werner Sundermann, 'Christ in Manichaeism', *EncyclopædiaIranica*, Vol. V, 1991, p. 537b.

Werner Sundermann, 'Iranian Manichaean Texts in Chinese Remake: Translation and Transformation'. In: Alfredo Cadonna — Lionello Lanciotti (eds.), *Cina e Iran. Da Alessandro Magno alla Dinastia Tang*. Firenze: Olschki, 1996, pp. 103 – 119.

Takahashi Hidemi, 'Representation of the Syriac language in Jingjiao and Yelikewen documents'. In: Samuel N. C. Lieu & Glen Thompsen (eds.), *The Church of the East in Central Asia and China*, Turnhout: Brepols, 2020, pp. 23 – 92.

Étienne de la Vaissière, 'Mani en Chine au vesiècle', *Journal Asiatique* 293 (2005), pp. 357 – 78.

A. V. Tongerloo & S. Giverson (eds.), *Manichaica Selecta, Studies presented to Professor Julien Ries on the Occasion of his seventieth birthday*, Louvain-Lund: International Association of Manichaean Studies-Center of the History of Religions, 1991.

E. Waldschmidt & W. Lentz, *Die Stellung Jesu im Manichäismus*, *APAW*, Berlin, 1926.

Wang Ding, 'Tablecloth and the Chinese Manichaean hymn *Shoushidanji* 收食單偈',《東方學研究論集》,京都:临川书店,2014 年,第 127—142 页。

Jens Wilkens, *Alttürkische Handschriften Teil 8. Manichäisch-Türkische Texte der Berliner Turfansammlung*, *VOHD*, Stuttgart: Franz Steiner Verlag, 2000.

Yoshida Yutaka, 'Manichaean Aramaic in the Chinese Hymnscroll', *Bulletin of the School of Oriental and African Studies*, 46, 1983, pp. 326 – 331.

Yoshida Yutaka, 'Xiapu 霞浦 Manichaean text *Sijizan* 四寂赞 "Praise of the four calmness" and its Parthian original'. In: Durkin-

Meisterernst, Desmond (ed.), Memorial Volume in Honour of Werner Sundermann. Wiesbaden：Otto Harrassowitz Verlag, 2017, pp. 719－736. 中译本见马小鹤《霞浦摩尼教文书〈四寂赞〉及其安息语原本》,《国际汉学研究通讯》第 9 期,北京大学出版社,2014 年,第 103—121 页。

Yoshida Yutaka, 'Relationship between Sogdian and Turfan during the 10th－11th centuries as reflected in Manichaean Sogdian texts'. In：Li Xiao (ed.), Journal of the Silk Roads Studies 丝绸之路研究 2017：1, pp.113－125. 吉田豊:《粟特语摩尼教文献中所见 10 至 11 世纪粟特与高昌的关系》,《中山大学学报》(社会科学版)2017 年第 5 期,第 104—115 页。

Yoshida Yutaka, 'Middle Iranian terms in the Xiapu Chinese texts. Four aspects of the Father of Greatness in Parthian'. In：Samuel N. C. Lieu & Erica Hunter & Enrico Morano & Nils Arne Pederson (eds.), Manichaeism East and West, Turnhout：Brepols, pp. 249－256.

Peter Zieme, 'Review on：*Drevnetjurkskij slovar'* by V. M. Nadeljaev, D. M. Nasilov, Ė. R. Tenišev, A. M. Ščerbak', *Central Asiatic Journal*, 1970, vol. 14, pp. 228－236.

Peter Zieme, 'Ein Uigurische Text über die Wirtschaft manichäischer Klöster im Uigurischen Reich'. In：L. Ligeti (ed.), *Researches in Altaic Languages*, Budapest Akadémiai Kiadó, 1975, pp. 331－338.

Peter Zieme, 'Ein Uigurischer Text über die Wirtschaft Manichäischer Klöster im Drogenbuch der türkischen Manichäer', in：P. Bryder (ed.), *Manichaean Studies*, Lund：Plus Ultra, 1988, pp. 221－228.

Peter Zieme, 'Alttürkische Fragmente über den Regenstein', Appendix to：ÁdámMolnár, *Weather-magic in InnerAsia*. Bloomington：Indiana University Research Institute for Inner Asian Studies, 1994, pp. 147－151.

Peter Zieme, ' Alttürkische Parallelen zu den Drei Cantos über die Preisung der Lichtgesandten '. In: Jens Peter Laut & Klaus Röhrborn (Hrsg.), Fragen zur Übersetzung von manichäischen Texten, Berlin: De Grugter, 2014, S. 199 – 221.

Peter Zieme, *Altuigurische Texte der Kirche des Ostens aus Zentralasien*, Piscataway: Gorgias Press, 2015.

附录一 《祷雨疏》图版

注：1. 写本首尾粘连，页残，故第 1 页与第 72 页合为一图。

2. 图版排列方式按写本书写方向自右向左排列。

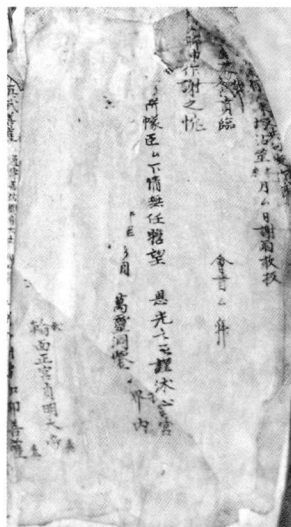

1/72

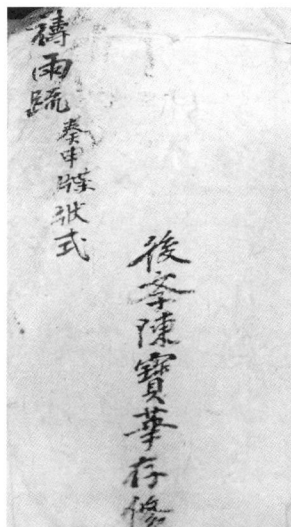

封面

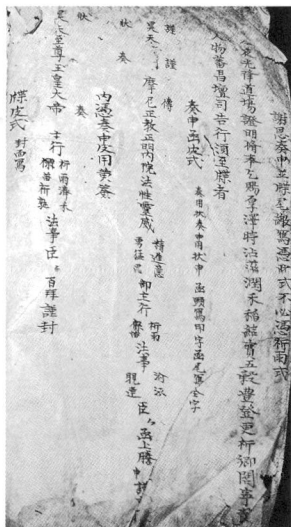

3

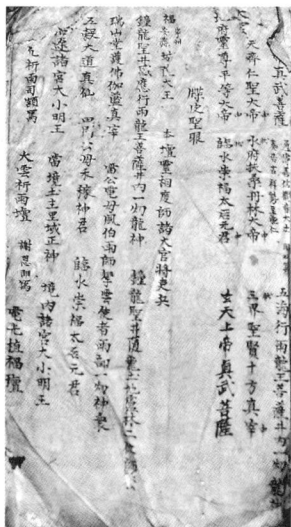

2

5

4

7

6

9

8

11

10

13

12

15

14

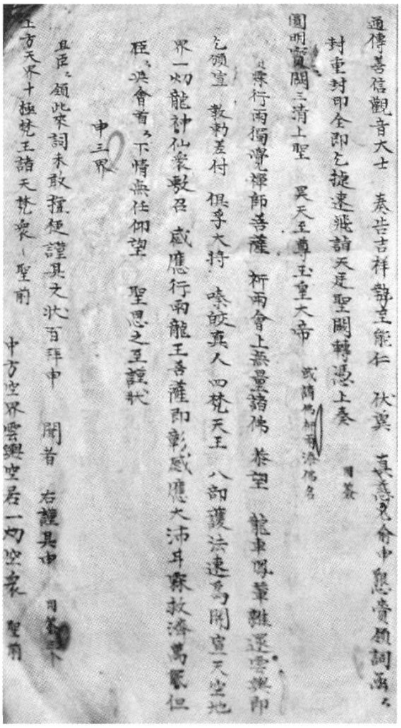
通傳善信觀音大士　奏告吉祥静主能仁　伏冀　真慈允俞中懇賫顧詞函々
封重封印全即乞捷速飛詣天廷聖闕轉達上奏
圓明寶闕三清上聖　昊天至尊玉皇大帝　或請揭帝有濟佛名　同叠
又乘行雨獨覺禪師菩薩　祈雨會上無量諸佛　恭望　龍車鳳輦　遲雲與即
乞頒宣　敕勅差付　俱予大持　咾詭真人四梵天王　八部護法速為開宣天空地
界一切龍神仙衆敕召　威應行雨龍王菩薩即彰威應大沛甘霖救濟萬民但
臣々無會有々下情無任仰望　聖恩之至謹狀
中三界
且臣々領此來詞未敢擅便謹具之狀百拜申　聞者　右謹具申　同叠下
上方天界十極梵王諸天梵衆々聖前　中方空界雲與空君一切空衆　聖前

16

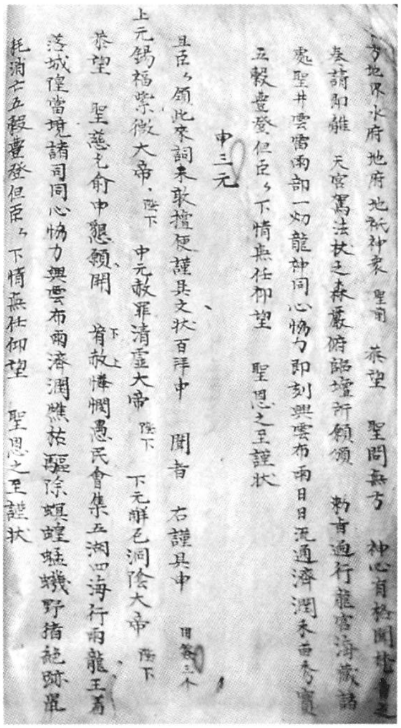
一方地界水府地府地祇神衆　聖前　恭望　聖聞無方　神心有格聞檀會之
奏請即離　天宮駕法杖之森嚴俯臨壇祈願領　勅旨通行龍宮海藏諸
處聖井雲雷雨部一切龍神同心協力即刻興雲布雨日日流通濟潤禾苗秀實
五穀豐登但臣々下情無任仰望　聖恩之至謹狀
中三元
且臣々領此來詞未敢擅便謹具之狀百拜申　聞者　右謹具申　同叠三个
上元錫福紫微大帝　陛下　中元赦罪清虛大帝　陛下　下元解厄洞陰大帝　陛下
恭望　聖慈允俞中懇俯開　宥赦憐憫愚民會集五湖四海行雨龍王着
落城隍當境諸司同心協力興雲布雨濟潤燋枯驅除螟蝗蟊蟣野猪絕跡鼠
耗消亡五穀豐登但臣々下情無任仰望　聖恩之至謹狀

17

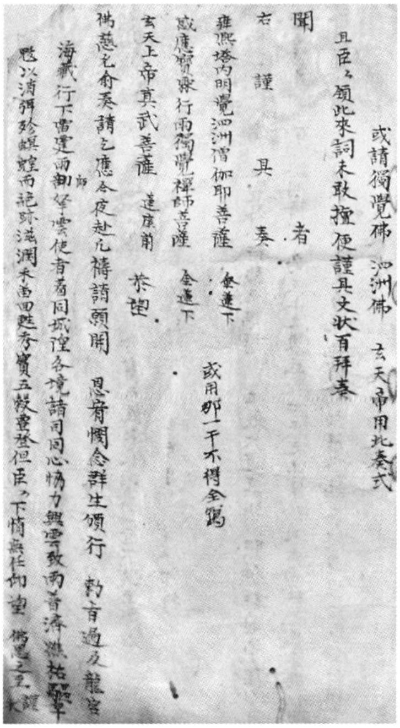
或請獨覺佛　泗洲佛　玄天帝用此奏式
且臣々領此來詞未敢擅便謹具文狀百拜奏
聞　者
右　謹　具　奏
雍熙塔內明覺泗洲僧伽耶菩薩　金蓮下
威應寶衆行雨獨覺禪師菩薩　金蓮下
或用那一千不得全寫
玄天上帝真武菩薩　蓮座前　恭望
佛慈允俞奏請乞應今夜赴允禱請願開　恩宥憫念群生頒行　勅旨遍及龍宮
海藏行下雷霆雨御部雲使者着同城隍各境諸司同心協力興雲致雨普濟燋枯驅旱
以消弭殄螟蝗而絕跡滋潤禾苗四野秀實五穀豐登但臣々下情無任仰望　佛恩之至謹狀

18

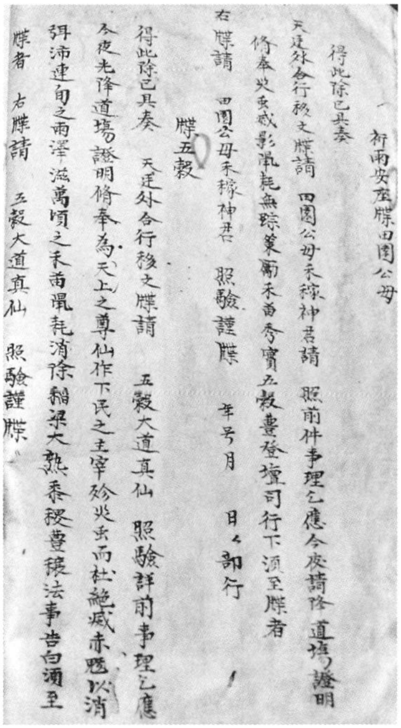
祈雨安座牒田園公母
得此除已具奏
天廷外合行移之牒請　田園公母禾稼神君請　照前件事理乞應今夜請降　道場證明
脩奉災虫滅影鼠耗無踪棄蔡禾苗秀實五穀豐登壇司行下須至牒者
右牒請　田園公母禾稼神君　照驗謹牒　年号月　日々部行
牒五穀
得此除已具奏　天廷外合行移之牒請　五穀大道真仙　照驗詳前事理乞應
今夜光降道場證明脩奉為天上之尊仙作下民之主宰殄災虫而杜絕戕赤賊以消
弭沛連旬之雨澤滋萬頃之禾苗鼠耗消除稻梁大熟黍稷豐穰法事告白須至
牒者　右牒請　五穀大道真仙　照驗謹牒

19

21

20

23

22

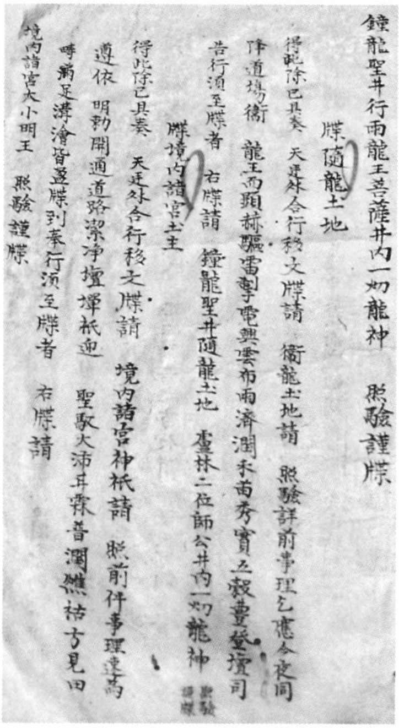

25

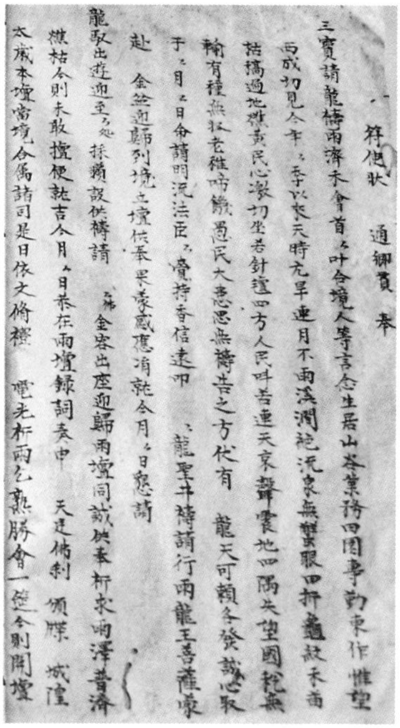

24

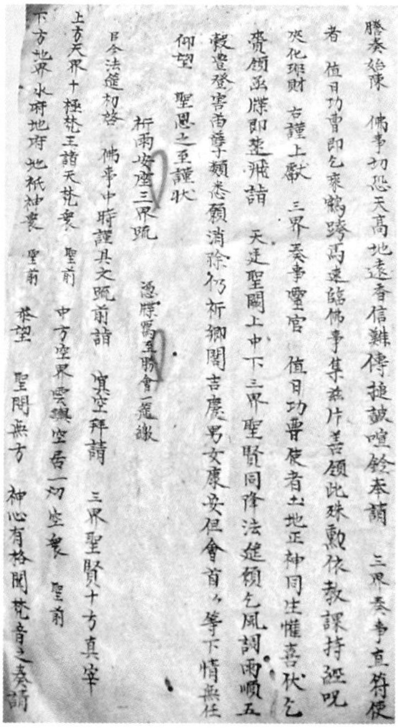

27

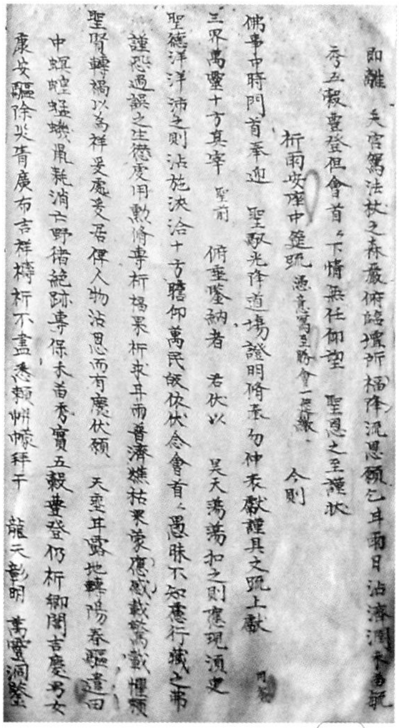

26

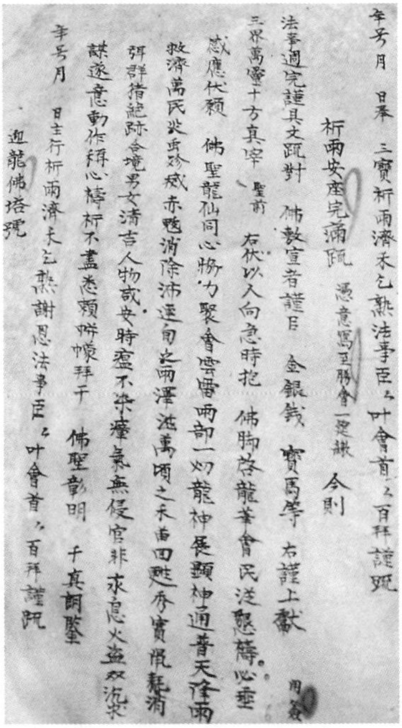

28

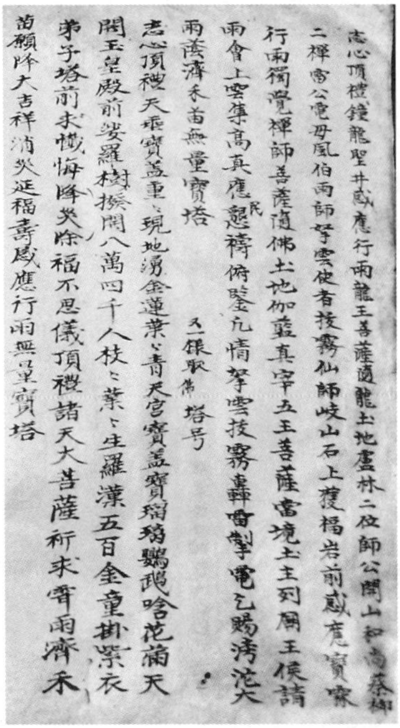

29

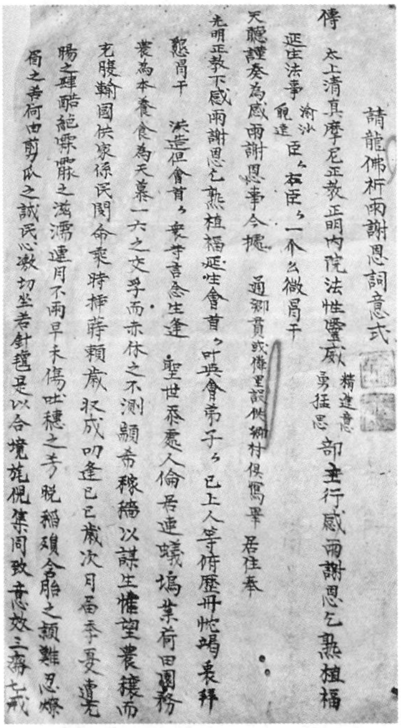

30

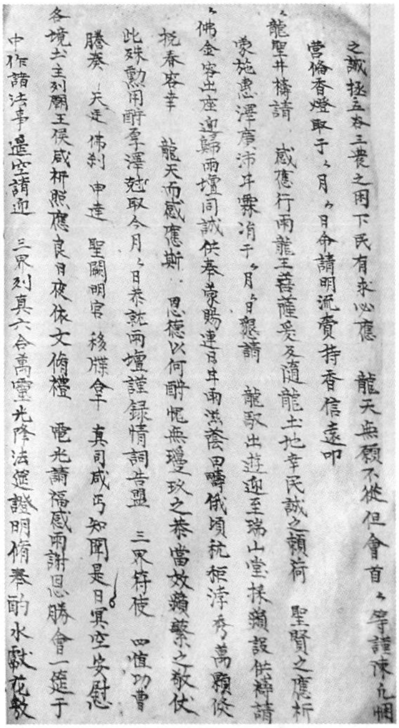

31

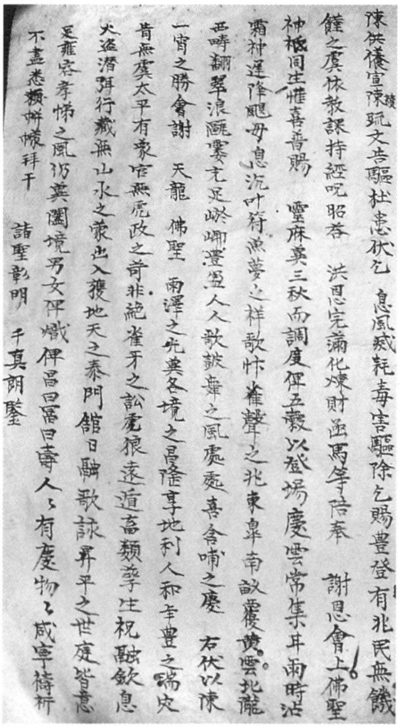

陳供養宣陳疏文告驅杜恙伏乞　息風滅耗毒害驅除乞賜豐登有兆民無饑
饉之虞依教課持經呪昭奉　洪恩完滿化煉財函禹等陪奉　謝恩會上佛聖
神祇同生懽喜普賜　靈麻異三秋而調度俾五穀以登場慶雲常集井雨時沾
霜神運降飄母息沉叶符魚夢之祥歌忭雀聲之兆東皐南畝畢慶黃雲兆龍
西疇翻翠浪飄零乞延崧卿豐盈人人歡謳舞之風處處喜含哺之慶　右伏以陳
一宵之勝會謝　天龍　佛聖　雨澤之先冀各境之昌隆享地利人和年豐之瑞決
背無虞太平有象官無虎政之苛非絕雀牙之訟虎狼遠遁畜類孳生祝融飲息
火盜潛蹤行藏無山水之蒙出入獲地天之泰門館日融歌詠昇平之世庭皆意
足雍容孝悌之風仍冀闔境男女俾熾俾昌曰富曰壽人人有慶物物咸亨禱祈
不盡悉類拼懆拜干　諸聖彰明　千真朗鑒

32

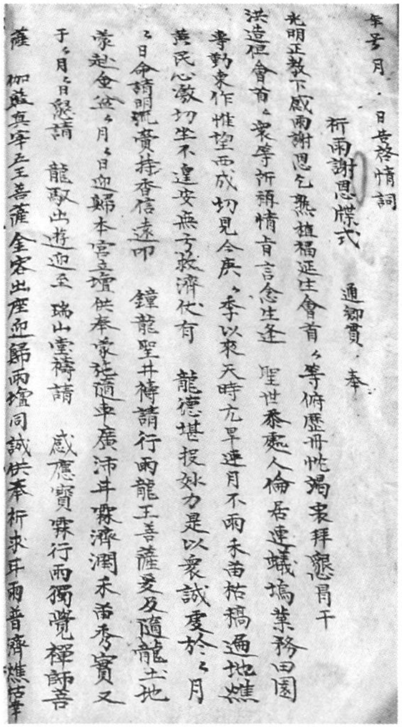

年号月　日告啓情詞
祈雨謝恩牒式　通知貫　奉
光明正教下感雨謝恩乞熟植福延生會首々等俯瀝丹忱竭衷拜懇冒干
洪造但會首々眾等祈禱情旨言念生逢　聖世泰處人倫居蓮蟻塢業務田園
孝勤東作惟望西成切見今庚々季以來天時亢旱連月不雨禾苗枯槁遍地燋
黃民心激切坐不遑安無方救濟伏有　龍德堪報效力是以眾誠處於々月
々日命請明疏賫持香信遠叩　鐘龍聖井禱請行雨龍王菩薩並及隨龍土地
參赴金盆々月々日迎歸本宮壇供奉蒙施遍車廣沛井霖濟潤禾苗秀實又
于々月々日懇請　龍駕出遊迎至瑞山壇禱請　感應寶霖行雨獨覺禪師菩
薩　伽藍真宰王菩薩全容出座迎歸雨壇同誠供奉祈求井雨普濟燋枯

33

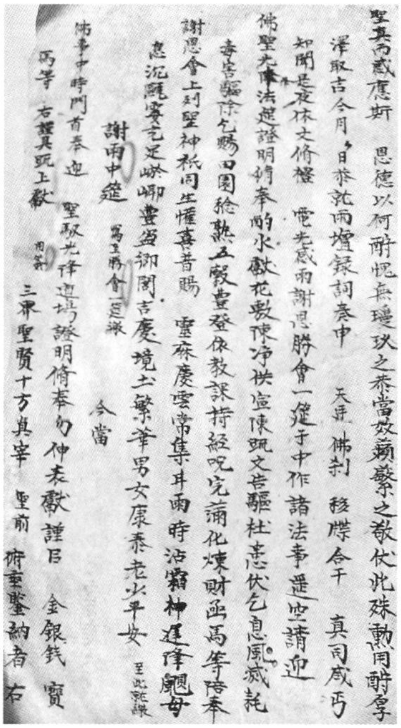

聖真而感應斯　恩德以何酬愧無瓊玖之恭當效蘋蘩之敬伏此殊勳同酬厚
澤取吉今月々日恭就雨壇録詞奏申　天庭　佛刹　移牒合干　真司咸丐
知聞是夜依文脩醮　電光感雨謝恩勝會一筵于中作　諸法事遥空請迎
佛聖光降法筵證明脩奉酌水獻花敷陳淨供宣陳疏文告驅杜恙伏乞息風滅耗
毒害驅除乞賜田園稔熟五穀豐登依教課持經呪完滿化煉財函禹等陪奉
謝恩會上列聖神祇同生懽喜普賜　靈麻慶雲常集井雨時沾霜神運降飄母
息沉飄寒乞延崧卿豐盈御閣吉慶境土繁華男女康泰老少平安　至此疏讀
謝雨中筵　寫五朝會一筵疏　今當
佛事中時門首奉迎　聖駕光降道場證明脩奉勿伸表獻謹召　金銀錢　寶
禹等　右謹具疏上獻　同前　三界聖賢十方真宰　聖前　俯垂鑒納者　右

34

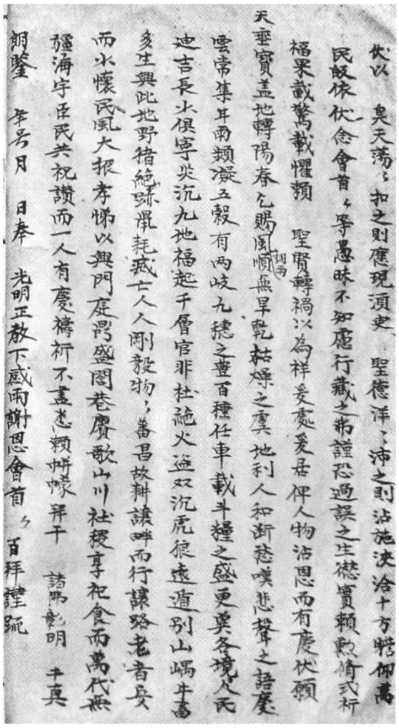

伏以　昊天蕩々扣之則應現須史　聖德洋々沛之則沾施浹洽十方特仰萬
民敢依伏念會首々等愚昧不知處行藏之術謹恐過誤之生愆實賴欽脩式祈
福果感戴驚載懼類　聖賢轉禍以為祥爰處爰居俾人物沾恩而有慶伏願
天垂寶蓋地轉陽春乞賜風順雨調無旱乾枯燥之虞地利人和斷愁嘆悲聲之語慶
雲常集井雨頻凝五穀有兩岐九穗之豐百種任車載斗糧之盛更冀各境人民
迪吉長少俱寧災沉九地福起千層官非杜絕火盜双沉虎狼遠遁別山嶋牛畜
多生興此地野豬絕跡鼠耗滅亡人人剛毅物物蕃昌故耕讓畔而行讓路老者安
而少懷民風大振孝悌以興門庭昌盛閭巷賡歌山川社稷享祀食而萬代無
疆海宇臣民共祝讚而一人有慶禱祈不盡悉類拼懆拜干　諸佛彰明　千真
朗鑒　年号月　日奉　光明正教下感雨謝恩會首々　百拜謹疏

35

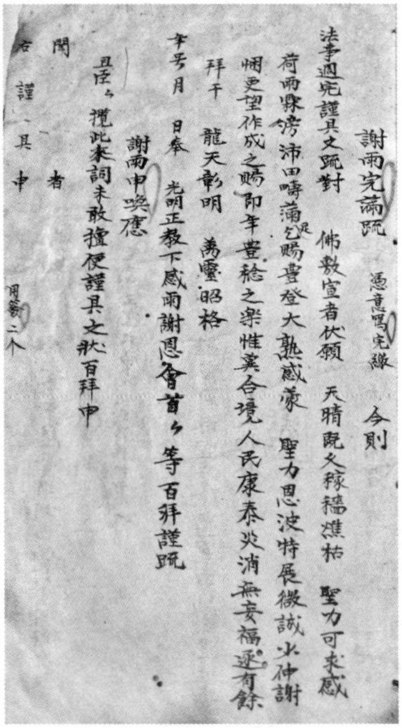

37

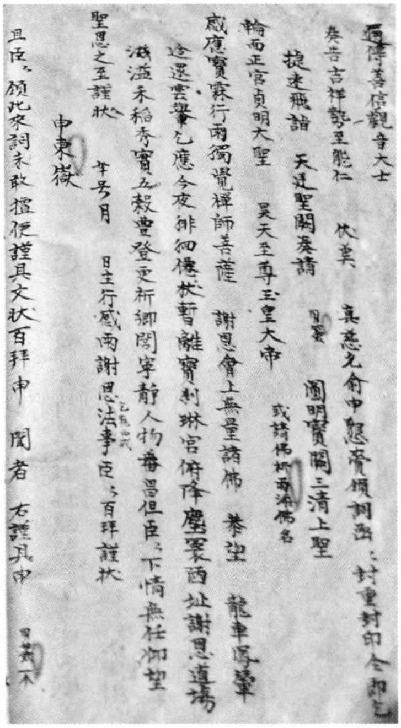

36

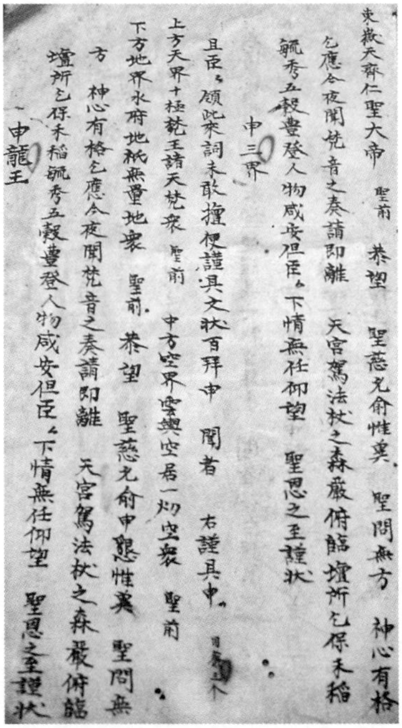

39

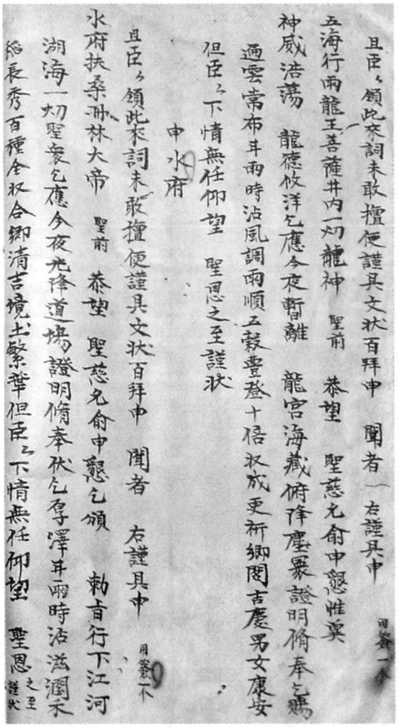

38

奏昊天

且臣〻頗此來詞未敢擅便謹具文狀百拜奏

昊天至尊玉皇大帝 玉陛下 恭望

上中下三界 東徽天帝 水府龍宮乞應今夜光降道塲證明俯奉乞

聖恩之至謹狀

賜風調雨順禾稻秀實五穀豐登令御清吉人物咸安俾臣〻下情無任仰望

奏三清

且臣〻頗柴詞末〻

太上教主摩尼光佛 金蓮下 恭望

耳甦活命慈数和佛 金蓮下 恭望

〻〻〻便謹具文狀百拜奏 聞者 右謹具奏

神通祚福電光王佛

聖慈兄俞奏懇特頒

明勅通〻上

40

中下三界 永府河源行下城隍當境 誥司請降法筵領此珠數乞賜雨澤時

沿禾稻秀實十倍令收境上蕃華人民康泰俾臣〻下情無任仰望

聖恩之至謹狀

奏貞明

且臣〻頗此來詞未敢擅便謹具文狀百拜奏

敕庭前〻 恭望

聖慈兄俞奏懇特頒

明勅行下

輪而正宮貞明大聖 聞者 右謹具奏

本境護法官特吏〻〻着落城隍當境甫净壇塲奏迚

證明俯奉流恩賜福伏乞今年雨時沾稻梁豐穰萬倍全收御閣寧靜境土

咸安俾臣〻下情無任仰望

聖恩之至謹狀

咸請 獨覺佛 泗洲神 玄天帝 祈雨同奏

41

右 謹 其 奏

聞

且臣〻頗此來詞未敢擅便謹具文狀百拜奏

飛飄塔內明覺泗洲僧伽卿菩薩 道座前 恭望

感應寶際行雨獨覺禪師善薩 金蓮下

玄天上帝真武善薩 道座前 恭望

佛慈兄俞奏懇應今夜光降道塲證明俯奉乞賜慶豐常集年雨時沾禾

稻秀實五穀豐登俾臣〻下情無任仰望

佛恩之至謹狀

謝雨進狀 飯奉

或用邪〻干不得金爲

42

光明正敎下感雨謝恩會首〻等消吉今月〻日命伶崇連

電光謝雨道塲今當完滿謹日

金銀錢

龍車等

右謹上進

以開伏惟

客納謹狀 〻

辛号月 〻 日飯奉

謝雨飯狀 〻奉

先明正敎下感雨謝恩會首〻等消吉今月〻日命伶崇連

光明正敎下感雨謝恩會首〻等消吉今月〻日命伶崇連

先明正敎下感雨謝恩會首〻 百拜謹狀

43

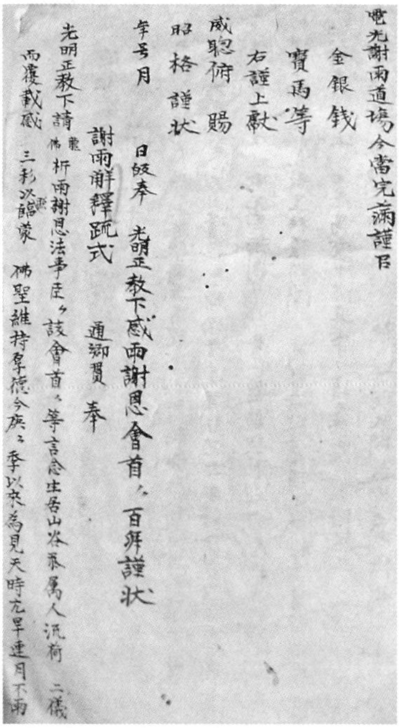

44

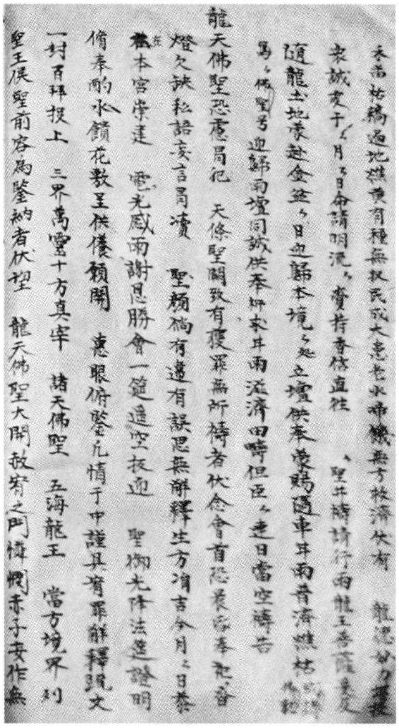

45

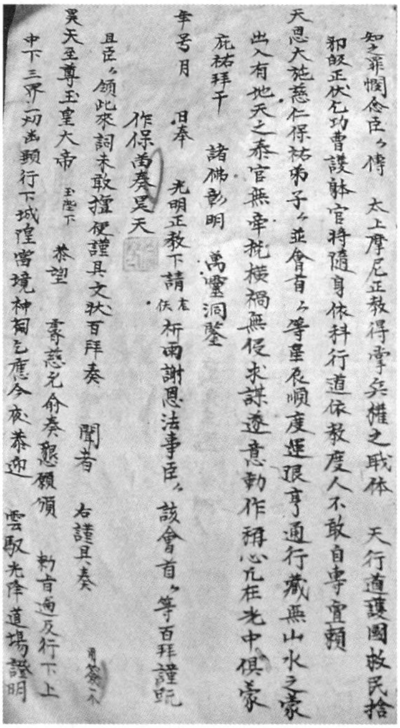

46

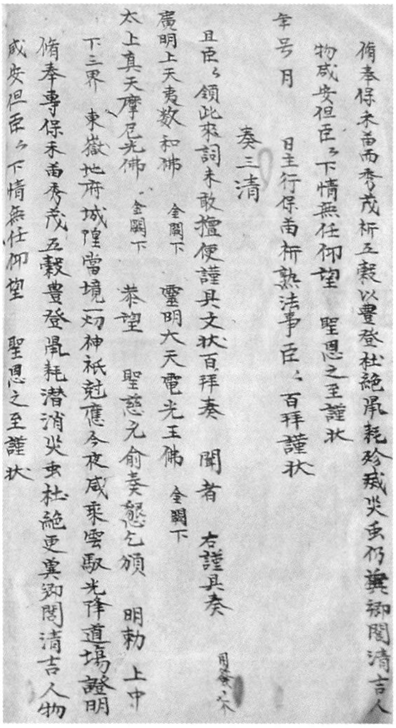

47

48

中東嶽

且臣々領此來詞未敢擅便謹具文狀百拜申　閣者　右謹其申

通情善信觀音大士

詞函々封重封印全即ㄠ飛詣　天迋聖閣奏請

臣々下情無任仰望　聖恩之至謹狀

申映應

東嶽天尊仁聖大帝

恭望　聖慈允俞申懇乞頒　明勒遍及地府水漬田

河源着令城隍境田閭公母護神君赴應今夜先律法會々遣田

中鼠耗潛消毒虫杜絕禾苗長秀五穀豐登人民康泰各頼康亭但

49

圓明寶閣三聖上聖　吳天玉皇玉大帝　保滿會上無量諸佛　恭望

龍車鳳輦赴應今夜徘徊偃枕造靈雲輦斬離　寶刹琳宫光作道場證明

俯奉珍毒而求絕戒鼠耗以潛消度見禾苗長秀丰豐歲慈人民安

奉頼賜康亭但臣々下情無任仰望　聖恩之至謹狀

保滿完蒲疏尾鈔式

法事週完謹具文疏對　佛教宜者伏領　治本於震務洪稼穡禾苗長秀而

萬拜不生鳳調和而早魅無震交虫戒息鼠耗消除仰望　聖德以豐

佛恩而降福保禾苗而壇秀五穀以豐登拜干　佛聖彰明

年号月　　日奉　光明正教下保禾祈熟會首々等百拜謹疏

保禾請聖疏　照順寫鬻熾

巳今

50

法莚初啟　佛事中時謹具文疏前詣　賓空拜請　三界聖賢十方真宰

上方天界帝釋梵玉諸天梵象　聖前　中方空界龍天八部河冰萬靈

下方地界水府弥羅地祇神象　聖前　恭望　聖慈允俞奉請　伏願

聖德巍々神威赫々開沈音之奏請即離　天宫駕法狀之森嚴俯臨

壇所保禾苗長秀五穀以豐登交虫息鼠耗消除更祈絪閣

吉慶男女康亭但會首弟子々等下情無任仰望　聖恩之至謹疏

年号月　　日奉　光明正教下保禾祈熟會首々等百拜謹疏

保禾符使狀　遞牒寫至勝會㐲繼

喧鈴奏請　三界真符使者即使矢鶴路々焉速臨　佛事集至孟卉善頌

51

此牒敷依教諭諦誦真言　課持經呪　灰化燼財　右謹上獻

三界符使　四直功曹同生懽喜乞賜寶領函牒即乞捷速飛請　上中下三界

奏請　聖賢魅應今夜諦請道場證明俯奉頼乞禾苗長秀官非杜絕火盗沈

豐登螟蜮斬息鼠耗潛消更莫叟兼男女康亭官非杜絕火盗沈

埋定沈九地福起干屑但弟子々下情無任仰望　思光之至謹狀

年号月　　日奉　光明正教下保禾祈熟會首々等百拜謹狀

光明正教下請　佛焚祈雨溝未乞熟會首々叶興會衆等鵑東拜懇深恩感

洪造佳々等所耕情肯言念生達　聖世秦處人倫家　天地盖載深恩藏

航宇德何　神明雜持之力益吾鄉壤身務開兼一六之交享而昧咻之不測頓希

245

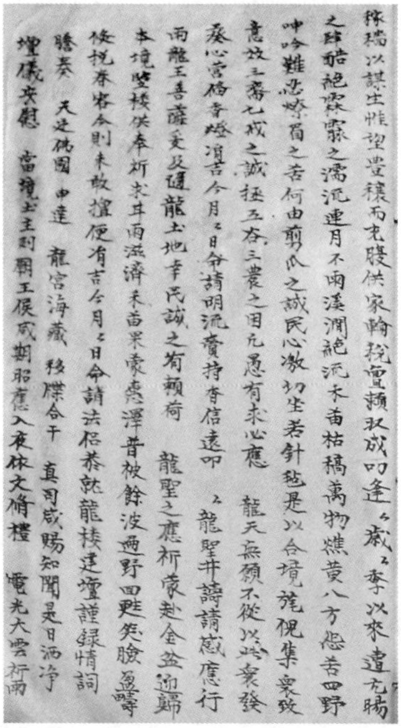

52

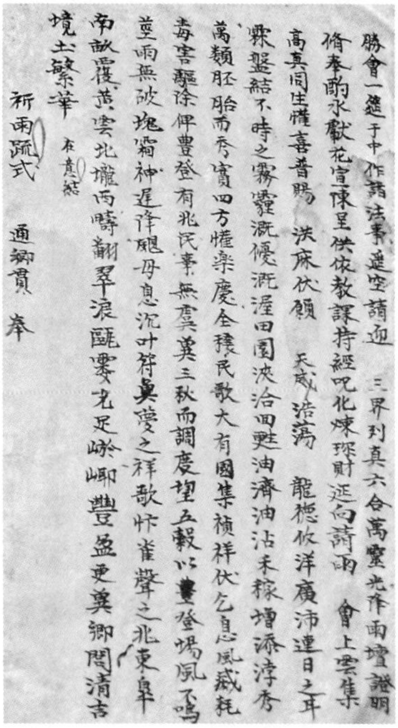

53

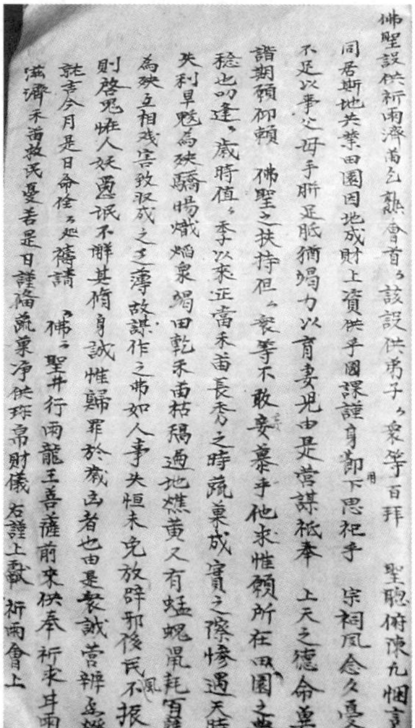

54

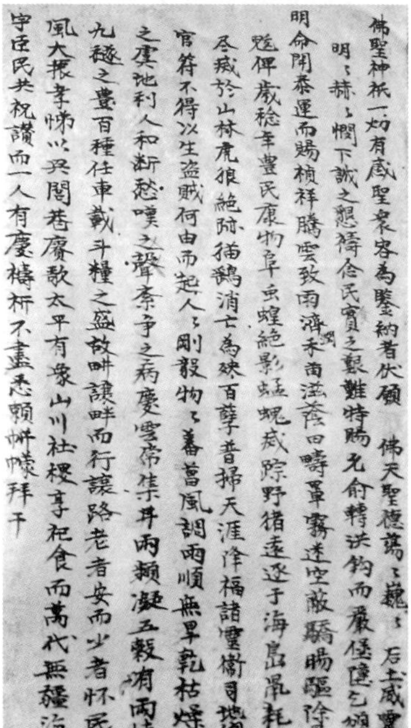

55

57

56

59

58

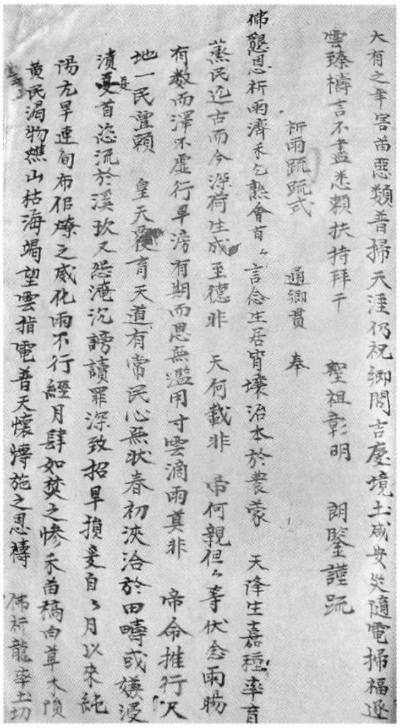

60

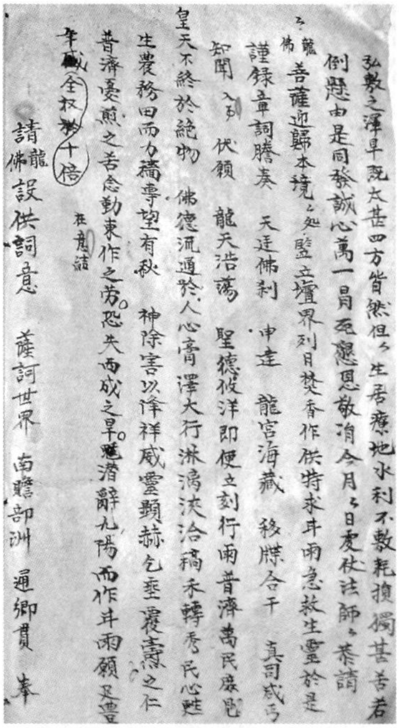

61

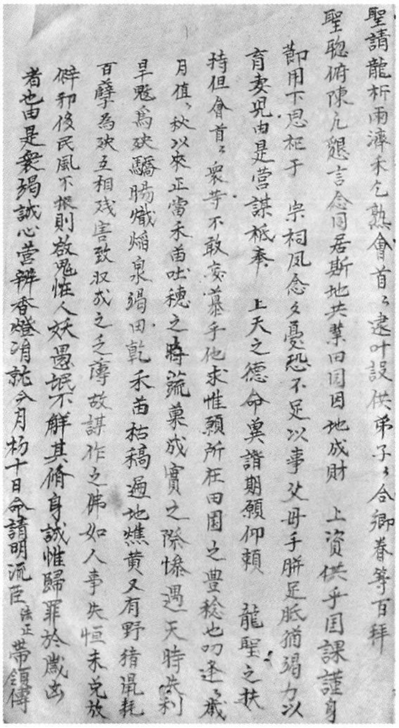

62

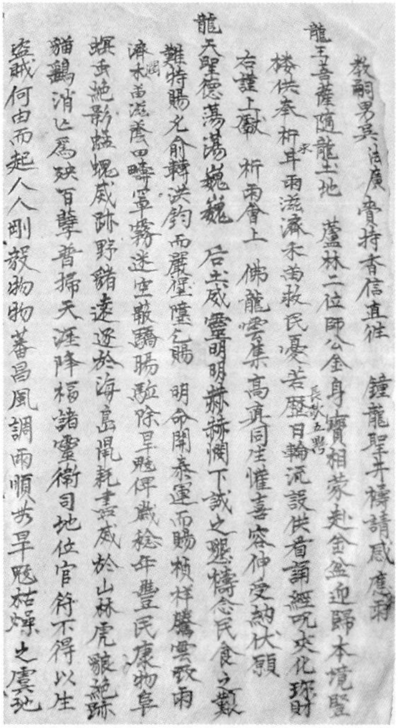

63

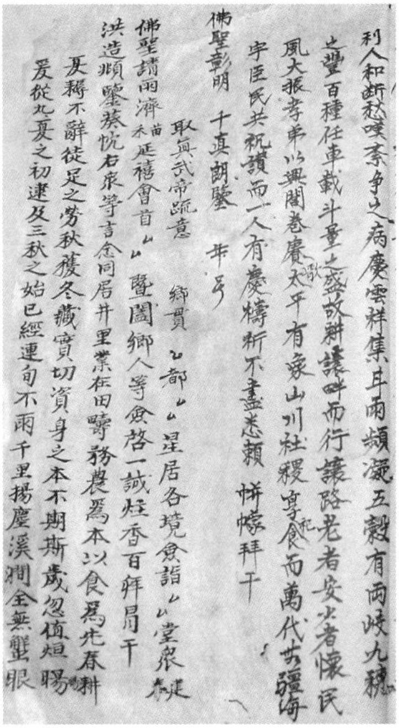
利人和斷愁嘆紊爭之病慶雲祥集甘雨頻凝五穀有兩岐九穗
之豐百種任車載斗量之盛故耕讓畔而行讓路老者安少者懷民
風大振孝弟以興閭巷賡歌太平有象山川社稷享祀食而萬代芳疆海
宇臣民共祝讃而一人有慶禱祈不盡悉賴 惟懷拜干
佛聖彰明 千真朗鑒 年号
取真武帝疏意 御貫 ㄙ都 ㄙ星居各境僉詣 ㄙ堂衆 ㄙ建
佛聖請雨濟苗禾延禧會首ㄙ 暨闔鄉人等僉啓一誠炷香百拜肩干
洪造賜鑒葵忱右衆等言念同居井里業在田疇務農爲本以食爲先春耕
夏耨不辭徒足之勞秋穫冬藏實切資身之本不期斯歲忽值炬暘
爰從九夏之初逮及三秋之始已經連旬不雨千里揚塵溪澗全無蟹眼

64

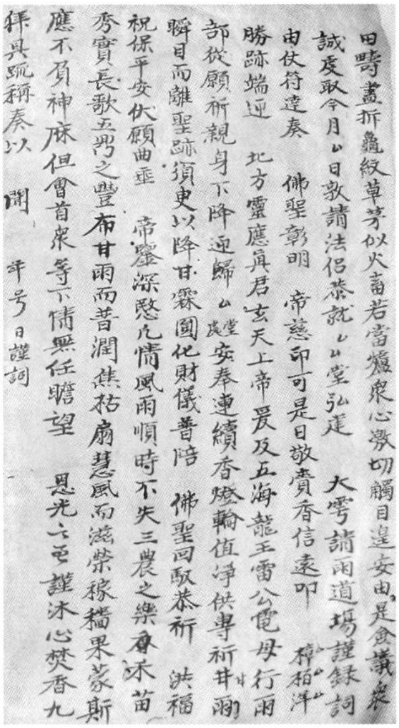
田疇畫拆龜紋草芽似火畜若當饑衆心激切觸目遑安由是僉議衆
誠爰取今月ㄙ日敦請法侶恭就ㄙ堂弘建 大雩請雨道場謹錄詞
由伏符達奏 佛聖彰明 帝慈印可是日敬賫香信遠叩 梓栢洋
勝跡端迎 北方靈應真君玄天上帝爰及五海龍王雷公電母行雨
部從願祈親身下降迎歸ㄙ堂安奉連續香燈輪值淨供專祈甘雨
瞬目而雖聖跡須臾以降甘霖國化財儀普陪 佛聖同馭恭祈 洪福
祝保平安伏願曲垂 帝鑒深愍凡情風雨順時不失三農之樂春沐苗
秀實長歌五門之豐布甘雨而普潤蕉枯扇慧風而滋榮稼穡果蒙斯
應不負神庥但曾首衆等下情無任瞻望 恩光之至謹沐心焚香九
拜具疏稱奏以 聞 年号日謹詞

65

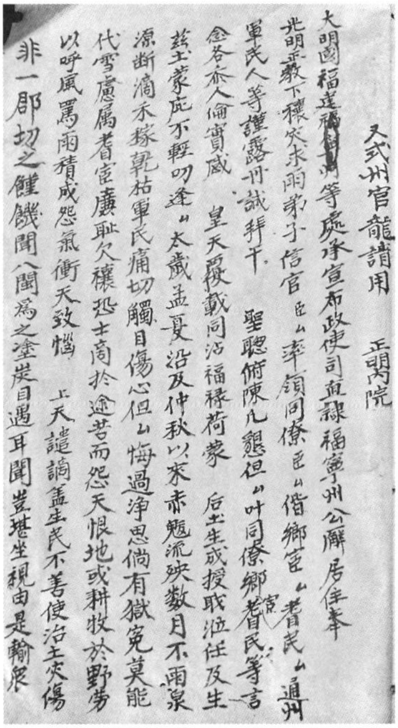
又式州官龍請用 正明院
大明國福建[illegible]州等處承宣布政使司直隸福寧州公廨居住奉
光明君下禳災求雨弟子信官臣ㄙ率領同僚臣ㄙ偕鄉宦ㄙ耆民ㄙ通州
軍民人等謹露丹誠拜干 聖聰俯陳凡悃但ㄙ叨同僚鄉宦耆民等言
僉吝ㄙ人倫實感 皇天覆載同沾福祿荷蒙 后土生成授職蒞任及生
茲土蒙庇不輕叨逢ㄙ太歲孟夏沿及仲秋以來赤魃流殃數月不雨泉
源斷滴禾稼乾枯軍民痛切觸目傷心但ㄙ悔過淨思倘有獄冤莫能
代雪虞屬耆宦廉恥欠禳恐士商於途苦而怨天恨地或耕牧於野勞
以呼風罵雨積成怨氣衝天致惱 上天譴謫蓋生民不善使治土災傷
非一郡切之饑饉聞八閩爲之塗炭目遇耳聞豈堪坐視由是輸衆

66

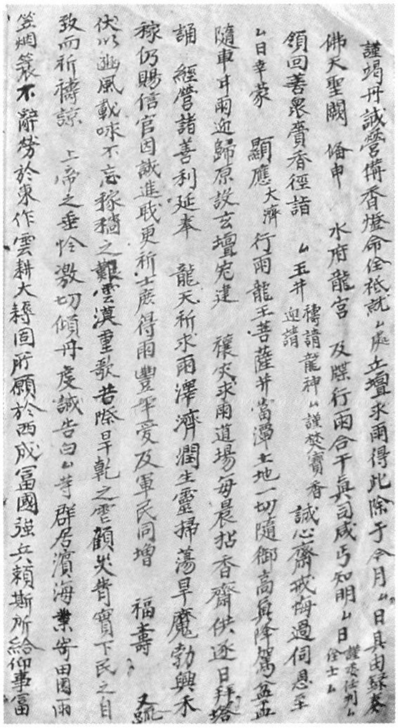
謹竭丹誠營備香燈命住祇就ㄙ處土壇求雨得兆除于今月ㄙ日具由錄奏
佛天聖闕 備申 水府龍宮 及牒行雨合干真司咸丐知明ㄙ日
領回善衆賫香徑詣 ㄙ玉井禱請迎請龍神ㄙ謹焚寶香 誠心齋戒悔過伺恩至
ㄙ日辛蒙 顯應大濟 行雨龍王菩薩并當境土地一切隨御高真降駕寓在
隨車甘雨迎歸原設玄壇宪建 禳災求雨道場每晨拈香齋供逐日拜瑤
誦經營諸善利延奉 龍天祈求雨澤濟潤生靈掃蕩旱魔勃興禾
稼仍賜信官因誠進職吏祈ㄙ處得雨豐年爰及軍民同增 福壽 又疏
伏以幽風載咏不忘稼穡之艱雲漢聖歌苦際旱乾之虐顧災眚實下民之自
致而祈禱諒 上帝之垂憐激切傾丹虔誠告白ㄙ等群居濱海業守田園雨
笠炯蓑不辭勞於東作雲耕大穫固所願於西成富國強兵賴斯所給仰事當

67

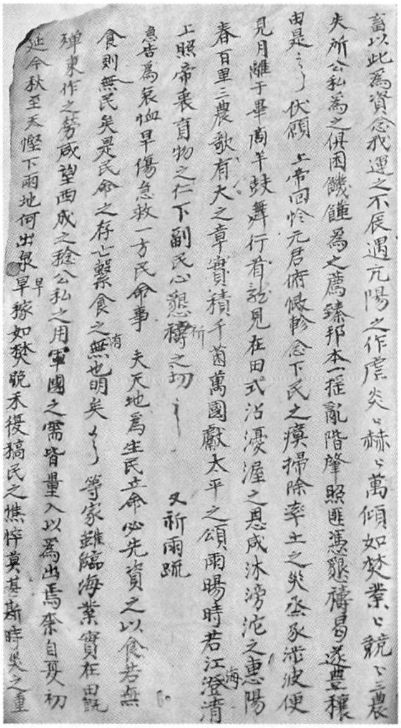

68

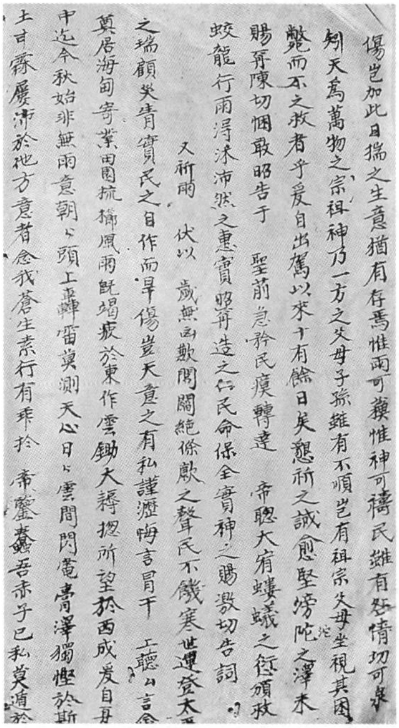

69

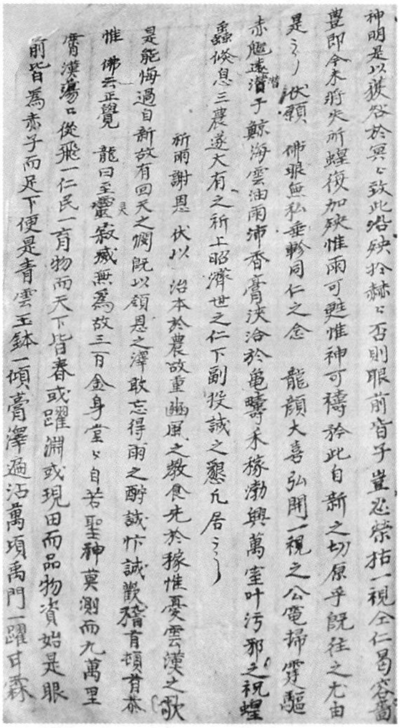

70

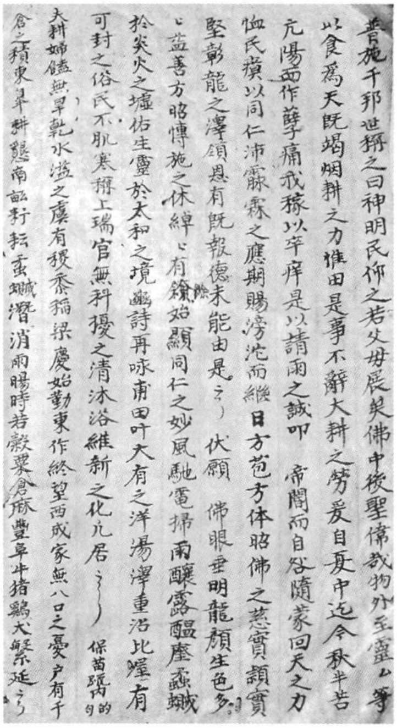

71

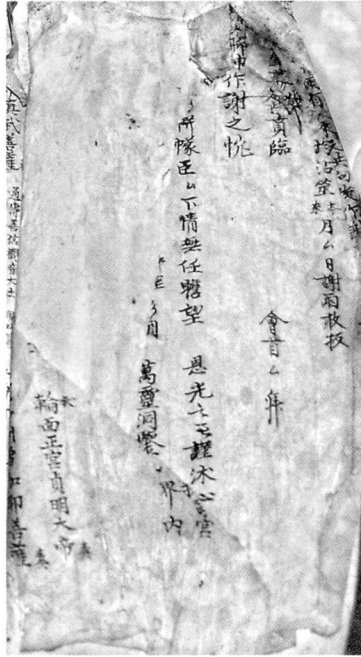

72

附録二　《祷雨疏》録文

説明：1. 寫本今存 72 頁，其中第 1 頁和第 72 頁殘破且黏连，詳參圖版。録文整體標注頁數及行數，以 0 爲代碼，D01001 指《禱雨疏》第 1 頁第 1 行。

2. 行款、字句間空檔、小字、雙行小字、勾畫，均依照寫本原貌照録。使用者的句讀符号不録。

3. 異體字、簡體字改作正字，明顯的錯字照録，其後括注正字，並酌出校記；疑難字采用嚴式隸定。字迹漫漶不清者用□表示，可據字形及上下文擬補者加“［　］”表示。“///”爲寫本殘縁。

4. 脱文、衍文予以增删，並出校記説明依據。

封面　禱雨疏奏申牒狀式

後學陳寶華存修

第 1 頁

D01001　///宮

D01002　///界內

狀
奏

D01003　///輪面正宮貞明大帝

奏

D01004　///[泗州僧伽耶]菩薩

第 2 頁

D02005　□□真武菩薩傳通善信觀音大士　用雙錢　五海行雨龍王菩薩并內一切龍神

[狀]　申　申

D02006　□□天齊仁聖大帝　水府扶桑丹林大帝　三界聖賢十方真宰

狀　申　申

D02007　地府靈尊平等大帝　臨水崇福太后元君　玄天上帝真武菩薩

D02008　牒皮聖眼

D02009　福寧州城隍大王　本壇靈相度師大官將吏兵

D02010　鐘龍聖井感應行雨龍王菩薩并內一切龍神　鐘龍聖井隨龍土地盧林二位師公

D02011　瑞山堂護佛伽藍真宰　雷公電母風伯師篷雲使雨部一切神衆
D02012　五穀大道真仙　田園公母禾稼神君　臨水崇福太后元君
D02013　［沿］途諸宮大小明王　當境土主里域正神　境內諸宮大小明王
D02014　允祈雨司額寫　大雲祈雨壇　謝恩即寫　電光植福壇
第3頁
D03015　謝恩申奏並牒尾繳寫憑此不必憑祈雨式
D03016　［今］夜光降道場證明修奉乞賜厚澤時沾滋潤禾稻結實五穀豐登更祈鄉閭寧［靜］
D03017　人物蕃昌壇司告行須至牒者
D03018　奏申函皮式　奏申函用奏申用狀　函頭寫印字函尾寫全字
謹　謹　傅
狀　奏
D03019　昊天□□　摩尼正教正明內院法性靈威精進意部主行祈雨法事渝沙臣厶函上膳中謹□□　保苗祈熟　勇猛恩　眠達
D03020　內憑奏申皮用黃簽
奏
狀
D03021　昊天至尊玉皇大帝　主行濟禾祈雨法事臣厶百拜謹封　保苗祈熟
牒皮封面寫
D03022　牒皮式封面寫
第4頁
D04023　///摩尼正教主行祈雨濟禾去（法）事渝沙臣厶謹封　保苗祈熟　背面寫

D04024　大雲祈雨壇右請　福寧州城隍大王 安縣請牒

D04025　中筳疏皮匡黃內寫

D04026　三界萬靈十方真宰　完滿疏皮匡黃內寫　三界萬靈十方真宰
謹　疏　獻　謹　獻

D04027　請疏皮式黃內寫
謹　謹

D04028　三界聖賢十方真宰　符使狀皮匡黃內寫　九天鷹鈴使者 三界奉事靈官
謹　疏　獻　疏　獻

第5頁

D05029　謝恩奏申函皮式　奏用狀奏申用狀申　函頭寫印字[函尾寫]全字
謹　傳

D05030　昊天金闕　摩尼正教正明內院法性靈威 精進意部主行感雨謝恩恩法事諭沙臣厶函勝奏謹重
狀　奏　勇猛恩　瞑達　封

D05031　內憑奏申用黃籤
狀　奏

D05032　昊天至尊玉皇大帝　主行感雨謝恩乞熟法事臣厶百拜謹封

D05033　牒皮式封面寫

D05034　傳　摩尼正教主行感雨謝恩法事諭沙臣厶謹封　背面寫

D05035　電光植福壇　台請　牒　虁州城隍大王　福安縣

D05036　謝雨[已]筵疏皮式匡黃内寫

第 6 頁

D06037　謹　謹
三界聖賢十方真宰　謝雨完滿疏式匡黃内寫　三界聖賢十方真宰
疏　謹　疏　[獻]
獻

D06038　請疏皮式匡黃内寫　符使狀皮式匡黃内寫
謹　謹　謹
九天鷹鈴使者
三界奏事靈官
疏　獻　狀

D06039　道場完滿奏申函皮式　奏申即寫狀進①　函頭寫印字函尾寫全字
謹　傳
謹

D06040　昊天金闕　摩尼正教證明内院法性靈威精進意部主行感雨謝恩法事諭沙臣厶函上膳進謹附②封　睨達
勇猛恩

① 原作"奏用狀奏申用狀申"，后刪去。
② 原作"重"，后涂抹改作"附"。

D06041　狀　進　　內憑奏申用黃籤

D06042　狀　進　昊天至尊玉皇大帝　主行感雨謝恩乞熱法事臣厶百拜謹封

D06043　狀　　謝恩獻皮用紅籤

第 7 頁

D07044　狀　獻　[福寧]州城隍大王　奉聖感雨謝恩乞熱會首厶百拜謹封
[福]安縣

D07045　謹　安慰狀皮正黃肉寫

D07046　狀　獻　謹　當境土主里域正神　或當空安慰即寫　當空境界列廟王侯

D07047　狀　奏申領式

D07048　傳　太上清真摩尼正教正明內院法靈①精進意部　主行祈雨濟禾乞/感雨熱法事渝沙臣
勇猛恩　威進意部　覷達

D07049　厶右臣厶一介厶微冒干　或奏昊天即寫天聽謹奏或奏三清貞明獨覽佛泗州
謝恩乞保苗祈

D07050　佛真武帝即寫佛聽應三界申喚應三界嶽地府水府龍王三元即寫
東嶽地府水府龍王三元即寫

---

① 此據字旁的互乙號改。

D07051　聖聽謹申　就寫鄉貫

第 8 頁

D08052　取龍佛安座牒式　通鄉貫奉

D08053　光明正教下請龍禱佛祈雨濟禾乞熟會首厶叶衆等謹露丹衷拜干

D08054　聖聽俯陳凡惆但會首厶等言念生居下土業務田園今庚厶奉公以來天時亢旱連月

D08055　不雨溪潤絕流泉無蟹眼眼田圻䶗紋禾苗枯槁遍地燋地燋黄人心激切坐不惶安忍

D08056　無救濟生方仗有　龍簡塔投妙力是以衆誠度於厶日命請明流委持香信是任

D08057　鐘龍聖井禱請　感應行雨龍王菩薩親身化體委及隨龍土地蒙赴金盆應期

D08058　厶日迎歸本境祠中立壇供奉蒙賜隨車雨澤普濟燋枯取吉今月厶日恭詣瑞山

D08059　堂禱請　感應賓豪行雨獨覽禪師菩薩　伽藍真宰五王菩薩金咨賣相迎歸

D08060　雨壇同誠供奉未敢擅便是以衆誠消吉今厶日恭就本宫建壇録詞奏申

D08061　天廷佛刹　移牒　諸司咸丐知聞是夜　電光祈雨濟禾安座勝會一筵于中依文修禮

第 9 頁

D09062　遥空請迎　佛聖光降法筵證證明修奉酌水獻花宣陳呈供表白凡情乞垂昭格依

D09063　敎課持經呪款留　聖馭采蘋設供乞賜連日甘雨普濟禾稻侯至甘雨均調禾稻

D09064　登場叩謝　洪恩是日道場呈單化陳財儀普陪　佛恭祈　洪福普賜連

D09065　旬甘雨滋潤禾苗開花結實五榖豐登①野猪絕跡鼠耗消亡仍祝鄉閭等靜境

---

① "野"上"殄"字爲衍文。

土咸安至此就纔　D09066

安座請雨疏式　D09067

傳　太上清真摩尼正教正明內院性法性靈威　精進意　部主行祈雨濟禾乞熟法事　渝沙臣　眼達　勇猛思　D09068

ㄥ右臣ㄥㄧ介ㄥ微冒于　天聽謹奏爲祈雨奉令據　通鄉貫奉　D09069

光明正教下祈雨濟禾乞熟會首ㄥ衆等竭哀拜懇俯歷丹忱冒干　洪造所稱意者　D09070

言念生逢　聖世忝處人倫蒙　天地蓋載深恩感　神明維持厚德玆居育壤專　D09071

第 10 頁

務田園纂一六之交孚而咏味之不測稼穡以謀生惟望豐穰而足供家輸粮　D10072

置賴收成叼逢己巳歲次ㄥ季以來天時亢旱連月不雨溪潤絕流泉無蟹眼田折軸　D10073

紋禾苗枯槁遍地焦黃八方怨苦四野呻吟難刈燃眉之苦阿由剪爪之由剪爪之誠民心之激切　D10074

坐若針氈是以闔境庀倪事心致意效三齋七戒之誠拯五各三農之惘凡愚之愚有求　D10075

必應　龍天無願不從以此衆發誠①心營備香燈消吉ㄥ月ㄥ日命請明流资持香信　D10076

遠叩　鐘龍聖井禱請　感應行雨龍王菩薩爰及隨龍土地李民誠之有賴荷　D10077

龍聖之應祈蒙赴會盆ㄥ月ㄥ日迎聖奉令　祠中立壇供奉蒙賜隨軍雨澤普濟濟燋　D10078

枯消吉ㄥ日ㄥ懇請　龍馭出遊迎至瑞山堂採蘋蛟設供復懇請　感應賚琳　D10079

獨覺禪師菩薩　伽藍真宰五王菩薩金谷出座迎歸兩壇同誠供奉祈求甘兩　D10080

濟潤禾苗果感應今則未敢擅便取吉ㄥ月ㄥ日恭就兩壇謹謹詞膳奏　D10081

───
① 此據字旁互乙號改。

第 11 頁

D11082　天廷佛刹申達　龍宮海藏移牒合干　真司咸丐知聞是日依文修禮

D11083　電光大雲祈雨安座勝會一筵干中作諸法事遙空請迎　佛聖光降兩壇證明修奉

D11084　酌水獻花宣陳表白凡情乞垂昭格依教課持經　聖光降滿化煉財儀普陪請

D11085　雨會上　列聖高真同生歡喜普賜　龍德浩蕩　聖力攸洋廣沛

D11086　連日甘霖濟禾苗吐穗開花結實粒粒王熟如黃雲覆地美若白王真珠霜

D11087　神運降颺母息沉野豬絕跡鼠耗遁亡虎狼遠遁鴉消亡為蛺百孽普掃祈天涯

D11088　更冀鄉間寧靜境土繁華男女康泰老少平安災殄隨電掃禱逐雲臻祈不盡

D11089　悉賴佛慈拜干　諸聖彰明　列真朗鑒　年号月　日百拜謹詞

D11090　　　　　取龍佛慈拜詞末敢擅壇安座用

D11091　且臣厶領此來詞末敢擅壇便謹具文狀百拜奏

第 12 頁

D12092　聞

D12093　右　謹　具　奏

D12094　昊天至尊玉皇大帝玉陛下　用籤　恭望

D12095　睿慈允俞奏懇顧開　敕宥矜憐愍愚民伏乞頒行　睿旨宣傳五海龍王行下

D12096　厶井直年直月直日行雨　龍王菩薩雨部一切神仙即乞憫念凡情旱魃消除與

D12097　雲布雨普濟萬民但臣厶下情無任仰望　天恩之至至謹狀

D12098　年号月　日主行行祈雨济禾法事臣厶百拜谨状

D12099　奏三清

D12100　旦臣厶领此来词未敢擅便谨具状文百拜奏

D12101　闻　　者

第 13 頁

D13102　右　谨　具　奏

D13103　再甦活命夷数和佛金蓮下　用簽三个

D13104　太上真天摩尼光佛金蓮下　恭望

D13105　聖慈允臣奏懇乞頒　敕旨行下　上中下三界合屬靈祇遍及城隍當境山川社

D13106　穆　明敕傳宣五海龍王行　厶井直年直月直日行雨直龍王菩薩即厶佛即寫伱名　或取厶佛即寫聖井龙王名　莫寫聖井龙王名號濟

D13107　衛奉　玄天上帝同行甘雨憫念愚民即乞轟雷電興雲沛雨驅除旱魃濟

D13108　潤燋枯以慰民心但臣厶下情無任仰望　佛恩之至謹狀

D13109　申東嶽

D13110　旦臣厶領此來詞未敢擅便謹具狀文百拜奏

D13111　聞　　者　　右謹具申　東嶽天齊仁聖大帝陛下恭望　聖慈允俞前愍

第 14 頁

D14112　願開　赦宥憐憫愚民乞頒　敕旨行下　厶處聖井行雨龍王菩薩願乞即刻興

D14113　雲布雨普潤禾苗回甦秀實五穀豐登但臣厶下情無任仰望聖恩之至謹狀

D14114　申地府

D14115　且臣厶領此來詞未敢擅便謹具文狀百拜申　聞者　右謹具申　用簽

D14116　地府靈尊平等大帝聖前恭望　聖慈允茲申懇願願開　赦宥憐憫愚民

D14117　乞頒　敕旨行下　厶聖并行雨雨　聖恩之至謹狀

D14118　無任仰望　聖恩之至謹狀

D14119　申水府

D14120　且臣厶領此來詞未敢擅便謹具文狀百申　聞者　右謹具申　用簽

D14121　水府扶桑丹林大帝聖前　恭望　聖慈允前申懇願願開　赦宥憐憫愚

第 15 頁

D15122　民乞頒　敕旨行下　厶聖并行雨龍王菩薩即興雲沛雨旱魃消除救濟萬

D15123　民但臣厶下情無任仰望　聖恩①之至謹狀

D15124　申五海龍王

D15125　且臣厶領此來詞未敢擅便謹具文狀百拜申　聞者　右謹具申　用簽五个

D15126　東海廣濟龍王菩薩　南海廣潤龍王菩薩　西海廣淵龍王菩薩

D15127　北海廣澤龍王菩薩　中央廣順龍王菩薩　伏乞憫念凡民降祉法筵領沾

D15128　口口[大展]神通頃刻之間轟雷電興雲雲致雨大沛普濟普濟燋枯滋潤禾

D15129　口賽五穀豐登但臣厶下情無任懇切望　恩之至謹狀

D15130　申喚應

---

① 此據字旁互乙號改。

D15131　且臣厶領此來詞未敢擅便謹具文狀百拜申　聞者　右謹具申　用簽二个

第16頁

D16132　通傳善信觀音大士　奏告吉祥勢至能仁　伏冀　真慈允前慇覽領詞函厶

D16133　封重封印全即乞捷速飛詣天廷聖闕轉憑上奏　用簽

D16134　圓明寶闕三清大聖　昊天至尊玉皇大帝　或請佛祈雨添佛名

D16135　[感應] 寶霖行雨獨覺禪師菩薩　祈雨會上無量諸佛　恭望　龍車鳳輦雜遝雲興即

D16136　乞頒宣　教敕差付　俱孚大將　嗏蛟真人　四梵天王　八部護法速開曾天空地

D16137　界一切龍神仙衆敷召　感應行雨諸龍王菩薩即彰感應大沛甘霖救濟萬民但

D16138　臣厶興會首厶下情無任仰望　聖恩之至謹狀

D16139　申三界

D16140　且臣厶領此來詞未敢擅便謹具文狀百拜申　聞者　右謹具申　用簽二个

D16141　上方天界十極梵王諸天梵衆　中方空界雲興空居一切空衆　聖前

第17頁

D17142　下方地界水府地府地祇神衆聖前　恭望　聖閒無方　神心有格聞梵音之

D17143　奏請即離　天宮駕法杖之森嚴俯臨壇所頤頒　救旨遍行龍宮海藏諸

D17144　處雲井雲雷雨部一切龍神同心協力即刻興雲布雨日日流通滋潤禾苗秀實

D17145　五穀豐登伹臣厶下情無任仰望　聖恩之至謹狀

D17146　申三元

D17147　且臣厶領此來詞未敢擅便謹具文狀百拜申　聞者　右謹具申　用簽三个

---

① 原作有赦，右旁小字注"下"，故注"上"。

D19163　得此除已具奏

D19164　天廷外合行移文牒請　田園公母禾稼神君請　照前件事理乞應今夜降請道場證明

D19165　修奉災蟲耗鼠無蹤影　勵禾苗秀賣五穀登壇司行行下須至牒者

D19166　右牒請　田園公母禾稼神君　照驗謹牒　年号月　日ㅁ部行

D19167　牒五穀

D19168　得此除已具奏　天廷外合行移文牒請　五穀大道真仙　照驗詳前事理乞應

D19169　今夜光降道場證明修奉爲上天①之尊仙作下民乞主莘莘滋災蟲而杜絶減赤魃以消

D19170　拜沛連旬之雨澤滋萬頃之禾苗鼠耗消除稻梁大熟黍稷豊穰法事告白須至

D19171　牒者　右牒請　五穀大道真仙　照驗謹牒

第 20 頁

D20172　牒當境

D20173　得此除已具奏　天廷外合行移文牒　當境土主　照驗詳前事理乞應今夜請降

D20174　道場證明修奉會同諸宮開通道路肅静壇界嚴潔壇堺不許妖魔鬼魅觸穢道

D20175　場祗迎　龍王聖駕萬祈甘雨普濟燋枯牒到電速須至牒者　右帖下
　　　　　菩薩

D20176　當境土主里城正神　照驗謹牒

D20177　牒天人

D20178　得此除已具奏　天廷外合行移文牒請　臨水正宮請　照驗詳前事理乞應今夜請

---

① 此據字旁乙號改。

① 大即太。
② "馭"上有"驗"字，紅圈塗抹，符文。

① 原寫作"雷公電母"，後塗抹改之。

D25226　輪有種種收老稚飢餒民大患恩無禱告方方有　龍天可賴各發誠心取

D25227　于公月公日命請明流法臣公齎持香信遠叩　公龍聖井禱請行爾龍王菩薩蒙

D25228　赴　金盆迎歸到境身感應供奉果蒙感應涓就今月公日懇請

D25229　龍馭出遊迎至公處采蘋設立壇　公佛金容出座迎歸爾壇同誠供奉祈求爾澤普濟

D25230　樵枯今則未敢擅便就今月公日恭仲爾壇錄詞奏申　天廷佛剎　頒牒　城隍

D25231　大歲本壇當當諸司是日日依文修禮　電光祈爾乞熱勝會一筵今則開壇

第 26 頁

D26232　膳奏始陳　佛事切恐天高地遠香信難傳拍鼓喃鈴奉請　三界奏事直符使

D26233　者　值日功曹即乞乘鶴跨馬速臨佛事兹片善領此殊勳依教課持經咒

D26234　梵化珍財　右謹上獻　三界奏事靈官　值日功曹土神同生歡喜伏乞

D26235　賫領函牒即速飛詣　天廷星闕上中下三界星賢同降法筵願乞風調兩順五

D26236　穀豐登肇苗由孳類悉願消除仍祈鄉閭吉慶男女康安但會首公等下情無任

D26237　仰望　聖恩之至謹狀

D26238　　祈爾安座三界疏　　憑牒寫至勝會一筵繳

D26239　以今法筵初啓　佛事中時謹具文疏前詣　真空拜請　三界聖賢十方真宰

D26240　上方天界十極梵王諸天梵衆聖前　中方空界雲興空居一切空衆聖前

D26241　下方地界水府地府地祇神衆聖前　恭望　聖間無方　神心有格聞爰音之奏請

---

① 此據字旁互乙號改。
② 此據字旁互乙號改。

① 此據字旁互乙號改，原作"降災除福"。

D40375　賜風調雨順風禾稻秀實五穀豐登合鄉吉日人物咸安伏臣臣厶下情無任仰望

D40376　聖恩之至謹狀

D40377　　　奏三清

D40378　且臣厶領此來詞末口口便謹具文狀百拜奏　聞者　右謹具奏　用簽三个

D40379　再甦活命夫數和佛金蓮下　神通降福福電光王佛金蓮下

D40380　大上教主摩尼光佛金蓮下　恭望　聖慈允前奏懇特頒　明敕遍及上

第 41 頁

D41381　中下三界　水府河源行下城隍當境諸司請法筵領此殊勳乞賜雨澤時

D41382　沾禾稻秀實十倍全收境土繁華人民康泰伏臣臣厶下情無任仰望

D41383　聖恩之至謹狀

D41384　　　奏貞明

D41385　且臣厶領此來詞末啟壇便謹具文狀百拜奏　聞者　右謹具奏　用簽一个

D41386　輪面正宮貞明大聖馭座前恭望　聖慈允前奏懇特頒　明敕行下

D41387　本壇謹法宮將吏兵者洛城隍當境肅淨壇場恭泛　聖馭光降法會

D41388　證明修奉流恩賜賜福伏乞甘雨時沾稻粱豐稔萬倍全收鄉閭寧靜境土

D41389　咸安伏臣臣厶下情無任仰望　聖恩之至謹狀

D41390　或請　獨覺佛　泗州佛　玄天帝　祈雨用奏

第 42 頁

D42391　且臣厶領此來詞末啟壇便謹具文狀百拜奏

D43410　光明正教下感雨謝恩會首厶等湳吉今月厶日命住崇建

第 44 頁

D44411　電光謝雨道場今當完滿謹以

D44412　金銀錢

D44413　寶馬等

D44414　右謹上獻

D44415　威聰俯　賜

D44416　昭格謹狀

D44417　年号月　日伏奉　光明正教下感雨謝恩會首厶百拜謹狀

D44418　謝雨解釋疏式　通鄉實奉

D44419　光明正教下請佛龍祈雨謝恩法事臣厶該會首厶等言念生居山谷忝屬人流荷　二儀

D44420　而覆載感　三彩以照臨蒙　佛聖維持厚德今庚厶季以來爲見天時亢旱連月不雨

第 45 頁

D45421　禾苗枯槁遍地燋黄有種無收民成大患老少嗟饑無方救濟仗有　龍德妙力堪投

D45422　眾誠度于厶月厶日命請明流厶爱持香信香住　厶聖井禱請行雨龍王菩薩爰及

D45423　隨龍土地蒙起金盆厶日迎歸本境厶處立壇供奉賜隨車甘雨普濟燋枯或請佛就

D45424　爲厶佛聖号迎歸雨壇同誠供奉祈求甘雨滋濟田疇但臣厶連日當空禱告

D45425　龍天佛聖恐感冒犯　天條聖闕致有獲罪無所禱者伏念會首恐晨昏奉祀香

D45426　燈久缺私語妄言冒瀆　聖顏倘有達有誤恩無解釋生方湳吉今月厶日厶恭

D45427　在本宮崇建　電光感雨謝恩勝會一筵遙空拔迎　聖御光降法筵證明

D45428　修奉酌水饌花敷呈供養願開　惠眼術鑒凡情于中謹具有罪罪解釋疏文

D45429　一封上拜投上　三界萬靈十方真宰　諸天佛聖　五海龍王　當方境界無

D45430　聖王侯壐前容爲鑒納者伏望　龍天佛聖大開教宥之門憐憫赤子妄作無

第46頁

D46431　知之罪憫念臣厶傳　太上摩尼正教得掌兵權之職體　天行道護國救民捨

D46432　邪皈正伏乞功曹護體將隨身將官依科行道身不敢自專置禎

D46433　天恩大施慈仁保祐弟子厶並會首厶等星辰順度運限亨通行藏無山水之虞蒙

D46434　出入有地天之秦官無牽橫禍無侵蔑求謀遂意動作稱心凡在光中俱蒙

D46435　庇祐拜干　諸佛彰明　萬靈洞鑒

D46436　年号月　日奉　光明正教下請龍　佛

作保苗奏天

D46437　作保苗奏天

D46438　且臣厶領此來訶未敢擅便具文狀百拜奏　聞者　右謹具奏　用簽一个

D46439　昊天至尊玉皇大帝玉陛下恭望　睿慈允俞奏懇願頒　敕旨遍及行下上

D46440　中下三界一切幽顯行下城隍當境神祠乞應今夜恭迎　雲馭光降道場證明

第47頁

D47441　修奉保禾苗而秀茇折五穀以豐登杜絕鼠耗殄滅疹災蟲仍冀鄉間清吉人

D47442　物咸安但臣厶下情無任仰望　聖恩之至謹狀

D47443　年号月　日主行保苗祈熟法臣厶百拜謹狀

龍車鳳輦咸應 今夜徘徊仙仗逍遙雲畢暫離 寶刹琳宮光降道場證明

修奉珍毒而求絕滅鼠耗以潛消庶見禾苗长秀年豐歲稔人民安

泰願賜賜康寧但臣厶下情無任仰望 聖恩之至謹狀

保苗完滿疏尾繳式　今當

法事週完謹具文疏對　伏願 治本於農務滋稼稿禾苗长秀而

黃稗不生風調雨和而旱魃無虞災蟲消息鼠耗消除仰望 聖德以垂床仗

佛恩而降福禾苗而增秀賜五穀以豐登拜干 佛聖彰明　于真朗鑒

保苗請 光明正教下保苗祈熱會首厶等百拜謹疏

年号月　日奉　保苗請聖疏照牒寫至勝會一筵繳以今

ID	
D49462	
D49463	
D49464	
D49465	
D49466	
D49467	
D49468	
D49469	
D49470	

第50頁

法筵初啓　佛事中時謹具文疏前詣　冥空拜請　三界聖賢十方真宰

上方天界帝穹王諸天梵聖衆聖前　中方空界龍天八部河沙萬靈聖前

下方地界水府地府地祇神衆聖前　恭望　聖慈允俞奏請　伏願

聖德巍巍　相威蕩蕩聞梵音之奏請即離　天宮篤法杖之森嚴俯臨

壇所保苗而长秀俾祈五穀以豐登息蟲逸鼠災消除更祈鄉間

吉慶男女康寧但會首弟子厶等下情無任仰望 聖恩之至謹疏

年号月　日奉　光明正教下保苗祈熱會首厶等百拜謹疏

保苗符使狀憑牒寫至勝會一筵繳

今則開壇開膳奏章詞始陳切恐　天高地遠香信難聞謹備香花燈燭槌鼓

ID	
D50471	
D50472	
D50473	
D50474	
D50475	
D50476	
D50477	
D50478	
D50479	

D50480　唵鈴奏請　三界直符使者即便乘鶴跨馬速臨　佛事集茲片善領

第 51 頁

D51481　此㘱勤依教奉誦真言　諜持經呪　燄化珍財　右謹上獻

D51482　三界符使　四直功曹同生歡喜乞賜燄領即乞捷速飛詣　上中下三界

D51483　奏請　聖賢慈應今夜請降道場明證乞禾苗长秀專祈五穀

D51484　豐登嗅嘬斷息鼠耗消更冀　鄉間妥①奉男女康寧非杜絶火盜沉　閂庭

D51485　埋災沉九地福起千層但弟子么下情無任仰望　恩光之至謹狀

D51486　年号月　日奉　光明正教下保苗祈熱會首么百拜謹狀

D51487　取　龍詞意　通鄉貫奉　佛

D51488　光明正教下請龍祈雨濟禾乞熟會首么叶與會衆等竭忠拜懇俯歷丹忱冒干

D51489　洪造但么等所稱情旨言念生逢　聖世忝處人倫蒙　天地蓋載深恩感　日月照

D51490　臨厚德荷　神明維持之力茲居肯壤專務田園慕一六之文乎而咻之不測顒希

第 52 頁

D52491　稼穡以謀生惟望豐穰而充腹供家輪稅置賴收成叩達么歲么來遭尢暘

D52492　之肆酷絶霖靁之霑潤絶流禾苗枯槁萬物燋黄八方怨苦四野

---

① 原寫作"妥"，後在勞寫"妥"字。

第 54 頁

D54511　佛設供祈雨濟苗乞熟會首乚該設供弟子乚衆等百拜　聖聰俯陳凡惆言念

D54512　同居斯地共業田園因地成財乚資供乎國謀用下思祀乎　宗祠夙念夕憂恐

D54513　不足以事父母乎胼足脈猶竭力以育妻兒由是營謀祇奉　上天之德命冀

D54514　諸明願仰賴　佛聖之扶持但乚衆不敢安慕乎他求惟願所在田園之豐

D54515　稔也明逢乚歲時值乚季以來正當禾苗长秀之時疏果成實之際修遇天時

D54516　失利早魃爲殃暘焰泉竭田乾禾苗枯槁遍地燋黄又有蝻蝝鼠耗百挙

D54517　爲殃互相餲害致收成乚乏薄故謀作乚弗如人事失恒未免放肆邪徒民風不振

D54518　則啓鬼怪人妖氓民不解其修身謀罪於歲凶者也由是衆誠營辦香燈

D54519　就吉今月是日命住乚處禱請　乚佛乚聖拜行雨前龍王菩薩前來供奉祈求甘雨

D54520　滋濟禾苗救民憂苦是日謹備疏果淨供珍吊財儀右謹上獻祈雨會上

第 55 頁

D55521　佛聖神祇一切有感聖衆容爲鑒納者伏願　佛天聖德蕩蕩魏魏后土威靈

D55522　明明赫赫惆下誠乚懇禱之恩禱念民食乚艱難特賜允俞轉洪釣而嚴堡障乞頒

D55523　明命開泰運而賜禎祥騰雲致雨濟潤禾苗滋陰田暘暘田疇草霧迷空[迤]蔽暘暘驅除旱

D55524　魃俾歲稔年豐民康物阜蟲蝗蝗蟊螣滅影絕踪野豬遂逐于海島鼠耗

D55525　盡滅於山林虎狼絶跡貓鶹消亡乚衆百挙普掃天涯降福諸靈消諸靈司地①

---

① 地下原有"位"字，勾黑圈表删去。

D55526　官符不得以生盜睨何由而起人人剛穀物物著首風調雨順無旱乾枯燥

D55527　之虔地利人和斷愁嘆①峯爭之病慶盇常集甘雨頻凝五穀有兩岐

D55528　九稼之豐巨車載斗糧之盛故睇讓畔而行讓路老者安而少者怀民

D55529　風大振孝悌以興閭巷謠歌太平有象山川社稷享祀食而萬代無疆海

D55530　宇臣民共祝讚而一人有慶禱祈不盡丞賴咻咻拜干

第56頁

D55531　佛聖彰明　龍天郎鑒

D55532　龍鹿流武　通鄉貫奉
俤

D55533　佛祈龍求雨苗乞熟會首厶等言念生居山谷業務田園春耕夏耨不辭水火

D55534　之勞朝出晚歸豈彈星霜之苦上則賭下則課厶今庚厶歲厶

D55535　季以來麼遭天時元旦有蟲暘焰涿泉無蟹眼水種紋有種無收民成大患

D55536　晚禾則稿難望於將來早稻失收即餓死於目前合鄉人民激切老少酒惶

D55537　量　上帝必無絶物之心下民須當解懸之望以此衆發誠心營辦香燈就吉

D55538　今月厶日命厶持香焚持香信信壽請　厶龍菩薩迎歸本境厶處立壇界列
佛

D55539　日輪流設供　佛聖初到到隨車甘雨辛蒙祐蔭則民和悦自此而後元暘熾
龍馭

D55540　焰遍地燋黃別處有雨大通惟吾此境雨澤不調雨將來時修遭南風吹散

---

①　"嘆"下原有"之聲"二字，字旁打紅叉，爲衍文。

第 57 頁

D57541　蕩雲收霧散滴水無淋鍀紋未見冰洽稿苗難得回甦是以合境旄倪集

D57542　眾致意涓吉今月△日△慇請　佛聖金各賽相出壇沿逶恭迎至△處暫䭾微　龍駛

D57543　誠疏供一筵頂禮賚搭一座投人　聖宮咨爲鑒納者伏願　請雨會上

D57544　雲集高真各乞展大威靈拏雲㳠霧拔救靈雷電廣沛隨車滂沱大雨

D57545　濟涸禾苗轉透死而得生救民憂苦而復歸雨壇安座昭答　洪恩伏願

D57546　天威湯湯　聖力攸洋雲沛連日之甘霖滋溢遍田冰洽驅除旱魃遮蔽暘旱威

D57547　稔年豐民康物阜蝗蝗絕跡野豬豁芟而生九穗九穗間①而生萬粒

D57548　穀有千倉之積家無數口之飢民之風大振孝悌以興鄉間寗靜境土繁

D57549　華大②平有象福無疆壽無疆凡有禱祈乞豪庇佑拜干

D57550　佛聖彭明　萬靈洞鑒

第 58 頁

D58551　又疏尾式頭文在意用　伏願

D58552　龍天佛聖雲集高真各乞展大神通放大惠力㭌下誠之慇矯念民食之艱難特賜

D58553　允前轉洪鈞而嚴堡堡障乞頌　明命開泰運而泰運轟雷電

D58554　廣賜滂沱大雨迎歸洪壇供奉昭答　洪恩乞賜乞賜騰雲致雨濟禾苗滋陰

① 此據重文號補。
② "大"即"大"。

田疇罩霧迷空蔽暘陽而驅旱魃鼠紋泆洽溝澮皆盈救民憂苦萬

物回甦俾藏稔年豐民康物阜暘蟥蝗蟥絶影豬鼠耗消亡爲硤百萃

普撝天涯風調雨雨無旱乾枯燥之虞地利人和斷愁嘆聲之苦五穀有

兩岐九稼之豐百種任車載斗糧之盛老幼安而少者懷民風大振孝悌以

興里巷玄歌太平有象山川社稷享祀食而萬代無疆海宇臣民共祝讚

而一人有慶萬言不盡悉賴哹喥拜干　龍天彰明　萬靈洞鑒

第 59 頁

土主前乞雨疏式　　通鄉貫奉

聖祈雨濟禾慈恩嗣孫口口口冒干　洪造所伸意者俱厶等言念生居山谷

業務田園春耕夏耨不辭水火之勞①朝出晚歸豈憚星積之苦上則輸平國

課下則膳於母子今庚厶歲厶來天時元旱日燬如炉泉無驚眼田裂

龜紋禾苗枯槁萬物憔黃民心激切坐若針氊回顧壁立無門可告有

聖堪拔是以衆誠虔備香燈三牲福食恭詣　祖祠橋請　聖祖光臨香筵受

領姓體微意札立文疏一封百拜獻上用簽　當境土主里域正神座前　伏惟鑒

納者祈求甘雨伏願　神威浩蕩　聖德攸洋會同　盧林二位師公請出

鐘龍聖井　感應行雨龍王菩薩各展威稜拏雲拔彩雷電倏然淓沱

大雨滋潤禾苗回甦轉秀一蓋而生九穗九穗而生萬粒合有千倉之積民歌

---

① 原句寫作"苦"，以未筆畫又並在旁改作"勞"。

第 65 頁

D65621　田疇盡折龜紋草茅似火畜若若當衆心激切觸目達安由是僉議衆

D65622　誠虔取今月ㄥ日敦請法侶恭就ㄥㄥ堂建　大雩請雨道場謹錄詞①

D65623　由仗符達奏　佛聖彰明　帝慈印可是日敬赍香信遠母公電母行雨

D65624　勝跡端迎　北方靈應真君玄天上帝爰及五海龍王雷公電母行雨

D65625　部從顧祈親身下降迎歸ㄥ堂安奉連續香燈輪值淨供尊祈甘雨

D65626　瞬目而離聖跡須臾以降甘霖圓化財儀普陪　佛聖回馭恭祈　洪福

D65627　祝保平安伏願曲垂　帝鑒深慈凡情風雨順時不失三農②之樂不苗

D65628　秀寶長歌五鼎之豐布甘雨而普潤焦枯腸滋榮稼穡果蒙斯

D65629　應不負神麻伹會首衆下情無任瞻望　恩光之至謹沐心爻香几

D65630　拜具疏稱奏以　聞　年号日謹詞

第 66 頁

D66631　又武州官龍請用　正明内院

D66632　大明國福建③等處承宣布政使司直隸福肇州公廨居住奉

D66633　光明正教下禳災求雨弟子信官臣ㄥ率領鄉臣ㄥ借鄉臣ㄥ通州

---

① 三字旁有三角號表强調。
② "樂"下有"香"字，刪塗之。
③ "福建"下有"福肇州"三字圈塗。

軍民人等謹露丹誠拜干　聖聰俯陳凡僚鄉宦耆民等言

念各忝人倫貴感　皇天覆載同沾福祿荷蒙　后土生成授（載）[職]涖任及生

茲土蒙庇不輕叨達ㄥ太歲孟夏沿及仲秋以來赤魃流煅數月不雨泉

源斷滴禾稼乾枯軍民痛切觸目傷心但ㄥ悔過愆愆倘有嶽冤莫能

代雪慮蔭著臣廉恥天懷恐土商於途苦而怨天恨地或耕收於野勞

以呼風鳴雨積成怨氣沖天致傷　上天譴謫蓋生民不善使沾土災傷

非一郡一部切之饉飢閭八閭為之塗炭目遇年旱堪坐視由是輪裳

謹竭丹誠營備香燈命僉衹就ㄥ處立壇求雨得此除干今月ㄥ日具由錄奏

佛天聖闕備申　水府龍宮　及慄行雨合干真司咸巧知明ㄥ日謹委任判ㄥ住土ㄥ至

領回善衆香徑詣　ㄥ王井禱龍神ㄥ謹炎賚香迎請並神土地一切隨御隋高真降盆盂

ㄥ日幸蒙　顯應大濟行雨龍王菩薩並當竿土地雨道場每晨拈香齋供逐日拜塔

隨車甘雨迎歸原設玄壇籠（？）建　龍天祈求雨澤濟潤生靈掃湯旱魔劫興禾

誦　經營諸善利延奉

稼仍賜信官因誠進矚更祈土庶年得兩豐年愛及軍民同增　福壽　又疏

伏以闔風載咏不忘稼穡之艱雲漢重歌苦際旱之虔顧災青實下民之自

致而祈禱諒　上帝之垂憐激切傾丹虔誠信白ㄥ等群居濱海業苟田園倘兩

笠煙養不辭勞於東作雲耕大蔣固成兵賴斯西顧於富固所願於給仰事富

D66634 D66635 D66636 D66637 D66638 D66639 D66640

D67641 D67642 D67643 D67644 D67645 D67646 D67647 D67648 D67649 D67650

D68651 畜以此爲資念我運之不辰遇元陽之作虐炎炎赫赫萬俵如茨業業兢兢三農

D68652 失所公私爲之俱困饑饉爲之薦臻邦本一搖亂階憑照階憑懇匪禱禱恩局遂豐穰

D68653 由是云云伏願　上帝回怜元旻俯懇零念下民之瘼捐除率土之災丞丞涉波使

D68654 見月離于畢商見龍行看舞行羊鼓舞見龍在田武沾愆渥之恩咸冰游沱之惠陽

D68655 春百里三農歌有大之章賫積于茵萬國獻太平之頌雨暘時若江海澄清

D68656 上照帝衷育育物之仁下副民心懇祈禱之切云云　又祈雨疏

D68657 念念帝衷哀恤旱傷急救一方民命事　夫天地爲生民立命必先資之以食若無

D68658 食則無矣是民命之存亡繫食之有無也明矣云云雖臨海業實在田既

D68659 彈東作之勞咸望西成之稔公私之用軍國之需量人以爲出焉奈目夏初

D68660 延今秋至天壁下雨地何出泉早稼如夌晚如茨禾復稿民之憔悴莫甚斯時災之重

D69661 傷豈加自此日搞之生意猶有存焉惟雨可蘇惟神可禱民雖有咎情切可泉

D69662 知天爲物之宗祖神乃一方之父母一方之父母豈有不順豈有祖宗父母坐視其困

D69663 鷺而不冗之救者乎委自出駕以來十有餘日矣祈之誠愈堅祈游沱之澤未

D69664 賜再陳切悃敢昭告于　聖前急矜民瘼轉達　帝聽大有婁孃之慈頒救

D69665 蛟龍行雨濤冰沛然之惠實照再造之仁命保全資神之賜民命之賜激切告詞

D69666 又祈雨　伏以　歲無凶歉閭閻絕歉歉民不饒寒世運逢太平

D69667 之瑞願災菁實實民之自作而旱傷吴意天意之有私謹瀝悔言冒于　上聽公言念

附录三 《全元文》祈雨文目录表

说明:1. 本目录使用的版本为:李修生主编《全元文》,江苏古籍出版
社,1999 年。

2. 按本书第三章第四节所述将祈雨文分为三大类: 第一类为
祈雨祝文,第二类为祈雨公文,第三类为祈雨记等杂文。每
一类中依据撰者年代先后排序。

3. 文中有具体祈雨时日者,列出其年其月。

一、祈雨祝文				
序号	篇　　目	作者	册/页码	纪　　年
1	又汤庙祈雨文	李俊民	1/87	
2	丘和叔析城山祈请圣水表	李俊民	1/89	
3	冯裕之析城山祈请圣水表	李俊民	1/89—90	
4	郡守天池祈雨状	元好问	1/717	太岁甲辰(1244)四月
5	祭泗水神文	胡祇遹	5/472	至元二十年(1283)四月
6	彰德路祈雨文	胡祇遹	5/473—4	
7	祷雨苍谷神祠文	王恽	6/585	
8	春旱祷诸庙文	王恽	6/586	
9	谢龙神文	王恽	6/587	至元四年(1267)六月
10	康泽王庙谢雨文	王恽	6/592—3	
11	祈雨谒龙王祝文	牟巘	7/756	
12	诣渠渡祠祝文	牟巘	7/756—7	
13	祭二郎祝文	牟巘	7/757	

（续表）

序号	篇目	作者	册/页码	纪年
14	再祷诸神祝文	牟巘	7/757—8	
15	再诣渠渡祠祝文	牟巘	7/758	
16	送渠渡龙王回庙祝文	牟巘	7/759	
17	夏后申祭雷雨师文	刘壎	10/507	
18	君山东岳行宫求雨文	陆文圭	17/727	
19	本州城隍求雨文	陆文圭	17/727	
20	茅山广济庙祝文	陆文圭	17/728	
21	龙光庙祝文	陆文圭	17/728	
22	张大帝祝文	陆文圭	17/729	
23	张帝祝文（二）	陆文圭	17/730	
24	武烈帝祝文（一）	陆文圭	17/730	
25	祈雨文	同恕	19/454	
26	西岳祈雨文	同恕	19/454—5	致和元年（1328）七月
27	岳祠祈雨文	王旭	19/558	
28	玉皇庙贺雨祝文	王旭	19/558	
29	谢雨文	王旭	19/558—9	
30	祀雨师祝文	蒲道源	21/358	
31	祀雷神祝文	蒲道源	21/358	
32	祈雨群望祝文（十二篇）	蒲道源	21/360—3	
33	祈请雨屽山神祝文	蒲道源	21/364	
34	谢雨	蒲道源	21/364	
35	国朝醮事预祭风雨师（一）	蒲道源	21/370	

（续表）

序号	篇　目	作者	册/页码	纪　年
36	国朝醮事预祭风雨师（二）	蒲道源	21/370	
37	谢雨祭金华五龙神文	蒲道源	21/371—2	
38	祈雨祀金华五龙	蒲道源	21/372	
39	雨师	蒲道源	21/372	
40	风师	蒲道源	21/373	
41	雷师	蒲道源	21/373	
42	谢雨祭文	蒲道源	21/373—4	
43	招雨师文	吾衍	24/239—40	大德三年（1299）六月
44	堂邑祈雨文	张养浩	24/717—8	
45	谢雨文	张养浩	24/718	
46	西华岳庙祈雨文	张养浩	24/719	天历二年（1329）三月
47	西华岳庙催雨文	张养浩	24/719	天历二年（1329）三月
48	雨师文	虞集	27/717	
49	石龙神祠祷雨文	许有壬	38/509	
50	崒山祷雨文	许有壬	38/510	
51	城隍庙祷雨文	许有壬	38/510	
52	阳城县白龙潭祷雨文	宋讷	50/124	
53	祈雨祝文	舒頔	52/310	至正廿四年（1364）五月
54	祈雨告马冡龙王文	殷奎	57/761	
55	六月廿三日祈雨告龙王文	殷奎	57/762	
56	咸阳县祷雨文	殷奎	57/762—3	

（续表）

序号	篇 目	作者	册/页码	纪 年
57	咸阳县祭风云雷雨师祝文	殷奎	57/765	
58	咸阳县祭山川祝文	殷奎	57/765	
59	祷雨告城隍文	李继本	60/1040	
60	祷雨告风云雷雨山川文	李继本	60/1041	
61	祷雨祭龙神文	李继本	60/1050—1	洪武二十七年（1394）四月
62	冯裕之析城山祈水设醮青词	李俊民	1/79	
63	郭彦卿谢雨青词	李俊民	1/83	
64	祈雨青词	李庭	2/192	
65	祈雨青词	王恽	6/734	
66	祈雨青词	王恽	6/735	
67	祈雨青词	王恽	6/735	
68	为春旱虫灾青词	王恽	6/736	
69	祈雨青词（二）	牟巘	7/769—70	
70	延平总府祈雨醮词	刘埙	10/474	
71	八月谢雨醮词	刘埙	10/476	
72	设醮青词（应制）-雨师	虞集	27/714	
73	斋意	王恽	6/734	
74	斋意	王恽	6/736	
75	永福院谢雨祝文	洪希文	35/16	
76	寺观祈雨疏	洪希文	35/20	
77	谢雨佛事疏	谢应芳	43/360	

（续表）

二、奏议类公文				
序号	篇　　目	作者	册/页码	纪　　　年
78	祈雨未获申诸司状	牟巘	7/499	
三、祈雨杂记				
79	彰德路得雨诗序	胡祗遹	5/271—2	至元癸巳(1293)六月
80	龙潭祷雨记	吴朝阳	13/73	至元乙亥(1275)闰十二月
81	苍山祷雨之记	陶师渊	13/460—1	至元十一年(1274)六月
82	题朱法师求雨应验诗后	吴澄	14/548	
83	抚州路达鲁花赤祷雨记	吴澄	15/120—1	至顺三年(1332)七月
84	真文忠公祷雨说	徐明善	17/273	
85	志喜堂记	徐明善	17/279—80	
86	喜雨诗序	陆文圭	17/545—6	至治二年(1322)
87	祈雨感应记	王瑀	18/483—4	至元己卯(1279)五月
88	李录事祈雨有感诗序	蒲道源	21/219	元统乙亥(1335)五月
89	题宋张提刑祷雨诗碣	蒲道源	21/235—6	
90	得雨记	蒲道源	21/275—6	泰定丁卯(1327)正月
91	诏使祷雨诗序	虞集	26/140—1	
92	抚州路经历赵师舜祈雨有感序	虞集	26/240—1	至正壬午(1342)七月
93	梁公祈雨灵应记	张翼	28/34—7	
94	县尹李公祈雨感应碑记	王国宾	28/106—7	

（续表）

序号	篇　　目	作者	册/页码	纪　　年
95	龙祠祷雨记	马曙	28/267	大德十一年（1307）
96	应润庙祈雨灵应记	武亮	28/274—5	大德六年（1302）四月
97	栖凤山二仙庙祈雨感应记	赵宜中	28/279—80	至大二年（1309）
98	天目山祷雨记	黄潜	29/330	至正二年（1342）四月
99	梁公祈雨灵应记跋	杨天泽	32/89	至元二十九年（1292）五月
100	苍山祷雨记	刘景仁	32/117	大德四年（1300）
101	祷雨有应记	萧逢春	35/42	大德四年（1300）
102	平江路总管祈请光福铜观音感雨诗序	李戬	35/108	大德三年（1299）七月
103	次韵平江路总管李戬祈请光福铜观音感雨诗序①	释希磻	36/301	
104	灵霈侯行祠记	邹维新	37/33—5	延祐三年（1316）八月
105	马鬐山祈雨显应记	邹维新	37/35—6	至正六年（1346）
106	乱石湫祷雨诗序	陈旅	37/252	泰定戊辰（1328）
107	韩明善祷雨诗序	陈旅	37/270—1	至元后丙子岁（1336）
108	跋步云岗祷雨卷后	朱德润	40/550	
109	生生堂后铭为豫章胡伯雨赋	朱德润	40/592	
110	送邓炼师祈雨序	杨维桢	41/304	洪武二年（1369）六月
111	五龙庙祷雨感应记	李章	45/13	天历二年（1329）六月
112	代祀祷雨灵应记	董良弼	45/125	泰定二年（1325）三月

---

①　即《全元文》第59册第279—280页《观音像感应记》，具体请参见本书第140页。

（续表）

序号	篇　目	作者	册/页码	纪　年
113	道山亭祷雨记	贡师泰	45/252	至正二十年（1360）六月
114	江渎庙祈雨灵应记	王谦	46/263—4	泰定丁卯（1327）九月
115	香溪仁惠庙祷雨记	胡翰	51/318—20	洪武十一年（1378）六月
116	永青山创建石匣潭龙祠碑记	王睿	51/457—8	后至元六年（1340）七月
117	喜雨颂（并引）	唐桂芳	51/721	至正十一年（1351）七月
118	祷雨歌序	泰不华	52/65	至正三年（1343）六月
119	重建灵溥庙记	泰不华	52/67—8	元统三年（1335）
120	五龙王感应记	曹太素	52/394—5	至顺三年（1332）三月
121	喜雨诗序	戴良	53/211—2	至正十一年（1351）
122	祷雨诗序	戴良	53/222—3	
123	汤庙祷雨感应之碑	卫元凯	54/68—9	至元戊寅（1338）
124	灵源公祈雨感应记	王烈	56/213—4	至正四年（1344）四月
125	凿龙渊序	周泰	56/379—80	
126	五龙祠灵应记	李庭通	56/387—8	至正九年（1349）十月
127	祷雨诗序	乌斯道	57/105	至正二十六年（1366）六月
128	北岩祷雨记	刘楚	57/381—2	洪武二年（1369）六月
129	阳城县右厢成汤庙雨灵应颂	王演	58/226—7	后至元四年（1338）七月祷
130	龙神祠祷雨有应记	张昭	58/541—2	至正九年（1349）五月
131	主簿单公祈雨感应记	朱安道	58/737	至正十四年（1354）十月
132	仙井记	柴登	59/15—6	至正甲午（1354）八月
133	监州忽都帖木儿祷雨获应	白惟中	59/99—100	至正二十一年（1361）

（续表）

序号	篇　　目	作者	册/页码	纪　　年
134	祷雨感应记	潘础	59/280	元统二年(1334)二月
135	弇山祈雨神应记	师稔	59/413—4	
136	抱阳山祷雨感应记	陈肯堂	59/508—9	至顺元年(1330)十月
137	请雨记	杨翮	60/385	
138	风雷雨师坛记(代作)	杨翮	60/387—8	至正五年(1345)
139	赠通守王公祈雨诗序	王礼	60/536	
140	美王太守祈雨诗序	王礼	60/608—9	
141	太守雨辨	王礼	60/793	洪武七年(1374)四月
142	喜雨赋	李继本	60/924—6	洪武辛亥(1371)五月
143	祷雨诗序	李继本	60/976	洪武辛亥(1371)五月

附录四　中古时代东南地区摩尼教
活动示意地图

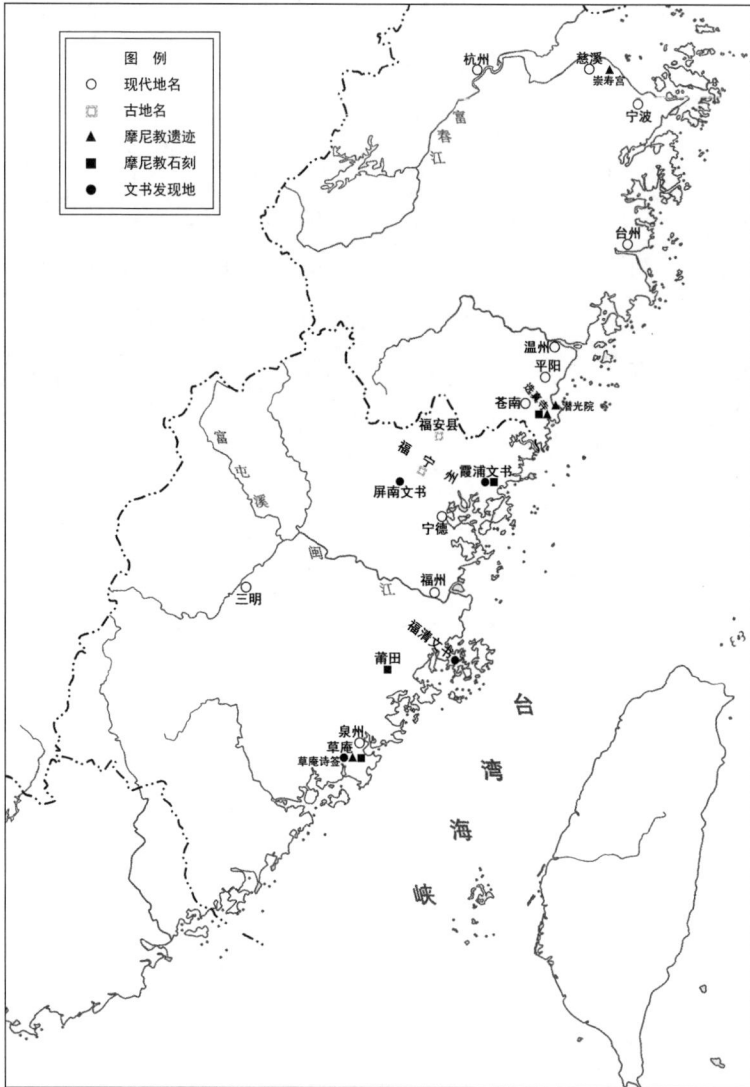

中古时代东南地区摩尼教活动示意地图© 2017 Yxy

索　引

数字

后　记

　　《明流道场》是我叩门问学的试笔之作，用读书时浅尝过的拉丁文、希伯来文来说，书的主题词恰好是 lux et veritas/ותמים אורים,意思是"明与真"，大约相当于"光明正教"之义，书稿的主旨在于藉新出霞浦文书，特别是以其中社会诸阶层参与程度最高的《祷雨疏》为中心，展开对明教在中国的地方化这一问题的探讨。所论浅薄，敬请高明批评指正。

　　本书原稿为笔者的博士论文，2017 年 11 月在中山大学通过答辩。现承《欧亚古典学研究丛书》主编乌云毕力格教授的鼓励与接纳，十分荣幸，在此谨向乌云教授表示衷心的感谢。书稿第一章第一节、第二章第三节与第四章第三节曾分别发表于《海洋史研究》《中山大学学报》，得到两刊主编李庆新教授、责编李青果编审的种种指教、照拂，衷心铭感。中山大学哲学系、历史系、人类学系很多老师在我求学之路上给予教示，让我及时懂得如何打好语言、文献基础，使用多学科的综合方法整体审视古今社会信仰生活的多元性问题。论文完成后，又得到国家留学基金委与德国学术交流中心（DAAD）的联合资助项目支持，得以到素有国际摩尼教研究重镇之称的波恩大学从事博士后研究。在此我要感谢导师李兰芬教授、合作专家廉亚明（Ralph Kauz）教授以及有关机构。

　　书中所使用的霞浦义书材料，承蒙林鋆先生以支持学术的无私精神慨允，得以首次全文公布。宁德林家钟先生不辞辛苦带我拜访多位当地法师，获得对霞浦文书的更全面了解。屏南的张峥嵘先生、陆坚先生、周芬芳女士、李锐女士和韩初绥老先生亦为屏南文书调查提供诸多协助。福建晋江的粘良图先生也让我对闽地的文书、遗存逐渐有了更深的认识。

　　一路走来所获助力无数，铭感于心，上述提到他们名字的中外师长以及这里无法一一道及姓名的所有友善待我的人们,请接受这微末但真诚的感谢。借此机会,我还要深深感谢一直关怀、支持、陪伴我的家人们。

2022 年 2 月 2 日于刺桐

图书在版编目（CIP）数据

明流道场：摩尼教的地方化与闽地民间宗教 / 尤小
羽著. 一上海：上海古籍出版社，2022.8
（欧亚古典学研究丛书）
ISBN 978-7-5732-0318-2

Ⅰ.①明… Ⅱ.①尤… Ⅲ.①摩尼教—宗教史—研究
—中国 Ⅳ.①B929.2

中国版本图书馆 CIP 数据核字（2022）第 107553 号

欧亚古典学研究丛书

明流道场——摩尼教的地方化与闽地民间宗教

尤小羽 著

上海古籍出版社出版发行

（上海市闵行区号景路 159 弄 1－5 号 A 座 5F 邮政编码 201101）

（1）网址：www.guji.com.cn

（2）E-mail：guji1@guji.com.cn

（3）易文网网址：www.ewen.co

启东市人民印刷有限公司印刷

开本 710×1000 1/16 印张 20.75 插页 2 字数 289,000

2022 年 8 月第 1 版 2022 年 8 月第 1 次印刷

ISBN 978-7-5732-0318-2

K·3178 定价：88.00 元

如有质量问题，请与承印公司联系